"十二五"职业教育国家规划教材

经全国职业教育教材审定委员会审定·修订版

汽车文化

（第3版）

主　编　董继明

副主编　曾显恒　陈　建

参　编　宋东方　王　欢　谢　芳

北京理工大学出版社

BEIJING INSTITUTE OF TECHNOLOGY PRESS

内 容 简 介

本书共分五章，分别介绍了汽车的诞生与发展、著名汽车品牌鉴赏、汽车技术、汽车运动和汽车与社会。通过对汽车的发展、品牌的演变、国内外汽车工业概况、汽车技术的现状和未来、汽车运动以及人们现在面临的与汽车相关的社会问题与汽车生活等方面内容的介绍，使读者能够全方位地了解汽车及汽车工业的特点，培养对汽车的兴趣和爱好，提高鉴赏汽车的能力。

本书内容经典、图文并茂、可读性强，可以给读者提供翔实的史料、系统的知识、智慧的启迪和对未来的思考，可作为普通高等学校及高职高专院校汽车文化课程的教材和参考书，也可供广大汽车爱好者学习参考。

版权专有　侵权必究

图书在版编目（CIP）数据

汽车文化/董继明主编．—3 版．—北京：北京理工大学出版社，2019.11（2019.12 重印）
ISBN 978 – 7 – 5682 – 7907 – 9

Ⅰ．①汽⋯　Ⅱ．①董⋯　Ⅲ．①汽车 – 文化　Ⅳ．①U46 – 05

中国版本图书馆 CIP 数据核字（2019）第 250814 号

出版发行 /	北京理工大学出版社有限责任公司
社　　址 /	北京市海淀区中关村南大街 5 号
邮　　编 /	100081
电　　话 /	（010）68914775（总编室）
	（010）82562903（教材售后服务热线）
	（010）68944723（其他图书服务热线）
网　　址 /	http：//www.bitpress.com.cn
经　　销 /	全国各地新华书店
印　　刷 /	北京侨友印刷有限公司
开　　本 /	787 毫米×1092 毫米　1/16
印　　张 /	19
字　　数 /	447 千字
版　　次 /	2019 年 11 月第 3 版　2019 年 12 月第 2 次印刷
定　　价 /	55.00 元

责任编辑 / 高雪梅
文案编辑 / 徐艳君
责任校对 / 周瑞红
责任印制 / 李志强

图书出现印装质量问题，请拨打售后服务热线，本社负责调换

前　言

汽车的诞生，对人类文明产生了巨大的影响。汽车是交通工具，但是，随着汽车的发展和逐渐普及，人们对它的认识也在不断地改变着。汽车扩大了人们生活的空间，加快了生活的节奏，同时，也形成了汽车文化和汽车文明。

本书通过对汽车的发展、品牌的演变、国内外汽车工业概况、汽车技术的现状和未来以及汽车运动等内容的介绍，使读者能够全方位地了解汽车及汽车工业的特点，培养读者对汽车的兴趣和爱好，提高其鉴赏汽车的能力，为学习其他专业课程打下必要的基础，也为将来从事与汽车行业有关的专业工作提供必要的帮助。

本书内容经典，图文并茂，可读性强，可以给读者提供翔实的史料、系统的知识、智慧的启迪和对未来的思考。

对于广大汽车产业从业者和汽车爱好者，本书是一本很好的知识普及读物；对于各类汽车相关专业的师生，本书是一本很好的教材和学习参考书。

本书共分为五章，从不同的侧面向读者展示了丰富多彩的汽车文化。绪论介绍了汽车文化发展概况；第一章介绍了汽车发明和发展史中的重大事件及我国民族汽车工业创业和发展的艰辛历程；第二章介绍了世界著名的汽车公司、著名车标的丰富内涵及经典车型，侧重介绍我国的汽车公司、自主品牌及开发车型；第三章介绍了汽车技术的相关知识，包括汽车外形诞生和完善的发展历程，现代和未来中汽车电子化、智能化及清洁能源汽车等新技术，汽车设计和制造过程，引领读者步入汽车知识的殿堂；第四章介绍了风靡世界的汽车运动，特别介绍了一级方程式赛车的相关知识；第五章介绍了汽车与社会经济的相互关系，汽车与环境、道路的社会问题及现代人涉及的方方面面的汽车生活。

本书由董继明担任主编，曾显恒、陈建担任副主编，宋东方、王欢、谢芳参加了编写。

本书在编写过程中，得到了郑州机动车修配业管理处杨建生、郑州机动车修配专家委员会林涛、河南裕华汽车销售服务有限公司鞠玉望、河南豫港上海大众汽车销售服务有限公司罗道宝等的大力帮助，在此表示感谢。

本书在编写过程中，引用了很多文献资料及图片，在此对相关作者表示衷心的感谢。

由于编者水平有限，而且汽车文化涉及领域很广，因此书中难免有错误和不当之处，敬请专家和广大读者批评指正。

编　者

目录

绪论

第一章 汽车的诞生与发展

第一节 汽车的诞生 / 009
第二节 世界汽车百年 / 015
第三节 中国汽车发展之路 / 048

第二章 著名汽车品牌鉴赏

第一节 美国汽车品牌鉴赏 / 059
第二节 欧洲汽车品牌鉴赏 / 073
第三节 亚洲汽车品牌鉴赏 / 106
第四节 中国汽车品牌鉴赏 / 120

第三章 汽车技术

第一节 汽车分类与编号 / 168
第二节 汽车结构与性能 / 181
第三节 汽车外形的发展 / 190
第四节 汽车设计与制造 / 195
第五节 现代汽车科技 / 205

第四章 汽车运动

第一节　汽车运动概述 / 223
第二节　一级方程式锦标赛 / 229
第三节　世界著名汽车比赛 / 250

第五章 汽车与社会

第一节　汽车与经济 / 264
第二节　汽车与环境 / 270
第三节　汽车与生活 / 279

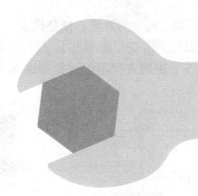

绪 论

  汽车的产生，对人类文明产生了巨大的影响。汽车是交通工具，但是随着汽车的发展和逐渐普及，人们对它的认识也在不断地改变着。汽车扩大了人们的生活空间，加快了生活的节奏，同时也形成了汽车文化和汽车文明。

  汽车发展的历史是一部人类运用现代交通工具的发展史。在汽车的诞生与发展的过程中凝聚着无数汽车发明家的心血，充满着许多富有传奇色彩的坎坷，包含了无数失败与反复，给人类留下了许多趣事，至今仍值得我们去思索、回味。

  远古的时候，人们就开始学习制作和使用工具，这时的人们发明了一种简单的工具，将圆木置于重物的下面，然后拖着走，重物即可由一个地方移到另外一个地方，这被称作早期的木轮运输。后来木轮的直径越来越大，逐渐演变为带轴的轮子，便出现了最早的车，如图0-1所示。传说人类历史上的第一部车是由我们的祖先黄帝发明的，在中国古代神话中，有黄帝造车之说，故黄帝又号称轩辕氏，轩是古代一种有围棚的车，辕是车的基本构件。《汉书·地理志》上说黄帝"作舟车以济不能通，旁行天下，方制万里"。大禹治水时，陆行乘车，水行乘船，交通工具已经从单一的乘车方式向多样化发展。在此之后，人们开始用驯化了的马、牛拉车，马车是运输、代步和打仗最主要的工具，人类开始进入"马车时

图 0-1 最初的车轮和车

代"。在我国战国时期，马车的数量，便是代表一个国家强盛程度的显著标志。

700多年前的宋代，出现了彰显中国古代文明的指南车和记里鼓车，如图0-2和图0-3所示。记里鼓车是中国古代用于计算道路里程的车，有"记里车""司里车""大章车"等别名。

图0-2 中国古代指南车

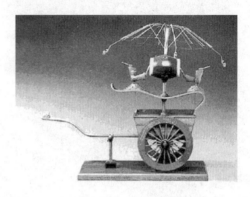

图0-3 中国古代记里鼓车

16世纪的欧洲已经进入了"文艺复兴"的前夜，欧洲马车的制造技术已达到相当高的水平。中世纪的欧洲，大力地发展了双轴四轮马车，如图0-4所示，这种马车安置了转向盘，车身方面，出现了活动车门和封闭式结构，并且在车身和车轴之间，实现了弹簧连接，使乘坐之人感觉极为舒适。

图0-4 欧洲的四轮马车

由于没有其他合适的动力取代马，所以马车时代一直延续了数千年。

19世纪末20世纪初，欧美一些主要资本主义国家都相继完成了工业革命，由于蒸汽机是首先出现的动力机械，所以人们最初制成的是装载蒸汽机的蒸汽汽车。19世纪中期，世界各地相继出现了货运蒸汽汽车和蒸汽公共汽车，如图0-5和图0-6所示，甚至出现了最早的公共汽车运输公司和相应的机动车管理法规。

早期的蒸汽汽车过于笨重，安全性较差，其根本原因是蒸汽机体积过大，效率低，很多有识之士开始致力于发动机的改进。德国工程师尼古拉斯·奥托首先制成了使用煤气的内燃机，并建厂大量生产。而德国人本茨和戴姆勒对煤气发动机进行了改进，制成了使用汽油的汽油发动机并把它装在马车的车身上，世界上第一辆汽车由此诞生，这一年——1886年，被永久记入史册，被称为汽车元年，本茨和戴姆勒被称为汽车的始祖。

图0-5 早期的蒸汽汽车

图0-6 早期的蒸汽公共汽车

随后,各国都争相发展汽车,法国制成第一辆汽车的时间是1890年,美国是1893年,英国是1896年,日本是1907年,俄国是1910年,汽车工业开始步入辉煌发展的时代。

19世纪末期至第一次世界大战期间的二三十年间,是汽车界群雄并起的时代,也是发达国家汽车工业的初步形成时期。德国从1886年开始生产汽车,其中最有名、最古老、规模最大的汽车厂,仍是奔驰和戴姆勒两个厂家。到1913年第一次世界大战爆发以前,德国汽车工业已基本形成一个独立的工业部门。

汽车虽然诞生在德国,但真正批量生产、公开销售汽车的汽车制造商却是法国的标致公司。法国出现的第一辆汽油汽车就是在1890年由阿尔芒·标致创立的标致公司生产的,并且第二年就开始成批生产。而此时的奔驰公司和戴姆勒公司还只满足于销售内燃机,其汽车产品都只停留在样车阶段。此后,雷诺、雪铁龙汽车公司也迅速成长起来。

美国的杜瑞亚兄弟于1893年共同制造了第一辆美国汽车,3年以后,亨利·福特创建了福特汽车公司。1908年,通用汽车公司成立。1914年,福特发明了汽车流水线生产技术(图0-7),大大降低了汽车生产的成本,提高了生产效率,将世界汽车工业带入了一个新的时代。1915年,仅福特一个公司的汽车年产量就占美国汽车公司总产量的70%,福特成为名副其实的"汽车大王"。1925年,美国第三大汽车制造厂商克莱斯勒汽车公司成立。1916年美国汽车销量首度突破100万辆,在美国经济大萧条前夕的1929年,美国汽车销量冲破500万辆,汽车由此进入了工业化大生产阶段的黄金时代。

图0-7 福特发明的汽车流水生产线

1919年至1945年,汽车制造在这个时期日趋成熟,越来越多的中产阶级拥有汽车。由于亨利·福特只注重生产成本,不重视产品改进,十多年来生产的T型车显得单调、简陋。通用汽车公司率先成立了艺术与色彩生产部门,生产出时尚多彩的雪佛兰轿车,赢得了用户的普遍欢迎,最终击败垄断汽车市场20年的福特公司而成为美国第一大汽车公司。

1934年1月,德国大众汽车公司成立,而随后开发的甲壳虫汽车(图0-8)令大众迅速成为国际性的汽车厂商。

"二战"中，各国的汽车工业都转为军用，汽车的外形虽无什么改进但性能有了很大的提高，出现了适合野战需要的越野汽车，著名的吉普车就诞生于此时，如图 0-9 所示。

图 0-8　大众生产的甲壳虫轿车

图 0-9　美国军用吉普车

战争结束后，各国都专注于汽车生产，特别是战败的德国和意大利。战争给这两个国家的汽车工业造成了毁灭性的打击，但恢复性的发展非常迅速。从 1950 年开始，德国汽车工业得到了较快的发展，超过英国成为世界第二大汽车生产国；而在意大利，菲亚特、法拉利等品牌也都迅速崛起。

"二战"期间，法国的雷诺公司为德国法西斯效劳，为德国军队提供了大量坦克、飞机发动机和其他武器，因而战争结束后，雷诺公司被法国政府收归国有。在政府支持下，雷诺兼并了许多小汽车公司，1975 年，汽车年产量超过了 150 万辆，成为法国第一大汽车厂商。而标致汽车公司的产量也在战后 20 年内猛增十几倍，一跃成为法国第二大汽车公司，20 世纪 80 年代更是超过雷诺登上榜首。雪铁龙汽车公司则因经营不善被标致汽车公司于 1976 年收购。

战后的美国，随着喷气飞机时代的来临，汽车造型也趋向更低、更长、更宽，并在车后加上大大的尾鳍（图 0-10），形成了大约统治汽车外形设计 30 年的"尾鳍时代"。

图 0-10　带有夸张尾鳍的凯迪拉克轿车

20 世纪 50 年代，美国最具特色的汽车是家庭式旅行车（Station Wagon），象征着郊区家庭的美好生活。这个时期，福特的雷鸟汽车曾是公司跑车的代言者。而在 1964 年，福特野马车率先掀起了个性化小型车的浪潮，如图 0-11 所示。

图 0-11　美国福特野马轿车

第二次世界大战以前，欧洲人就已经开始对美国汽车的一统天下不满，但是，由于当时欧洲的汽车公司尚不能大批量生产、降低售价与美国汽车公司竞争。于是，他们以新颖的汽车产品，例如发动机前置前驱动、发动机前置后驱动、承载式车身、微型节油车等，尽量适应不同的道路条件、国民爱好等要求，来与美国汽车公司抗衡，因此，形成了由汽车产品单一到多样化的变革。针对美国车型单一、体积庞大、油耗高等弱点，欧洲开发了多姿多彩的新型车，例如严谨规范的奔驰、宝马，轻盈典雅的法拉利、雪铁龙，雍容华贵的劳斯莱斯、宾利，神奇的甲壳虫，风靡全球的迷你（图 0-12）等。多样化的产品成为最大优势，规模效益也得以实现。

图 0-12　2013 款迷你轿车

到 1966 年，欧洲汽车产量突破 1 000 万辆，比 1955 年的产量增长 5 倍，年均增长率为 10.6%，超过北美汽车产量，成为世界第二个汽车工业发展中心。到 1973 年，欧洲汽车产量提高到 1 500 万辆，世界汽车工业中心又由美国转回欧洲。

1965 年，日本名古屋至神户高速公路的开通揭开了日本公路交通高速发展时代的序幕，自此日本掀起了爆炸性的汽车普及狂潮，极大地拉动了汽车消费。1967 年，日本超过德国成为第二大汽车生产国。

20 世纪 70 年代，中东战争引发的全球性能源危机引起了汽车工业的剧烈连锁反应，从而影响了世界汽车工业竞争的格局。

20 世纪 70 年代，世界发生两次石油危机，欧美汽车生产厂商纷纷减产，而这时日本却以其小型轿车油耗低的特点博得了消费者的青睐，三年时间里日本汽车出口量翻了一番，达到 200 万辆，创造了世界汽车工业发展的奇迹。丰田、日产、富士重工、铃木等公司迅速成为世界级的汽车生产厂商，同时，以丰田汽车公司为代表的几家汽车公司，将"全面质量管理"和"即时生产系统"两种新型的管理机制应用于汽车生产。前者要求工人承担更多的责任，把产品质量放在首要位置；后者要求做好技术服务，推行精益的生产方式。两者紧密结合，相辅相成，推动了日本汽车工业的高速发展。

美国汽车工业几乎难以招架日本汽车业的凌厉攻势，日本的本田、日产、三菱和富士公司相继在美国设厂。

日本由于实现了汽车国内销售量和出口量双高速增长，迎来了日本汽车工业的飞速发展，创造了世界汽车工业发展的奇迹。日本丰田汽车公司的"车到山前必有路，有路必有丰田车"和日产汽车公司的"古有千里马，今有日产车"的广告所憧憬的美好愿望终于实现了。1960 年，日本汽车产量仅为 16 万辆，远远低于当时美国和西欧各主要汽车生产国的水平；但到 1980 年，汽车产量达到 1 100 万辆，超过美国汽车产量，跃居世界第一位。日本成为继美国、欧洲之后的世界上第三个汽车工业发展中心，世界汽车工业又发生了从欧洲到日本的第三次转移。

美国汽车工业为与日本汽车进行竞争，不断推出新造型汽车，被称为小型厢式车（Minivan）的客货两用轻型汽车一举成为最受家庭喜爱的车种。这种汽车的外型更接近于普通小汽车，只是车厢后部增加了可以放置物品的空间，约占车厢的 1/3，驾驶时的感觉也与普通小汽车类似。而家庭轿车、双门轿车、跑车也都开始讲究流线型设计，一改近 20 年来的直线设计。20 世纪 90 年代，多功能车独领风骚，经历了能源危机打击的皮卡（Pickup）车，又开始盛行起来，如图 0-13 所示。

图 0-13　美国雪佛兰皮卡车

韩国最早从事汽车生产的公司是起亚汽车公司。韩国汽车业的真正起步是在 20 世纪 60 年代初，各汽车厂商以组装进口零部件生产整车的方式开始试制汽车。

进入 20 世纪 70 年代，韩国政府实行"汽车国产化"政策，各汽车公司开始大规模引进国外生产技术，国产化政策使韩国的汽车工业获得了飞速发展。1987 年，汽车普及高潮开始，国内市场迅速扩大；同时，由于韩国始终坚持把汽车工业作为出口战略产业，不遗余力扩大出口，结果经过多年努力终于在 80 年代末取得成效，逐步实现了向美国等发达国家大量出口汽车的目标，而这又进一步推动了韩国汽车工业的高速发展。因此，韩国称 1987

年为其普及轿车起始年，与日本一样，从此以后，进入高速普及轿车时期。人们看到，韩国上自总统，下到平民百姓，大家都以乘坐国产车为荣，这与韩国人强烈的民族自尊心是分不开的。韩国也一跃成为世界汽车生产大国。

韩国经济的腾飞被视为奇迹，而汽车业的发展在其中扮演了极为重要的角色。同韩国的其他工业体系一样，汽车工业的发展与国家的扶持政策是分不开的。

进入20世纪90年代，世界汽车工业又发生了戏剧性的变化。日本汽车工业渐呈颓势，许多厂商出现了开工不足、生产力闲置的情况，而美欧汽车商则通过兼并重组恢复了元气，反过来把日本汽车公司当作并购的对象。通用汽车在富士重工、五十铃、铃木三家公司分别拥有20%、49%、9.9%的股份，福特汽车则拥有马自达33.4%的股份，戴姆勒—克莱斯勒拥有三菱汽车34%的股份。1999年，日本第二大汽车公司——日产汽车公司因亏损严重，被迫将36.8%的股权卖给法国雷诺公司。

1997年亚洲金融危机爆发后，韩国的汽车业遭受了重大打击，首先双龙汽车公司因资不抵债而被大宇收购，同年起亚汽车公司也被政府招标拍卖，1999年大宇汽车公司也被通用汽车公司收购，曾经辉煌一时的韩国汽车工业在短时间内就走向低谷。

从20世纪初到现在，美国汽车工业已有100多年的历史，在与同行业的激烈竞争中不断创新发展，迎合消费者对汽车造型及性能的需求，主宰了世界汽车工业，美国成为名副其实的汽车大国、工业大国。在这一过程中，美国通用汽车公司不仅成为世界最大的汽车公司，也成为世界上首屈一指的跨国集团（通用1993财政年度销售额为1 336亿美元，约等于同年中国国民生产总值的45%，它消耗了美国10%以上的钢铁、25%以上的橡胶）。

中华人民共和国刚一成立就决定发展自己的汽车工业。1953年第一汽车制造厂破土动工，这是我国有史以来第一次建设自己的汽车厂；1956年我国生产的第一辆汽车下线，毛泽东主席亲自为其命名——解放，对于当时工业整体水平非常落后的中国人来说，这确实是一次经济上的解放。

随后的几十年，由于国家不开放，我国的汽车工业几乎与世隔绝，失去了交流提高的机会，使我国的汽车工业逐渐地被现代化的世界汽车工业抛在后面。同时，由于当时我国的汽车工业是以载货车为主导的，对轿车缺乏应有的重视，这就使得我国的轿车工业技术长期处于极低的水平。

改革开放后，我国经济迅速发展，20世纪80年代建立了上海桑塔纳、广州标致两个合资企业，90年代合资企业一汽大众和神龙富康的起点都比较高。1998年以后，广州本田、上海通用和一汽大众分别引进了最新的高档车型雅阁、别克和奥迪A6，标志着中国轿车产品和生产技术开始与世界同步。

2001年，随着我国加入世界贸易组织，中国汽车开始大举对外开放，长期受抑制的汽车消费出现"井喷"行情，私人消费成为汽车市场主体。2002年，我国汽车产销量即突破300万辆，世界几乎所有知名汽车企业均落户中国，国内奇瑞、吉利、比亚迪等民族品牌也迅速崛起。2007年，上海汽车与南京汽车国内两大汽车集团合并造就了中国第一个年产销汽车超200万辆的国内汽车"超级航母"。

2008年，一场经济危机席卷了全球，美国汽车业首当其冲，通用、福特、克莱斯勒走到破产的边缘。2009年，通用进入破产保护，通过剥离、出售资产而产生了新通用公司，只保留了别克、雪佛兰、凯迪拉克和GMC四个部门；福特也相继出售了捷豹、路虎等品牌，生产经营大受打击；克莱斯勒公司也于2009年4月30日宣布破产，并接受意大利的菲亚特公司的兼并；同时，日本各厂家也步履维艰。

只有中国一枝独秀。从2009年起，汽车产销量首次突破1 000万辆，已超越美国成为全球第一；至2013年，汽车产销量双双突破2 000万辆，成为世界最大的汽车生产国和汽车市场。

从总体上看，德国汽车以质量好、制造精良、安全可靠而著称，奔驰、宝马等豪华车和保时捷跑车在世界车坛享有盛誉，经久不衰，其品牌含金量极高。1998年春，戴姆勒-奔驰公司与克莱斯勒合并时，戴姆勒-奔驰的年产量仅百万辆有余，而克莱斯勒年产量近400万辆，但戴姆勒-奔驰取得了新公司的支配权。当然，德国汽车一味追求高档、豪华也给其市场开拓带来了一定的难度，除了大众能以真正大众特色的产品雄居世界十大汽车厂商前列，其他公司的产量都不高，这也是日本后来居上超越德国的原因。

法国汽车的总体特点就是车体较小而设计新颖，符合大众化的方向，其设计往往突出人性化，因此在西欧成为家庭轿车的热门。但是在豪华车、跑车领域，法国汽车公司就不如美、德、日等国汽车公司出色，这成为法国汽车业的遗憾。

美国汽车豪放、狂野、不拘小节，马力较强，耗油较高，并注重车厢宽敞，内部设施豪华，外观线条粗犷。美国车的这种风格其实是美国人追求个性解放、自由精神的体现。但经历两次能源危机后，美国车的这些特点已开始转变，特别是美国政府颁布的汽车安全和废气排放的高标准法规，迫使美国汽车向安全、环保、节能方向发展。另外，美国人注重实用，因此，美国多功能车、越野车、皮卡车备受青睐，制造水平也比较高。

日本汽车靠的是廉价的中小型车起家，目前这方面仍是其主要的优势所在。日本车的特点是周到细致，特别是外观和内饰，体现了东方人精微细腻的心理特征。在技术方面，日本往往落后于欧美，但在技术的应用方面往往开风气之先。日本车型更新换代的平均周期为四年，其效率居全球第一，花样层出不穷，显得十分新颖时尚。日本生产的汽车在耐用性方面确实还赶不上欧洲，但更注重经济性，以美观、实用、价廉著称于世；如果单从外观上来看，日本轿车的最大不足是没有个性，缺乏传统，难以发现其民族属性。

韩国轿车和日本轿车可以说是一脉相承的。然而，随着车身设计的日趋成熟及高科技的广泛应用，韩系车更富有独创性，越发显示出自身轻巧、简洁、善变的个性，大有"青出于蓝而胜于蓝"的发展趋势。

第一章

汽车的诞生与发展

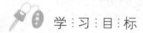 学习目标

1. 了解汽车的起源。
2. 了解蒸汽机的发展。
3. 熟悉汽车的诞生史。
4. 了解世界汽车工业发展的历程。
5. 了解中国的汽车工业。

第一节 汽车的诞生

一、诞生前夜

1. 蒸汽机汽车的时代

人类最初的劳动完全是由人本身来完成的。随着人类的进步与发展,人们对自然界的认识越来越深,利用自然、改造自然的能力日益加强,人们不仅使用人力、畜力,而且知道使用水力、风力。

约三百年前,在英国兴起的工业革命,揭开了现代文明的序幕,而一百多年前,汽车的出现,更把人类的文明史推向了一个新纪元。

1769年,木匠出身的技工詹姆斯·瓦特发明了装有冷凝器的蒸汽机,如图1-1所示,用这种蒸汽机驱动机械,产生了划时代的第一次工业革命。随着蒸汽驱动的机械及汽车的诞生,人类社会便拉开了永无止境的汽车发展的序幕。

瓦特发明的高效率蒸汽机一出现便立即用到采矿、纺织、冶金、机械加工、运输业,极大地提高了劳动生产率,掀起了18世纪轰轰烈烈的世界第一次工业革命,使人类进入"蒸

图 1-1　瓦特发明的蒸汽机

汽时代"。蒸汽机的诞生，无疑是人类利用动力机械的一大突破，从此，人们靠燃料的燃烧就可以得到源源不断的动力。许多发明家也纷纷把瓦特的发明应用到"自走式车辆"的设计中。

1769 年，法国人 N. J. 古诺制造了世界上第一辆具有实用价值的蒸汽驱动的三轮汽车，如图 1-2 所示。这是古代交通运输（以人、畜或帆为动力）与近代交通运输（动力机械驱动）的分水岭，具有划时代的意义。

图 1-2　法国人古诺研制的蒸汽汽车

1834 年，世界上最早的公共汽车运输公司——苏格兰蒸汽汽车运输公司成立了，伦敦街头出现了蒸汽驱动公共汽车，如图 1-3 所示。

图 1-3　沃尔特·汉考克制造的蒸汽公共汽车（英国 1835 年）

这些笨重的"怪物"在英国城镇奔跑时，曾引起了很大的骚动。市民们当时曾呼吁取缔这种汽车，为此英国制定了所谓的"红旗法规"。具有讽刺意味的是，这条法规的实施，使得英国后来在制造汽车的起步上大大落后于其他工业国家。

19世纪中叶是蒸汽机汽车的黄金时代，其最高车速已达55 km·h^{-1}。

使用蒸汽机作为汽车的动力存在着许多不足，它不符合汽车灵活机动这一基本要求。为了获取更灵巧、更方便、更经济的发动机，又有许多科学家和工程师献身这一领域。

到20世纪，随着内燃机汽车的出现和性能的不断提高，蒸汽汽车开始退出历史舞台。

2. 内燃机的发明

由于蒸汽汽车本身又笨又重，乘坐蒸汽汽车又热又脏，因此，很多人致力于蒸汽发动机的改进。1866年，德国工程师奥托研制出具有划时代意义的活塞式四冲程内燃机（图1-4）。翌年，他荣获巴黎博览会金质奖章。不过，奥托的内燃机以煤气为燃料，体积较大，重量约1吨，并不适用于汽车。

图1-4 奥托发明的内燃机

汽车人物：发动机之父——尼古拉斯·奥托

1864年，德国人尼古拉斯·奥托（Nikolaus August Otto）与人合作建立了世界上第一个内燃机制造厂，专门从事内燃机的开发与生产。1866年，该厂成功地试制出动力史上有划时代意义的活塞式四冲程内燃机；1876年，又试制出第一台实用的活塞式四冲程煤气内燃机，这台内燃机被称为奥托内燃机并闻名于世，奥托于1877年8月4日获得专利。奥托还提出了内燃机的工作原理，即"奥托循环"。他利用活塞的四个冲程，把进气、压缩、做功及排气融为一体，使内燃机的结构紧凑和简化，从而推动了小型内燃机的实用化。他创建的内燃机工作理论，一直沿用至今。奥托作为内燃机奠基人被载入史册，为汽车的发明奠定了基础。

二、内燃机汽车的诞生

1. 本茨与世界上第一辆汽车

1886年1月29日，在经历了多次失败后，德国人卡尔·本茨将他的煤气发动机改进为汽油发动机，并将其安装在一辆三轮马车上，制成了世界上第一辆不用马拉的三轮车（图1-5），人称"奔驰1号"，现保存在德国斯图加特市的汽车博物馆内。奔驰汽车公司获得汽车制造专利权，而这一天，被确认为汽车的生日。

本茨的三轮汽车，性能并不十分完善，行驶速度、装载能力、爬坡性能也不十分如意，而且在行驶中经常出故障。当时曼海姆的报纸把他的车贬为无用可笑之物。

本茨的夫人为了回击一些人的讥讽，于1888年8月带领两个儿子驱车实验，他们从曼海姆出发，途经维斯洛赫添油加水，直驶普福尔茨海姆，全程144 km。这次历程为本茨的发明增添了说服力。因此，本茨的夫人成为历史上第一位女驾驶员，而维斯洛赫诞生了历史上第一个汽车加油站。4年后德国政府颁发的世界上第一本驾驶执照，也给了本茨的夫人。

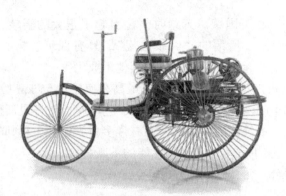

图1-5 卡尔·本茨发明的第一辆汽车

1893年，本茨研制成功了性能先进的"维克托得亚"牌汽车。后来，本茨又对前期生产的"维克托得亚"牌汽车进行了改进，将车厢座位设计成面对面的18个，它因此成了世界上第一辆公共汽车，如图1-6所示。

图1-6 奔驰公司1904年生产的公共汽车

汽车人物：卡尔·本茨

本茨，人称"汽车之父"，他的父亲原是一位火车司机。从中学时期，本茨就对自然科学产生了浓厚的兴趣，并先后就读于卡尔斯鲁厄文理学院和卡尔斯鲁厄综合科技大学。在经历学徒工、服兵役、娶妻生子等人生阶段后，于1883年创建了"奔驰公司和莱茵煤气发动机厂"。经过多年努力，1886年1月29日，卡尔·本茨将他的煤气发动机改进为汽油发动机，制成了世界上第一辆汽车，并创建了闻名遐迩的"奔驰汽车公司"。

2. 戴姆勒与世界上第一辆四轮汽车

几乎与卡尔·本茨同时，另外一个德国工程师戴姆勒也在潜心研制汽油内燃机。1883年8月15日，戴姆勒和他的助手迈巴赫终于试制成功了卧式汽油内燃机，并获得德国专利。随后他们把卧式发动机改装成了体积小巧的立式发动机，该发动机是世界上第一部立式发动机，戴姆勒将他取名为"立钟"。它体积小、转速快、效率高，特别适合作交通工具使用。

1885年8月,戴姆勒将"立钟"发动机装在一辆木制的双轮自行车上,并申请到"骑式机动双轮车"的专利。这就是世界上第一辆摩托车(图1-7),因此,戴姆勒也被称为"摩托车之父"。

1885年年末,戴姆勒将一辆四轮马车改装,增加了转向、传动装置,安装了功率为1.1马力[①]的经过改装的立式发动机,装上四个轮子,车速达到了 $14.4\ km\cdot h^{-1}$,作为给妻子的生日礼物。于是,世界上第一辆四轮汽车由此诞生了。戴姆勒称这辆车为"机动马车"。这辆车被后人尊称为"戴姆勒1号车",如图1-8所示。

图1-7 世界上第一辆摩托车　　　　图1-8 戴姆勒1号车

1890年,戴姆勒在斯图加特成立了戴姆勒汽车公司,开始批量生产汽车。

汽车人物:戈特利布·戴姆勒(Gottlieb Daimler)

戴姆勒,德国工程师,1852年就读于斯图加特工程学院。少年时代的戴姆勒就对燃气发动机产生了浓厚的兴趣,并开始学习研制奥托式燃气发动机。1872年,戴姆勒设计出四冲程发动机。1873年,他担任道依茨发动机厂技术部主任。1882年,戴姆勒与他的好友——著名的发明家威尔赫姆·迈巴赫(Wilhelm Maybach)离开了道依茨发动机厂。1883年,他与迈巴赫合作,成功研制出使用汽油的发动机,1885年发明了摩托车,1886年,制造了第一辆戴姆勒汽车。

三、第一台柴油机的诞生

本茨和戴姆勒发明的都是汽油机。当时的人们在尝试用汽油作为燃料的同时,也尝试用其他燃油作为燃料。

1897年,德国人鲁道夫·狄塞尔成功地试制出了第一台柴油机,如图1-9所示。柴油机的出现不仅为柴油找到了用武之地,而且它比汽油机省油、动力大、热效率高、污染小。鲁道夫·狄塞尔的发明改变了整个世界,人们为了纪念他,就把柴油机称作狄塞尔柴油机。

---

① 1马力=735 W。

图1-9 鲁道夫·狄塞尔发明的第一台柴油机

汽车人物：鲁道夫·狄塞尔

德国人鲁道夫·狄塞尔（1858—1913）出生在法国巴黎，成年之后，狄塞尔进入了德国的慕尼黑技术大学攻读。由于发明之初的汽油机点火装置非常简陋和不稳定，狄塞尔在法国人发明的气动打火机上找到了灵感，想跳过这个技术障碍靠压缩空气发热，喷入燃料后自燃做功。但雾化的汽油喷入气缸反应剧烈甚至爆炸，他在尝试了多种油料后最终选择了当时根本无人重视的柴油，成功地试制出了第一台柴油机。柴油机从设想变为现实经历了20年的时间，狄塞尔柴油机是其冒着生命危险在一片指责声中试制出的。可惜的是，对柴油机做出重大贡献的狄塞尔由于经济上陷入绝境，于1913年9月29日在自安特卫普去英国的船上结束了生命。狄塞尔虽然未能活到柴油机用于汽车的那一天，但他亲眼看到自己的发明用于造船业，并以绝对优势取代了蒸汽机。

思考与讨论

案例1：德国人尼古拉斯·奥托最初完善了四冲程发动机理论，并研制出实用的以煤气为燃料的内燃机，这种煤气机市场销售非常好，几乎垄断了全世界内燃机市场。而后来最先研制出汽油发动机的戴姆勒此时正在奥托的工厂担任工程师，这时人们已经发现了汽油这种燃料，戴姆勒提议研制体积小、效率高的以汽油为燃料的内燃机，但被奥托拒绝，戴姆勒因此辞职自行研究汽油内燃机。汽油机出现后，煤气机最终被市场无情地淘汰。

案例2：本茨发明汽车之初，因为故障不断，被人耻笑为"无用之物"。奔驰博物馆的第一件展品就是一匹马的标本，在标本的底座上刻着一句话，它是本茨发明汽车后德国皇帝发表的言论："我相信马，汽车只会昙花一现。"

谈谈你对这两件事的看法，它们说明了什么道理？

第二节 世界汽车百年

在汽车发展的早期,强大的社会需求促使汽车技术得到了空前的发展,也正是在这场汽车技术革命中,欧洲汽车名人和名车如同夜空中的繁星一样璀璨。

一、汽车工业化的大生产阶段

1. 德国汽车工业的发展

(1) 梅赛德斯时代

汽车诞生之初,戴姆勒公司的发动机技术略胜一筹,产品行销全球。当时世界为数不多的汽车厂家大多装备戴姆勒的发动机。戴姆勒成功制造了世界上第一辆货车和世界首台汽车用4缸发动机,奔驰公司也开发了世界首台4气门发动机,制造了第一台12气缸的航空发动机。

1926年,为了避免日益激烈的汽车工业中的互相排挤与竞争,奔驰汽车公司和戴姆勒汽车公司,两大汽车巨人终于走到一起,创建了举世闻名的戴姆勒-奔驰汽车公司。

小知识:梅赛德斯的由来

戴姆勒最初制造出的汽车叫"凤凰牌"。当时奥地利驻法国尼斯的领事埃米尔是戴姆勒汽车的热情支持者,他曾在1899年驾驶戴姆勒制造的凤凰牌轿车在法国尼斯汽车大赛上取得冠军,当时他给赛车起名叫"梅赛德斯(Mercedes)"。"梅赛德斯"是他的小女儿的名字,他认为是这美丽的名字和美丽的女儿为他在比赛中带来了好运,于是,他建议戴姆勒用这个名字作为汽车的商标。戴姆勒为了感谢这个热心的支持者,便将这个名字装在了他的汽车上,果然销路很好。在西班牙语中,梅赛德斯是"祥和、温文尔雅"的意思,这美丽的西班牙名字,一经传出,便广为传颂,深受欢迎。第二年,戴姆勒公司将"梅赛德斯"作为产品名称正式注册,从此开创了梅赛德斯时代。

(2) 宝马雄风

宝马(BMW)的前身是一家飞机工厂,它于1916年3月7日成立,最初以制造流线型的双翼侦察机闻名于世,公司的名字叫巴伐利亚飞机制造厂。

宝马生产的发动机在第一次世界大战时装配在德国战斗机上,是当时性能最好的航空发动机,德国的王牌飞行员们把他们的成功都归功于宝马的发动机。

1918年11月,第一次世界大战结束,德国成为战败国,他们的飞机被《凡尔赛条约》列为"战争武器"禁止生产,这匹"空中飞马"只好另谋生路。它首先生产摩托车,其生产的R-32型摩托车(图1-10)投入市场后很快就获得了成功。一直到今天,宝马仍是这一行业中的佼佼者,享有极高的声誉。

1928年,宝马公司成功收购了艾力逊汽车制造厂。1929年7月,推出首辆汽车——迪西315轿车,如图1-11所示,此款车引自英国的奥斯丁7型小型车,结构紧凑,经济实用。

图1-10 宝马R-32型摩托车

图1-11 宝马生产的迪西315轿车

1933年,在德国的柏林车展上,宝马展示了它最新的303型轿车,这是第一辆真正的宝马车,如图1-12所示。它前面的两块肾形散热器通风格栅,从此成为宝马汽车的一个明显的标志,如图1-13所示。

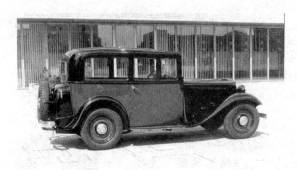
图1-12 第一辆宝马车——宝马303型轿车

图1-13 宝马双肾形散热器通风格栅

1936年宝马推出的328型车(图1-14)对跑车界的影响是巨大的,作为当时同级最快的跑车,开创了一代运动型汽车的传奇。这款几乎战无不胜的跑车彻底改变了当时运动型汽车的格局,成为BMW历史上的重要里程碑。在20世纪30年代的余下几年中,宝马328成了跑车设计中的一个标志性产品,在战后的岁月中它更成了一个经典,被收藏家和老爷车赛手争相收集。对于许多宝马爱好者而言,它的设计达到了该公司历史上的巅峰。

图1-14 宝马328型跑车

(3) 汽车联盟的成立

20世纪20年代,奥迪、霍希、DKW和漫游者四家汽车公司联合其他汽车公司,共同建立了汽车联盟。

汽车联盟成立后，马上就推出了著名的银箭赛车（图 1-15），它首次面世即在柏林的阿瓦斯赛道上轻松打破了世界纪录。

图 1-15　银箭赛车

正当汽车联盟开始快速发展的时候，"二战"爆发了，汽车联盟像德国其他汽车企业一样成了德军的军工厂。

战争结束以后，汽车联盟的生产设施被苏联占领军没收并拆除。于是，汽车联盟的许多高层人员来到当时联邦德国的巴伐利亚，奥迪汽车联盟在这里的英戈尔斯塔特重新建立起来。

汽车人物：奥古斯特·霍希

奥古斯特·霍希是德国汽车工业的先驱者之一，也是奥迪公司的创始人。霍希从技术学院毕业后，开始在奔驰公司的发动机制造部门工作，成为汽车制造部的总经理。1899 年，霍希成立了霍希公司。后来霍希因与董事会和监事会之间存在分歧，于 1909 年离开了由他创立的霍希公司，随即成立了另一家汽车公司。由于"霍希"的名字已被原来的公司使用，且已被注册为商标，因此霍希将他的名字翻译成拉丁文"au-di"（"audi"和"orch"的词义同为"听"），于是新公司有了"AUDI"这个名字，也就诞生了奥迪这个品牌。

(4) 波尔舍与大众公司的诞生

德国工程师费迪南德·波尔舍一直致力于平民轿车的研究，他开发出了样车但苦于没有企业和资金支持。此时，以希特勒为首的德国政府也提出了"大众轿车"的概念，这与波尔舍的想法不谋而合。1938 年，在德国政府和民众的大力支持下，大众公司正式成立了，波尔舍拿出了自己多年来潜心研制的成果——它结构简单，结实耐用，特别是外形类似于一种外壳坚硬的爬虫，因而得名"甲壳虫"。

1939 年 8 月 15 日，第一批甲壳虫汽车问世。随后，由于"二战"爆发，甲壳虫汽车的生产中断了，这种问世不久的新型汽车战前总共才生产了 630 辆。

汽车人物：费迪南德·波尔舍

费迪南德·波尔舍，1875年出生在捷克的波希米亚，是铁匠的孩子。波尔舍15岁时进入大学，后来，一边在维也纳工学院学习，一边在火电厂工作。22岁时他获得汽车混合传动系统专利，1905年任戴姆勒汽车分公司技术部经理。在接下来的数十年中，他设计了多款具有划时代意义的新车，在1923年晋升为戴姆勒总厂的总工程师。1930年，他离开了戴姆勒—奔驰公司，创建了他自己的发动机、陆用车辆、航空与海军车辆设计室，即保时捷汽车公司的前身。1938年，他创建了大众汽车公司并开发出甲壳虫轿车。"二战"中，他曾为德国设计过多种战争武器，战后被拘捕，后保释出狱，不久去世。

2. 法国汽车工业的起步

德国人发明了汽车，但促进汽车初期发展的却是法国人。

汽车出现以后，各国政府纷纷立法管理，特别是英国，出台了严格限制汽车发展的"红旗法令"，而当时欧洲其他国家的立法基本上也是对汽车发展不利的。只有在法国，政府鼓励和扶持新兴的汽车工业，汽车才得以自由发展。因此，初期汽车技术的发展是在法国。

（1）第一家真正的汽车制造商——标致

1882年，法国一个小五金匠的儿子阿尔芒·标致设计制造了他的第一辆汽车，1896年他创造了以狮子为标志的标致汽车公司。1911年到1913年，标致汽车产量翻了三番，共生产9 338辆汽车，是法国全国产量的50%，市场占有率达20%。

1929年10月，标致201在巴黎车展亮相，从此，标致开始用中间为"0"的3位数字命名车型，第一个数字代表系列，最后一个数字是此系列的款型排序。以国内上市的标致206为例，"2"代表标致2系列车型，也就是说最新的标致206与1929年的201是属于同一系列的，而"6"则代表标致206是该系列的第6款车型。后来，标致还将这种命名法注册成了商标，所以在众多品牌的汽车中，标致汽车拥有着最为清晰和容易记忆的完全由数字组成的名称体系。

（2）米其林与轮胎人

小知识：充气轮胎的由来

早先汽车使用的是木制或铁制车轮，后来使用实心橡胶轮胎。1888年英国兽医约翰·伯德·邓禄普，看到自己儿子自行车的实心橡胶轮在石头路上颠簸很厉害，于是用一根通过活门充气的管子，外面涂上橡胶作保护层，

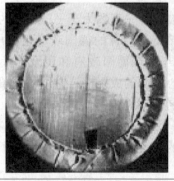

做了一个气胎。这种新轮胎一开始受到人们的嘲笑，但他的儿子骑此车参加比赛获得了第一名，于是此项发明受到人们的重视。邓禄普为他的发明申请了专利，并放弃了兽医职业，建立了世界上第一家轮胎制造厂，开始生产橡胶轮胎。

法国的米其林兄弟1892年发明了一种可以拆卸的充气橡胶轮胎，于是过去只有专门修理工才能处理的爆胎事故，现在一般人一刻钟就可以修理好了。这一发明影响了整个世界。

图1-16 米其林轮胎人——"必比登"

1895年，米其林兄弟第一次使用装有可拆装轮胎的标致"闪电"号小汽车参加汽车比赛，轮胎汽车正式登上了历史舞台，并迅速普及全世界。

在1898年法国里昂的第一次展览会上，米其林兄弟发现墙角的一堆直径大小不同的轮胎很像人的形状，不久画家欧家洛就根据那堆轮胎的样子创造出一个由许多轮胎组成的特别人物造型，于是，米其林轮胎人——"必比登"诞生了，如图1-16所示，从此它成为米其林公司个性鲜明的象征。一个多世纪以来，必比登以它迷人的微笑，可爱的形象，已经成为家喻户晓的亲善大使，米其林也因此而扬名天下。

1908年，米其林公司研制出了双式车轮，有效地解决了重型汽车的轮胎负荷问题。1937年，米其林公司又研制出了子午线轮胎，这种命名为"蝇笼"的轮胎胎面，由多层帘布层加强，并用分层钢丝帘线层箍紧。这些帘线层均与轮胎钢丝垂直排列，极大地改善了轮胎行驶方向的稳定性，是今天大多数汽车选用的轮胎。

（3）雷诺

1899年，路易·雷诺和他的两个兄弟马赛尔、费尔南德一起成立了雷诺兄弟公司。

雷诺兄弟通过参与汽车比赛，赢得了第一批客户。随着他们赢得的一场又一场的比赛，公司迅速地发展起来了。1914年，公司拿到了一份特大的出租车订单，使公司从手工作坊一跃成为工业化生产基地。

雷诺公司实施多产品的开放政策，生产符合不同顾客需求的汽车：从基本型到豪华型，从小功率到大功率，从价格低廉的经济车到政府用车。与它最主要的竞争对手雪铁龙相反，雷诺产品系列十分丰富，以此来扩大利润。

"二战"爆发前，雷诺公司已在法国、比利时和英国拥有多家工厂。法国被德国占领期间，雷诺为德军生产了大量的军用装备。"二战"结束后，路易·雷诺被关进监狱，雷诺公司被收归国有。

（4）"前驱"先锋——雪铁龙

法国雪铁龙公司的前身是一家齿轮公司，曾有创意地设计出人字齿轮。1919年，借鉴美国福特汽车公司T型车的成功经验，雪铁龙公司引进了流水线生产方式，生产出第一辆雪铁龙A型汽车，如图1-17所示，这不仅是欧洲第一辆流水线生产的平价国民车，同时也是法国首辆左侧驾驶的汽车。

1934年，雪铁龙生产出法国第一辆前轮驱动汽车，并开始批量生产；而这一技术对于美、日汽车公司而言，几乎是在20世纪90年代才运用到生产上。雪铁龙生产的前驱车性能优异,在当时常被用作强盗们的交通工具,因此,被人们戏称为"强盗车",如图1-18所示。

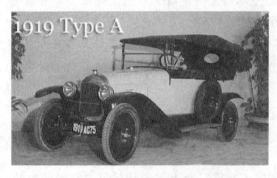

图1-17 采用流水线生产的第一辆雪铁龙A型汽车

图1-18 雪铁龙生产的前轮驱动汽车

由于前轮驱动汽车批量生产所需经费庞大,加之匆匆投产后又存在许多设计、制造方面的缺陷,因此销路受阻。雪铁龙顿时负债累累,不得不将公司卖给米其林公司,之后又被转卖给标致公司,但它的前轮驱动设计方案至今仍被广泛采用。

3. 汽车工业在美国的发展

(1) 给世界装上轮子的人——福特

> **汽车人物:亨利·福特**
>
> 福特出生于1863年,其父是一位农场主。福特从小就对机械充满浓厚的兴趣,17岁去密歇根汽车制造公司工作,后来又到爱迪生电气公司边工作边学习电气知识。1896年他造出了自己的第一辆汽车。1899年至1902年之间,福特两次与人合作创建公司,都以失败告终。1903年福特第三次创业,创建了福特汽车公司。T型车的成功问世,使他成为"汽车大王"。福特发明的生产流水线,不仅大幅地降低了汽车成本,扩大了汽车生产规模,创造了一个庞大的汽车工业,而且使当时世界上的大部分汽车生产从欧洲移到了美国。更重要的是福特创造了一种新型高效的生产方式,对后来的工业生产产生了巨大的影响。
>
>

1903年福特创建了福特汽车公司。1908年,举世闻名的T型车问世,如图1-19所示,它是为农民而设计的,具有大车轮、多用途、高强度、低价格的特点。样车每到一处,订单便纷至沓来,T型车供不应求。为缓解供需矛盾,福特对生产过程进行了细致的研究,开创性地采用流水线生产,大大降低了成本,使T型车真正成为大多数人都能购买得起的汽车。1925年10月,福特公司的工厂里平均每10秒就生产出一辆T型车,创造了世界汽车生产史上的奇迹,而车价也降到了300美元以下。T型汽车从诞生至1928年停产,共生产15 456 868辆,创造了当时单产世界纪录。1908年至1920年,全世界汽车数量的50%是T型车,福特为"装在汽车轮上的美国"立下不朽功勋。

不过,为了降低成本,T型车只有一种颜色——黑色。当时,福特有一句名言:"人们

图 1-19 福特和他的 T 型车

可以选择自己喜欢的颜色，只要是黑色的。"

到了 20 世纪 20 年代中期，美国人对汽车的要求已不仅仅局限于经济实惠了，当时的通用汽车公司生产出了许多时髦、先进、豪华的汽车，满足了不同阶层的购买需求，也对 T 型车产生了巨大的竞争压力。福特公司元气大伤，整个 30 年代都未能恢复，分别在 1927 年和 1936 年被通用和克莱斯勒超过。后来经过全公司员工的拼力追赶，才算在全国第二的位置上站稳脚跟，但是那种产量独占全国一半以上的日子一去不复返了。

在全世界，就像"汽车之父"只有卡尔·本茨一人一样，享有"汽车大王"美誉的也只有亨利·福特一人，是他将人类社会带入了汽车时代。

（2）世界汽车界的霸主——通用

> **汽车人物：威廉·杜兰特**
>
> 威廉·杜兰特是世界汽车发展史上的一位传奇式人物，1861 年出生于美国波士顿市。1886 年，他投资成立了一家马车制造公司。1904 年，他以独到的眼光收购了经营不善的别克汽车公司。随着汽车厂家的增多，竞争越来越激烈，杜兰特深知，这么多的汽车公司不可能都生存下去，他想组织一个汽车工业的巨无霸来垄断市场。1908 年，杜兰特采用了以股票换股票的方式创建了世界第一家股份制的通用汽车公司。
>
>

1908 年，在威廉·杜兰特的倡导下，美国 20 多家汽车制造厂、汽车零部件制造厂及汽车推销公司合并起来，其中包括奥兹莫比尔、凯迪拉克、庞蒂克等知名汽车企业，形成了一家巨型汽车企业——通用汽车公司，由杜兰特担任总经理。

不过，当时的通用只是一家控股公司，下属各企业是各自独立的经营单位，加之杜兰特管理不善，1910 年，汽车销量在福特公司的激烈竞争下大幅下滑，通用出现了严重的资金危机，杜兰特被解除了总经理的职务。

退出通用的杜兰特并不甘心于自己的失败，他同瑞典赛车手路易斯·雪佛兰一起组建了雪佛兰汽车公司，他励精图治，取得了辉煌的经营成就。1916 年，杜兰特秘密买下了通用公司大部分股权，又重新控制了通用公司，使其变成了雪佛兰的一家子公司；后来，杜兰特对通用和雪佛兰进行了整合，成立了股份制的新通用汽车公司。

在重新获得通用公司的控制权以后,杜兰特又自满自足起来,他无意接受董事会的领导,做事独断专行。由于产品质量下降,汽车销量急剧减少,库存日益加大,周转资金严重不足,公司濒临倒闭。在公司上下的一片反对声中,杜兰特被迫于1920年11月辞职,永久地离开了通用。

面对内忧外困的通用公司,斯隆接替了总经理的职务。

斯隆接手通用后,以其聪明才智为通用构筑了一套完善的组织机构,建立了一整套的管理制度,为公司日后的发展打下了坚实的基础。

斯隆认为汽车不只是交通工具,它犹如时装一样,是体现个性的一种方式。因此,在他出任通用公司总裁后不久就成立了产品政策研究特别委员会,下设色彩与美术部,聘请了极富创新精神的世界第一个专职汽车外形的设计师——哈里·厄尔担任首席设计师。

在哈里·厄尔的手下,一款款精美的车型,如"1927年款雪佛兰"(图1-20)、"克尔维特"等,如跳跃的音符一般吸引了全世界的目光。1927年的雪佛兰车不仅色彩多样,而且造型更加人性化,赢得了广大用户的欢迎。由于雪佛兰的无情挑战,垄断汽车市场20年的福特T型车败下阵来,通用公司从此夺取了世界汽车霸主的地位。

图1-20 1927年款雪佛兰

在斯隆所建立的管理体制下,下属各分公司的经营积极性被充分地调动了起来,汽车产量逐年上升,自1927年超过福特之后,一直稳居世界首位。

(3)美国人的骄傲——凯迪拉克和林肯

汽车人物:亨利·利兰德

亨利·利兰德原是福特创建的底特律汽车公司的供货商。1902年,当从福特手中接手底特律汽车公司后,他将公司重新命名,成立了用底特律的城市缔造者名字命名的凯迪拉克汽车公司。1908年,凯迪拉克汽车第一次成为可互换零部件的车辆,获得美国汽车重大进步奖。1912年,利兰德发明电动起动装置而第二次获奖。1914年,利兰德开发出美国第一台大量生产的V8发动机。

1906年，凯迪拉克汽车公司已成为当时世界上最大、最完善和装备精良的汽车公司，产品质量上乘。图1-21为凯迪拉克早年生产的轿车。

图1-21　早期的凯迪拉克轿车

1908年凯迪拉克加入通用公司，利兰德继续管理该公司。凯迪拉克开始为那些比较富有的人们，如电影明星，生产显示他们身份的汽车。由于与通用公司的分歧，1917年，利兰德将凯迪拉克公司最出色的工程师组织起来成立了一家新公司，因为利兰德一生特别崇拜美国前总统林肯，因此他以"林肯"来命名这家新公司。

第一次世界大战后的经济衰退使林肯公司陷入困境，1922年，福特收购了林肯公司。在其后的70多年中，林肯公司不断创新，一直是豪华车家族中的佼佼者。

由于林肯车杰出的性能、高雅的造型和无与伦比的舒适性，自1939年富兰克林·罗斯福总统以来，一直被美国白宫选为总统专车。图1-22所示为美国总统罗斯福乘坐的林肯K型车。

图1-22　1939年美国总统罗斯福的座驾——林肯K型车

（4）后起之秀——克莱斯勒

1875年4月2日，克莱斯勒出生于一位铁路工人家庭。1910年，他受聘担任了通用汽车公司别克分部一家工厂的技术经理。

1921年，克莱斯勒接管了即将倒闭的马克斯威尔公司，并于1925年6月6日正式改组了马克斯威尔公司，宣布成立克莱斯勒汽车公司，自己就任总经理。

克莱斯勒汽车公司成立以后，发展极其迅速，1928年通过股票交易的方式买下了道奇公司和普利茅斯汽车公司。道奇公司当时在美国排名第三，有良好的商誉和可靠的销售网，买下它之后，克莱斯勒在1929年即跃升为美国三大汽车公司之一，后来还曾有过超过福特位居第二位的辉煌。

1934年，在纽约的汽车展览会上，克莱斯勒公司正式推出了气流牌轿车，如图1-23所示。它首次采用流线型设计，将大部分的翼子板缩入车身两侧，前照灯也融入车身，前挡风玻璃首次采用整块曲面玻璃，进一步减小了空气阻力，对以后的汽车外形设计产生了深远的影响。

图1-23　克莱斯勒生产的气流牌轿车

（5）战场上的勇士——吉普

1938年，西欧战火爆发之际，美国军方向全美所有汽车生产厂家言明，他们正在寻求一种执行通信及先遣侦察任务的新车并以之替代传统的三轮摩托车。到1940年夏季，纳粹铁蹄踏遍欧洲，美国感受到巨大的战争压力，加紧了研制新装备的步伐，军方把其想法确定为寻找一种通用功能的车，该新车应该具有轻型、易驾驶、坚固、安全以及操作灵敏的特点，且其设计规格必须达到军方提出的要求。有三家公司对此做出反应，它们是威利斯、福特、班塔姆。

班塔姆公司首先制造出样车，这辆车一出现立即征服了军方的采购人员，随后通过了军方严格的试验。由于班塔姆公司没有大规模生产能力，美国军方委托威利斯公司进行标准化设计，最终定型取名为"威利斯MB"，这辆车就是吉普车的原型，如图1-24所示。

图1-24　威利斯公司制造的"威利斯MB"

这种车型在战场上一炮打响，它用途广泛，适应能力强，且零件可互换，成本低廉。"吉普"一词就是在这个时期逐渐产生的，精明的威利斯公司意识到了"吉普"这个名字的巨大感召力，不失时机地把它注册成了自己的商标，成就了"吉普"这个著名的汽车品牌。

"吉普"源于美军招标的名称——"通用功能"（General Purpose）的两个英文单词首字母"GP"连续的读音。

吉普车在战场上显示了超凡的威力，从非洲的沙漠，到亚洲的丛林，它最终载着盟军士兵迎来了世界反法西斯战争的最终胜利。

4. 尊贵的英国绅士

18 世纪发源于英国的工业革命使英国第一个成为现代工业国家。汽车制造水平一直是一个国家工业水平的标志，但疲软的英国汽车工业让人们已经淡忘了它的历史。实际上，英国的汽车工业曾提供给世界一大批优秀的车型和品牌，比如劳斯莱斯、宾利、阿斯顿·马丁、捷豹、摩根和罗孚等。

（1）车中贵族——劳斯莱斯

1904 年的春天，磨坊主的儿子亨利·罗易斯与贵族出身的查利·罗尔斯在一个很偶然的机会相遇了。他们当时谁也没想到，这次偶然的相遇使两个天才般的人物携手共同创造出一代名车、一个神话。当年，以两个人名字命名的罗尔斯·罗易斯公司成立了。该公司以生产高性能、豪华汽车为宗旨，创立了名车品牌——劳斯莱斯。1907 年，他们生产了一辆铝质车身，金属零部件全部用高抛镀银的汽车，这就是目前市场上拍卖价格 1 700 万美元的银色幽灵（图 1-25）。

劳斯莱斯高贵的品质来自它高超的质量，它一直秉承着英国传统的造车艺术：精练、恒久、巨细无遗。而令人难以置信的是，自 1904 年到现在，超过 60% 的劳斯莱斯仍然性能良好。

劳斯莱斯最与众不同之处就在于它大量使用了手工加工生产，在人工费相当高昂的英国，这必然会导致生产成本的居高不下，这也是劳斯莱斯价格惊人的原因之一。

1911 年，为了提升产品的吸引力，劳斯莱斯聘请了著名的雕塑家赛克斯为劳斯莱斯汽车设计了立体车标，这就是飞天女神（图 1-26）。此后，劳斯莱斯更加兴旺，飞天女神紧紧抓住了世界豪华轿车的皇冠。

图 1-25 银色幽灵

图 1-26 著名雕塑家赛克斯设计的立体车标——飞天女神

(2) 本特利（宾利）

本特利是一名杰出的汽车设计师，于 1920 年创建了自己的汽车公司，开始设计制造他多年来梦寐以求的运动车。1924 年他推出一款短底盘跑车，车速可达 160 km·h^{-1}，这在当时大多数汽车速度还达不到 100 km·h^{-1} 的年代，无疑是个奇迹。这部车在制造当年即当之无愧地赢得了法国勒芒 24 小时耐力赛冠军，并在 1923—1929 年期间的勒芒 24 小时汽车赛保持四连冠，此纪录在以后的 20 年中一直无人打破。

1930 年的经济大萧条，使热衷于生产大功率跑车的本特利公司财力耗尽，终于在 1931 年破产倒闭。此时的劳斯莱斯汽车公司虽然自己日子并不宽裕，但它更担心自己这个强劲的对手流落他人之手，同时，也想涉足高档跑车领域，遂将本特利汽车公司买下。劳斯莱斯和宾利实际上是同一种车，只不过根据不同的用户，将两车做得各有特色，魅力不同而已。宾利跑车是为了满足富有的年轻人追求高速驾驶、寻求刺激的需要。图 1-27 为宾利跑车。

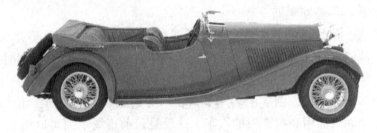

图 1-27　宾利跑车

5. 意大利汽车工业的发展

(1) 菲亚特

汽车在法国大规模的生产，很快传入邻近的意大利。1899 年 7 月骑兵军官乔瓦尼·阿涅利在意大利都灵市创建了家族式企业——意大利都灵汽车厂，缩写为"FIAT"，音译为"菲亚特"。它是世界上最早生产小型轿车的汽车厂，至今仍以生产小型轿车为主。

1902 年菲亚特公司得以迅速发展壮大，1907 年生产的 130HP 型轿车（图 1-28），最高速度达 160 km·h^{-1}，这在当时是一个了不起的成就。

图 1-28　菲亚特生产的 130HP 型轿车

20 世纪 20 年代初，菲亚特为意大利军队设计生产了 FIAT3000 轻型坦克，它是第一辆意大利的国产坦克，一直服役到第二次世界大战。

（2）蓝西亚（Lancia）

意大利富商文森佐·蓝西亚1906年在都灵创建了蓝西亚公司。蓝西亚以生产豪华轿车为主，在欧洲，它是非常少见的高档汽车品牌。

蓝西亚汽车性能卓越，有品位，从不过分华丽。1907年，蓝西亚首次推出高性能兰西亚1号——Alpha车型（图1-29），其性能之优异在当时令人惊叹。蓝西亚的设计师们不仅在汽车工程技术方面很有造诣，主要部件和材料的挑选也非常讲究，而且对于车型的外观设计也是追求极致。

（3）阿尔法·罗密欧

阿尔法·罗密欧汽车公司建于1910年，一些意大利商人买下了米兰附近日益衰落的法国达拉克汽车装配厂，开始生产普通轿车。公司的名字叫伦巴第汽车公司，缩写为ALFA，音译为阿尔法。"一战"后，公司改名为阿尔法·罗密欧汽车公司，公司总部设在米兰。该公司一开始就专门生产运动车和赛车。图1-30为阿尔法公司1910年生产的24HP Torpedo轿车。

图1-29 蓝西亚1号——Alpha车型

图1-30 阿尔法公司1910年生产的24HP Torpedo轿车

1923年，罗密欧启用著名设计师维多里奥·亚诺设计生产了一系列优秀赛车。一名狂热的车手驾驶它们冲锋陷阵，为公司赢得了经久不衰的声誉，这个青年就是日后大名鼎鼎的恩佐·法拉利。

二、战后大发展阶段

1. 贴近民众的"大众车"

当汽车首次出现的时候，它主要是为上层社会服务，在汽车诞生的最初年代里只有富人才买得起这种新鲜而复杂的产品。德国人发明了汽车，法国人发展了汽车，美国人普及了汽车，福特生产了大家都能拥有的汽车，不久"平民汽车"的概念开始传播。而德国人，一直到20世纪20年代仍然认为在未来年代公共汽车才是真正意义的"平民汽车"。

（1）神奇的"甲壳虫"

"二战"中，大众的汽车工厂几乎被夷为平地，为求得生存，工人们自发组织起来，一边清理废墟，一边恢复生产。到1945年圣诞节前，他们用搜集到的各种新旧部件装配出了58辆大众甲壳虫汽车（图1-31）。战后的欧洲，物资奇缺，这种低成本、低能耗、机动灵活的小车受到正在设法恢复正常生活的人们的热烈欢迎，刚生产出来就被抢购一空。至

1946年年底，产量达到了1万辆。

一时间，甲壳虫成了欧洲最受欢迎的汽车，成了欧洲复苏的象征。大众汽车公司也由此迅速发展起来，很快成为欧洲第一、世界第四的汽车公司。

1981年，第2 000万辆甲壳虫车在墨西哥的大众分厂开下了装配线。尽管后来甲壳虫车为高尔夫新型车所取代，但无论如何，甲壳虫车型仍然是世界上最畅销和最流行的车型之一。

图1-31　由波尔舍设计的大众甲壳虫轿车

（2）宝马"伊塞塔"（Isetta）

20世纪50年代初期，宝马还没有完全走出"二战"后的萧条，直到1955年，宝马伊塞塔正式推出。

伊塞塔是一款十分特别的小车，今天看来，完全不能把它和其他任何一款宝马车联系在一起，圆圆的车身就像一个鸡蛋扣在4个车轮上，前开门的设计更是该车最大的亮点。加上它生产成本低、售价便宜，很快成为普通工薪阶层消费者的理想选择，上市的当年就销售了接近13 000辆，这在当时的德国是一个奇迹。如图1-32所示。

图1-32　伊塞塔特别适合普通家庭

宝马售出了16万辆伊塞塔。具有讽刺意味的是，生产豪华车的宝马当年正是由于这辆"奇怪小车"的帮助才生存了下来。伊塞塔的成功主要归功于其低廉的价格使得每个德国工人都能承受。

图1-33　雪铁龙2CV

（3）法国的"丑小鸭"

第二次世界大战以后，法国刚从战争的废墟中复苏，法国四大汽车公司（雷诺、雪铁龙、标致和西姆卡）就开始了开发和生产微型轿车的竞争，它们不断开发新车型，采用赊购、降价等方式促销，刺激工薪阶层的购车欲望。

雪铁龙公司开发的2CV型轿车（图1-33），因其价廉物美而受到了普遍的欢迎，被人们叫作"丑小鸭"。

从 2CV 诞生的 20 世纪 50 年代开始，它就一直处于供不应求的状态。到 20 世纪 60 年代，它被称为"机械奇迹、商业奇迹、社会奇迹"而享誉全球。2CV 一直生产到 1990 年才在法国停产，累计生产了 700 万辆。

> **小知识："2CV"的由来**
>
> 当 20 世纪 30 年代出现经济危机时，雪铁龙创始人安德烈·雪铁龙先生决定生产一种国民汽车，要求车要便宜耐用、便于驾驶、维修方便、能走烂路、能带 4 个人、能带一筐鸡蛋、极速 80 km·h^{-1}、百公里油耗不超过 5L。当 2CV 出现在 1948 年的巴黎车展上时，观众和记者无不大跌眼镜："简直太丑了！"
>
> 2CV 车名来历：雪铁龙早期常用数字+CV（马力）的方式命名车型，这与当时法国的汽车税收政策有关。20 世纪 20 年代，法国汽车征税的功率标准并非实际输出功率，而是根据发动机尺寸结合经验公式估算出来的数值。比如，2CV 就表示要征收 2 马力的税，但它的实际功率范围为 9 到 35 马力。2CV 的诞生适逢第二次世界大战后物资极度缺乏之际，设计思想是保留车辆最本质的功能，满足最基本的驾驶要求，速度不快，配置精简到极点。因而造车材料多利用剩余品，特别是油漆，全都使用法国陆军剩下的绿色油漆。所以第一批出厂的 2CV，只有一个颜色——绿色，不料却受到当时"叛逆"型青年的追求，成为最"时髦"的汽车而一炮而红，每天生产 1000 辆还供不应求。雪铁龙公司运用巧思，赋予汽车更活泼的色彩，加装可卷式天篷，塑造纤细有致的车身，使其成为战后青年的新欢。

(4) 英国的迷你（MINI）

在"二战"后，英国的汽车生产较早地恢复到了战前的水平。由于 1956 年爆发的苏伊士运河危机使英国的汽油紧张，当时的 BMC 公司（英国汽车公司）决定生产一种比较经济省油的小型汽车。经过近两年的酝酿，1959 年的 8 月 26 日，世界上第一辆迷你从 BMC 的生产线上开下来了！其玄妙之处在于巧妙地将变速箱与横置发动机的相对位置妥当安排，并采用前轮驱动。

设计师伊斯戈尼斯借鉴了前置发动机前轮驱动的设计精华，并做了重要改进，将发动机横置，并把变速器与驱动桥一体化，全部放进发动机舱内，由此，发动机舱缩短了一半，这使车内空间大大增加，如图 1-34 所示。另外，由于重量集中在前轴，增大了前轮的附着力，改善了转向性能，提高了安全性。这种设计可以说是汽车结构设计的一次革命，目前，前驱轿车的设计大都沿用这种结构。

图 1-34 迷你的内部构造

迷你车的低价格吸引了大量的普通民众，而且它的小巧灵活以及靓丽的外形也招来了不少有钱人，因为只有迷你才能让他们在拥挤的伦敦街道穿梭自如，同时，驾驶一辆迷你车，也是时尚的象征，迷你成了第一辆"无阶级"的汽车。

(5) 意大利的"米老鼠"

"二战"后的20世纪50年代，意大利的经济飞速发展，菲亚特成为最大的受益者，从汽车制造、农机产品到航空产业都得到迅速发展。菲亚特早在1936年，就开发了著名的500米老鼠微型轿车——菲亚特500，如图1-35所示，它一直生产到1948年。菲亚特500是个响亮的名字，是当年与甲壳虫、雪铁龙2CV等著名轿车齐名的伟大的国民车，创造了汽车历史上的又一个奇迹。

图1-35 菲亚特500

2. 运动双雄

(1) 保时捷

保时捷公司的前身是1930年波尔舍创立的"保时捷发动机、陆用车辆、航空与海军车辆设计有限公司"。"二战"后，波尔舍被法国政府作为战犯拘捕；直至1947年，才由其子费利·波尔舍用100万法郎赎回；但自此，老波尔舍日渐衰弱，于1951年因中风结束了光辉坎坷的一生。

保时捷公司实质上是在费利·波尔舍的领导下发扬光大的。

老波尔舍入狱期间，费利·波尔舍主持保时捷公司的工作。他和他的父亲一样都对汽车性能有着难以言喻的狂热，1948年，他利用手中尚存的甲壳虫零件，在极简陋的条件下，以纯手工方法制造出保时捷第一部跑车356（图1-36）。保时捷356跑车拥有轻巧的车身、低风阻系数、灵活的操纵性能及气冷式发动机，这些特性使它与众不同。1951年，保时捷356跑车首次赢得勒芒24小时大赛冠军。

图1-36 保时捷356跑车

保时捷356跑车奠定了保时捷公司在车坛的地位，它也是20世纪的经典跑车之一。

（2）法拉利

汽车人物：恩佐·法拉利

恩佐·法拉利于1898年2月出生在意大利，其父是一名小工厂主。13岁的法拉利就能单独驾驶汽车。1920年在阿尔法·罗密欧汽车厂先后当过技工、试车员、赛车手，他驾驶着阿尔法赛车驰骋在赛场上，为阿尔法·罗密欧车队赢得了经久不衰的荣誉。1929年，法拉利成立了以自己名字命名的车队，1929年至1936年，法拉利统率的法拉利车队先后在方程式赛车、24小时跑车耐力赛等各种大赛中出尽了风头，共参加了39场大奖赛，获得了11场冠军。法拉利于1939年离开了阿尔法公司，回到他的家乡摩德纳，在这里，法拉利创建了自己的公司。

根据与阿尔法公司的协议，在最初的四年中，法拉利不允许生产以自己名字命名的汽车。一直到"二战"以后的1946年，第一辆配有跳马标志的法拉利125汽车才驶上了公路，如图1-37所示，它一举赢得意大利罗马大奖赛等赛事的6个冠军，法拉利红标席卷冠军奖杯时代的帷幕就此拉开了。

图1-37　法拉利125

3. 尾鳍时代

"二战"后的美国经济空前的繁荣，整个社会充斥着及时行乐的思想，人们尽情地享乐，穷奢极欲，尽情铺张。于是，那些极富想象力的设计师引领了美国汽车工业的潮流。

1949年，喜欢标新立异的凯迪拉克的设计师福兰克·赫尔曼模仿飞机垂直尾翼的造型，在新款的凯迪拉克后部加上小的尾鳍，如图1-38所示，没想到这一打破常规的尝试立刻流行全美，在市场上大放异彩，以至于此后数年凯迪拉克生产的汽车无车不"鳍"。

图1-38　带有尾鳍的1949年的凯迪拉克

此后，凯迪拉克车的尾鳍不断增大，最终演变成洋洋大观的巨型饰物，汽车史上的"尾鳍时代"一直延续到1959年，图1-39为1959年款的凯迪拉克。

图1-39　1959年款的凯迪拉克

4. 丰田的崛起

丰田的创始人丰田佐吉在1896年成功发明了日本国内的第一台动力织布机，而且机器的性能得到了社会的广泛认可，丰田佐吉被称为日本的"纺织机之父"。

丰田佐吉的长子丰田喜一郎对欧洲和美国进行了考察，欧美轰轰烈烈的工业革命使他受到了强烈的震撼，而汽车更使他热血沸腾，他认定汽车必然是未来举足轻重的交通工具。

回国后，他就积极策划生产自己的汽车。1933年他成立了汽车部，1935年5月生产出第一辆丰田A型车，如图1-40所示。

图1-40　丰田1935年生产的第一辆A型车

1937年，公司决定把名称改为Toyota（丰田），丰田汽车工业公司正式成立。1945年，日本战败，经济遭到毁灭性打击。最初，由于战后道路状况极差，公司将生产重点放在客货两用车和四轮驱动车上。1945年9月，丰田决定在原有的卡车批量生产体制的基础上组建新的小型轿车工厂。丰田做出这项决定主要是考虑到美国的汽车厂家不生产小型轿车，指望以此避开同美国汽车厂家的直接竞争。

1955年，丰田推出一款设计精巧、排量为1.5升的小轿车，命名为皇冠（图1-41），在日本市场取得了成功，两年后又以Toyopet的名称将其出口到美国。然而，问世才不过3年的早期皇冠轿车因不适应美国那种长距离高速行驶的行车条件，没过多久就被淘汰出了美国市场。

之后，丰田成立了自己的研究所，并开始着手建设日本第一家专门生产轿车的工厂，最终在6年后，重新打入了美国市场。该车极为传统，没有使用任何现代技术，只是做得十分精巧而已，加上配置齐全，结实牢靠，价格也不贵，因此确实比大众甲壳虫车更有魅力，在美国市场也取得了不错的业绩。随后，丰田公司迅速在美国、委内瑞拉、泰国和南非等国设

图 1-41 1955 年丰田皇冠

立了销售网点和工厂。价廉物美的丰田车立刻风行全球大市场。到现在，丰田的皇冠已经发展到第 14 代了，总产量超过 500 万辆。

> **汽车人物：丰田喜一郎**
>
> 丰田企业的创始人丰田佐吉的长子丰田喜一郎于 1937 年成立了丰田汽车工业公司（Toyota）。丰田喜一郎颇有战略家的眼光，他自一开始组织汽车生产就注意到了从基础工业入手，着眼于整体素质的提高，使材料工业、机械制造、汽车零部件业与汽车工业同步发展，为汽车的大批量生产创造了必要的条件，因此，日本人称他是"日本大批量汽车生产之父"。丰田喜一郎对汽车工业的另一项重大贡献在于对生产过程的科学管理方面。他将全公司的各工厂进行分工并对工厂内部生产结构进行了调整，改变了大一统的混乱生产格局，使公司的专业化程度、管理水平、技术水平、生产能力都有了大幅提高，创造出了后来风靡全球的"丰田生产方式"。今天，"丰田生产方式"已超越国别、行业而成为世界许多国家争相学习的先进经验。

三、缤纷多彩的 60 年代

1. 福特危机与野马诞生

1919 年，福特的独子埃塞尔·福特接替了亨利·福特，任福特公司的总裁，但公司的决策权仍掌握在老福特的手中。福特公司从一开始就是一个家族式的企业，公司没有健全的管理制度。从 20 世纪 30 年代，老福特越来越保守，一味奉行他的专制统治；公司内部只顾争权夺利，新车开发、技术管理、产品推销等工作已无人过问，福特公司第一的宝座终于在 1927 年被通用公司夺去，1936 年又被克莱斯勒公司超越。

1943 年 5 月，老福特的儿子埃塞尔·福特由于操劳过度病死，围绕着公司的控制权问题，福特家族与福特公司内部尔虞我诈，闹得不可开交。老福特终于力不从心，无法控制局面，不得不于 1945 年 9 月宣布退休，把总经理的位置让给了他的长孙亨利·福特二世。

亨利·福特二世继任后，招贤纳士，建立起一套现代化的管理制度，使公司步入正轨；他还吸取了竞争对手克莱斯勒的教训，注意产品的更新换代，福特公司从此走上了快速发展之路。

1948 年，随着"二战"的结束，美国恢复了民用汽车的生产，迫切地需要轿车和小型卡车。福特公司将其合二为一，创造性地开发出皮卡车，如图1-42所示，这种车型成为汽车史上最成功的车型之一，同时，也成为美国生活的象征。1950年，福特终于凭借着皮卡车超过了克莱斯勒，重新回到美国第二的位置。

1961年，福特分部在其新任总经理李·艾克卡的领导下，开发了著名的野马轿车，如图1-43所示。

图1-42　1948年战后第一代福特皮卡车

图1-43　1964年的野马车

2. 奥迪重生

1945年10月底，汽车联盟作为"资产阶级的财产"被控制了德国东部的苏联红军正式无条件没收，汽车联盟及所有分散在四大公司的28 000多台设备几乎全部被拆下来，当作战利品被陆续运到苏联。

浩劫之后的奥迪人纷纷逃往德国西部，来到了巴伐利亚的首府慕尼黑，从而开始了汽车联盟——也就是今天的奥迪公司的第二次创业。1949年9月3日，新汽车联盟股份有限公司（新汽车联盟）在英戈尔斯塔特成立，3年后，新汽车联盟就成长为继大众、欧宝、奔驰和欧洲福特之后的德国第五大汽车制造企业。

1964年12月，新汽车联盟被大众汽车集团正式收购了，最初只生产大众的甲壳虫汽车。

奥迪在战后真正复兴的第一标志就是在其传统的造车理念、技术和经验的基础上，于1968年自主研发出的奥迪100，这是战后第一款真正具有传统意义的奥迪轿车（图1-44）。

图1-44　奥迪100

奥迪100取得了巨大的成功，原计划生产10万辆的奥迪100卖出了80万辆。奥迪100重新确立了奥迪品牌的地位，四环标志开始重新绽放出光芒。

1969年，新汽车联盟公司与NSU汽车公司合并，"奥迪"从此开始成为公司的正式名称。

3. 宝马的复兴

"二战"后,宝马公司直到1952年才终于重新生产汽车,但由于产品定位较高,缺少用户,公司已濒临破产,管理层也开始对宝马这个品牌失去信心。宝马的大股东们逼迫公司接受戴姆勒—奔驰的低价收购要求,这时,心有不甘的大股东奥地利电池大王赫尔伯特·昆特成了宝马的救世主。在经过仔细的分析和账面核对后,他认为,问题主要是产品结构不合理,以宝马的技术实力,只要开发出适销的产品,宝马的未来之路将是光明的。于是他毅然决定对宝马追加投资,增持股份,成为宝马最大的股东。一时间,赫尔伯特·昆特成了全巴伐利亚的英雄,更重要的是,他确立了宝马的成功模式——"生产买得起、高质量的休闲汽车"。

在这种思想的指导下,很快,一款使用1.5升发动机、独立前轮和后轮悬架系统组成的家庭轿车——宝马1500诞生了,如图1-45所示。

汽车的外观出自意大利设计家米切洛蒂之手,他将宝马的传统双肾形散热器通风格栅装在了新车上,整个造型轻松活泼、富于动感,发动机强劲又低耗,非常适合经济恢复中德国普通民众的需要。

图1-45　1961年的宝马1500

这款车在1961年秋天的法兰克福汽车展上一亮相,立刻成为展会上最靓丽的明星,每个参观者都挤到它面前,欣赏它那新奇的前倾散热器通风格栅。展会上,就有数千辆车被订购出去,在生产之前,宝马公司手上就有2万多份订单,1500挽救了宝马,成为宝马的救世主,它也是宝马最大的车系——宝马3的鼻祖。从此之后,宝马公司走上了顺利发展的坦途,在市场上的地位日益提高。

4. 本田的转变

汽车人物:本田宗一郎

本田宗一郎于1906年11月7日出生在日本静冈县的一个穷苦家庭,16岁的他毅然来到东京一家汽车修理厂当学徒。1946年10月,宗一郎在滨松设立了本田技术研究所。当时,"二战"刚刚结束,缺乏快捷的交通工具,本田宗一郎从低价收购的军用设备上拆下小型汽油机,并用水壶作为油箱,改制成一台小汽油机后安装到自行车上,做成一种新型的"机器脚踏车",该车马上成为抢手货。1948年9月,他正式组建了本田技术研究工业总公司,从此开始生产本田摩托车,至1960年,它已成为日本最大的摩托车生产厂家。本田于1962年开始涉足汽车生产,他利用在摩托车开发、经营中获得的丰富经验及大量资金,倾力投入汽车开发,结果获得极大成功。他倡导的"三个喜悦"(购买的喜悦、销售的喜悦、制造的喜悦)的企业口号和"三个尊重"(尊重理论、尊重创造、尊重时间)的经营经验一直受到后人的推崇。

美国机械工程师学会设有一种荷利奖,专门用于奖励那些在机械工程领域做出了杰出贡献的人。迄今为止,该奖项一共颁发过两次——1936 年奖励给了有"汽车大王"之美称的美国人亨利·福特,1980 年奖励给了日本人本田宗一郎,因此,人们称本田宗一郎为"日本的福特"。

本田宗一郎充分利用有效的机会宣传企业和产品,积极参加各种类型的车辆竞赛活动。1965 年墨西哥站的 F1 大赛,本田摘得了它的第一个桂冠,此次胜利打破了欧洲车队对 F1 冠军的长期垄断,确立了本田公司在世界汽车界的形象和地位。

本田赛车的成功也推动了本田汽车的销售。1962 年,本田推出的 S600 跑车(图 1-46),大受欢迎。1967 年本田又推出了 N360 型轿车,塑造了经济、省油的良好形象,投放市场仅 1 年多,销量就突破了 20 万辆。

图 1-46 本田 S600 跑车

20 世纪 60 年代末,美国国会通过了《空气清洁法》。1972 年,本田公司配置了 CVCC(复合涡流调速燃烧)发动机的第一代思域上市,如图 1-47 所示,这款车的低公害发动机,竟能满足 3 年后实施的美国废气排放标准。这款车当年就被评为"年度最佳汽车",同时在日本和美国荣登畅销车榜。

图 1-47 本田思域

5. 意大利的赛车时代

兰博基尼于 1963 年创立了以自己名字命名的公司。为了与法拉利一争高低,他不惜倾家荡产,从法拉利和玛莎拉蒂高薪挖走了大批设计人才。当年,兰博基尼的第一辆车 350GT 便一炮打响,不过真正让兰博基尼享誉世界的是 3 年以后问世的杰作——米拉。

1966 年 3 月的日内瓦车展上,兰博基尼推出的新车米拉(图 1-48)令观众眼前一亮。

这款新车采用了赛车上才用的中置发动机结构，并开创性地采用了楔形设计，车身很低，整个车身像一把尖刀向前刺去。这种造型不仅极富动感，而且大大降低了行驶时的空气阻力，从此成为以后所有超级跑车的标准造型，使兰博基尼名震全球。

图 1-48　1966 年的兰博基尼米拉

1980 年兰博基尼汽车公司破产，公司转卖到瑞士和美国的克莱斯勒，最终于 1998 年被德国大众收归旗下，在大众公司雄厚的技术与资金的支持下，兰博基尼焕发了青春。

兰博基尼一生中瞄准的对手就是法拉利，他不断地超越对手，创造新的世界纪录。但对手是那么强大，和兰博基尼相比，法拉利显然做得更成功。

汽车人物：佛瑞肯·兰博基尼

1916 年 4 月，佛瑞肯·兰博基尼出生在与意大利北部重镇博罗尼亚邻近的费拉拉市。

"二战"后，兰博基尼购置了厂房，开始生产拖拉机。战后的意大利急需农机车辆，兰博基尼因此聚敛了大笔财富。1959 年，兰博基尼的拖拉机产量在意大利已位列第三。最初兰博基尼是法拉利的车迷，但据说有一次他找到法拉利投诉跑车的质量，而得到的回答是"我想，用不着一个做拖拉机的来告诉我如何造赛车吧！"生性孤傲的兰博基尼被自己所敬重的人如此嘲弄，这使他变卖了自己视若珍宝的四辆法拉利跑车，建起了自己的工厂，发誓与法拉利一决雌雄，从而成就了一个超级跑车品牌的诞生。

恩佐·法拉利一生都怀着"追求完美，不留遗憾"的激情投身于他的汽车制造事业，但人生往往有许多缺憾，1956年，恩佐·法拉利遭受到了他人生中最沉重的打击，他唯一的有继承权的儿子迪诺（Dino）死于白血病。老来丧子是何其悲凉的事情，法拉利一直都没有从这哀伤中恢复过来。有人发现，法拉利从此不论在什么场合，都带上了那副宽大的墨镜（图1-49）。

为了纪念自己的儿子，法拉利将此后生产的六缸引擎车款，皆冠以Dino的名称，来纪念原本承继父业而潜心开发新式六缸引擎的爱子，从而造就了Dino260GT、Dino 246GTB、Dino 250GTO、Dino 275GTS/GTB等一系列知名的公路用跑车，而且由于产量稀少，如今都已成车坛瑰宝。图1-50为以迪诺命名的法拉利——Dino 246GTB。

图1-49 晚年的恩佐·法拉利　　　　图1-50 以Dino命名的法拉利——Dino 246GTB

虽然法拉利生产制造了一系列名车，但是面对20世纪60年代席卷欧洲的经济危机，也因产量小而发生了财务困难。1963年福特公司尝试收购法拉利，但是恩佐·法拉利拒绝将车厂卖给美国人。之后，1969年，意大利菲亚特收购了法拉利的控制权，法拉利成为专门负责该集团研发赛车及超级跑车的高端部门。

1986年6月6日，89岁高龄的法拉利在生产线上，为当时全世界最快的两种量产跑车之一的F40（图1-51）超级跑车（另一部为保时捷959）举行命名典礼。拥有480马力，极速高达324 km·h^{-1}的F40，是法拉利员工送给恩佐的特别生日礼物，F是"法拉利"的缩写，40则是纪念法拉利公司生产跑车40周年。

图1-51 "法拉利之父"恩佐·法拉利的临终之作——F40超级跑车

在完成了一生中登峰造极，甚至可以说是旷世巨作的F40超级跑车之后，法拉利于1988年8月14日因病逝世，享年90岁。2006年，法拉利的60周年纪念版以其创始人的名字"恩佐·法拉利"命名，来纪念这位不朽的大师，如图1-52所示。

图1-52 法拉利的60周年纪念版"恩佐·法拉利"赛车

多年以来,人们已经形成了这样的共识:只要提到法拉利,大家就会想到法拉利的超级跑车和赛车;只要提到汽车科技的先进水平,大家就会想到红色的法拉利。法拉利车集技术性、艺术性于一体,采用了类似于劳斯莱斯、保时捷、兰博基尼等世界名车那样的半机械、半手工化的加工工艺,进行精心的制作,堪称稀世珍品。

20世纪60年代欧洲的经济危机也使意大利另外一家历史悠久的专门生产赛车的公司玛莎拉蒂从赛场退入了市场。

玛莎拉蒂品牌早在1914年由玛莎拉蒂家族四兄弟创立。1953年,玛莎拉蒂赛车在意大利车手大奖赛中曾战胜法拉利;1954年,玛莎拉蒂正式宣布退出车赛,专心制作公路跑车。相比法拉利的跑车,玛莎拉蒂更加重视汽车的豪华和舒适性,高性能同时又兼顾到了高贵的内饰和典雅的装潢。尽管不再直接参赛,玛莎拉蒂仍继续为一些私人车队制造赛车,而且,它和F1赛事也仍保持着紧密的联系。

1993年,为加强国际市场竞争力,在意大利政府的支持下,菲亚特公司收购了玛莎拉蒂公司,但品牌得以保留。四年后,玛莎拉蒂与法拉利合并,3200GT(图1-53)是两厂合并后生产的第一部跑车,糅合了两大跑车的传统与科技,凭借其优异性能和乘坐舒适性的完美结合,在后来的法国巴黎汽车展上引起极大的轰动,使玛莎拉蒂重新跨入世界顶尖GT运动车的行列中来。

图1-53 玛莎拉蒂3200GT

6. 没落的英国汽车

英国,催生了很多迄今仍赫赫有名的车厂和品牌,诸如捷豹、迷你、宾利、劳斯莱斯和英国汽车工业最后的幸存者罗孚(MG-ROVER)。

罗孚公司创立于1877年。1904年世界上第一辆拥有中央底盘的8马力汽车在罗孚公司诞生。1948年,第一款4×4越野车型——路虎(LAND ROVER)推出,从此诞生了这一被称为"越野车中的劳斯莱斯"的著名品牌,如图 1-54 所示。

图 1-54　被称为"越野车中的劳斯莱斯"的路虎

真正为罗孚奠定品牌声望的是 1958 年推出的 P5 型豪华轿车,这款车配备了罗孚经典的 3.0L 六缸发动机,它得到了英国皇室、首相及罗马教廷的钟爱,甚至女王也选其作为私人驾乘。罗孚开始和劳斯莱斯等名车并驾齐驱,从此,奠定了罗孚豪华车的品牌基础。

另一家英国公司捷豹,于 1935 年开始生产摩托车和汽车。两年后该公司收购了一个名叫"阳光"的汽车公司,开始使用捷豹的名称并一直沿用至今。

捷豹擅长生产超豪华车、敞篷车和跑车。1953 年,捷豹 C - type 在法国勒芒赛中囊括冠、亚、季军。意气风发的捷豹公司在 20 世纪 50 年代兼并了多家汽车公司,成为那个年代英国汽车制造业的霸主。

英国从一开始就出台了"红旗法令"限制汽车工业的发展,后来,英国政府一系列政策的失误,更将其送进了无底深渊。

英国市场的开放迎来了价格低廉的日本汽车的挑战,为了应对严峻的形势,英国的汽车公司开始走向联合。1968 年,利兰(Leyland)汽车集团成立。在利兰集团中,罗孚、凯旋和捷豹合并,创下了空前绝后的 233 万辆的产量纪录。然而就在此时,英国政府为了支持国内企业,开始实行减税促进消费的政策,衰落的英国汽车满足不了消费者猛增的消费需求,价廉物美的日本车乘机蜂拥而入。

1977 年,为了挽救利兰公司,利兰与日本的本田合作,在英国开始生产本田汽车。这个做法让他们丢掉了英国汽车的最后一张王牌——罗孚品牌。1986 年罗孚被英国航空买下,所有出品的新车都可以使用罗孚(ROVER)标志。英国原本想靠罗孚的品牌拉动消费,但实际却大大削减了罗孚的品牌价值,罗孚从女王座驾变成了随处可见的廉价车。

英国航空在掌控罗孚公司 6 年后将其卖给宝马公司,宝马公司曾经试图恢复罗孚的高档品牌价值,于是相继有罗孚 75 型、罗孚 25 型和罗孚 45 型问世,在它们的身上能清晰地找到宝马的痕迹。不久,宝马发现,罗孚的品牌号召力并不强于自己的宝马 7 系列,引进的越野品牌路虎又让自己亏损严重,于是路虎被卖给了福特,而罗孚倒贴给了英国凤凰财团,与另外一个古老的英国跑车品牌 MG 共同成立了 MG - ROVER 公司。形单影只的劳斯莱斯公司此时也开始寻找自己的归宿,不久便投入了德国大众公司的怀抱。英国的汽车工业就这样江河日下,随着"日不落帝国"的衰落一起日落西山了。

四、石油危机后的汽车工业

1973年10月6日,犹太教的赎罪日,以色列全国沉浸在一片祷告声中,下午3时30分,西奈半岛炮声骤起,10万埃及军队跨过苏伊士运河,第4次中东战争爆发。战争开始后,为抗议美国等西方国家支持以色列,阿拉伯产油国决定采取禁运、减产和提价等措施,这导致原油供应不足,油价从每桶3美元猛涨到12美元,使西方发达国家的经济受到很大冲击,引发了震撼全球的第一次世界能源危机。石油的突然短缺和油价暴涨,成了1974—1975年资本主义世界经济危机的起爆剂。

1978年10月28日,在石油出口量占当时世界第二位的伊朗,霍梅尼发动了伊斯兰革命,伊朗石油大幅减产,其他阿拉伯产油国也相继采取抑制石油生产的政策,同时大幅度提高油价。1980年秋,世界市场原油价格从每桶13美元猛增到34美元。竞相抢购石油和增加储备的风潮席卷了整个西方世界,又一次打破了刚刚恢复的世界能源平衡,油价再度暴涨,沉重打击了世界经济的发展,爆发了世界上第二次能源危机。

1980年9月22日,伊拉克和伊朗两个产油大国之间爆发了武装冲突,石油生产遭到了严重破坏,油价再度上涨,从9月到12月三个月的时间,由每桶12.78美元上涨到19.18美元。随着两伊战争的升级,油价最高达到了每桶45美元。

骤然降临的危机,对全球的汽车工业产生了巨大的冲击,但同时也造就了难得的市场机遇,面对危机,世界各国的汽车企业可谓"有人欢喜有人愁",世界汽车工业格局也因此发生了巨大的改变。

1. 艰难的转变

第一次能源危机使历来崇尚大排量豪华车的美国受到严重的影响。油价陡然上涨了1~3倍,曲折蜿蜒的汽车长龙排在各加油站周围,掀起阵阵抢购狂潮,政府实行了定量配给,省油小排量的日本车开始热销。

为减少对海外石油的依赖,1975年,美国国会通过了能源政策和储备法,制定了强制性的《轿车平均燃油经济性标准》,并实施了1970年修订的《净化空气法案》,对汽车的废气排放进行极其严格的控制。为满足这些要求,美国汽车开始采用电控燃油喷射系统。受此影响,1975年年初,仍然我行我素地专心致力于大型汽车生产的克莱斯勒公司销售量下降到了1970年的水平,并且累积有两个月的车辆库存。公司缩减了生产,并辞退了18 000名雇员以降低成本。1976年,克莱斯勒公司开始出售它的下属公司。

到了20世纪70年代中后期,由于日本小型车的凌厉攻势,通用也开始生产小型汽车。但是由于起步太晚,而且日本车的价格又具有不可匹敌的优势,于是生产小型汽车的各部门为了压低成本,不得不相互仿制零件,降低质量,结果在艰难地提高产品利润的同时,却不断地失去顾客。

而能源危机的严冬似乎远没到尽头。1978年的第二次能源危机使这些美国公司遭到了灭顶之灾。底特律三巨头中最小的克莱斯勒首先支撑不下去了,这家曾经辉煌的企业负债累累,而且没有任何银行肯再向它提供一分钱的贷款。危难之际,被福特公司解雇的艾克卡成了克莱斯勒的救世主,在极度困难的形势下,艾克卡成功地争取到了美国政府的信贷担保,用来开发前轮驱动的小型车(图1-55)。这种车非常成功,它的油耗率先达到了日本车的标准,在市场上受到了热烈的欢迎,它挽救了克莱斯勒公司,创造了美国汽车史上的一个奇迹。

此后,克莱斯勒一路顺风顺水,1987年,克莱斯勒公司兼并了AMC汽车公司,从此拥

图 1-55　克莱斯勒 1978 年推出的普利茅斯地平线

有了著名的"Jeep"品牌。

在美国政府的扶持下，通用、福特公司通过转变观念、调整产品结构，终于摇摇晃晃地从危机中走了出来。

汽车人物：李·艾克卡

李·艾克卡（Lee Iacocca）在美国汽车业中被看作是"化腐朽为神奇"的人物。自小喜欢汽车的艾克卡，21 岁就进入福特公司，通过自己的推销天赋，只花了 15 年就从底层奋斗到福特公司副总裁的位置，福特当时名噪一时的"野马"汽车，也出自艾克卡之手。他由于功高盖主因而在 1978 年被福特二世废黜，同年，他又被请进了当时濒临破产的克莱斯勒公司担任总经理。他向大家提出了"共同牺牲"的建议，并将自己的年薪减至 1 美元。凭着自己的毅力与口才，他向美国政府成功申请了 15 亿美元的贷款担保，并挖来很多他原来在福特公司的老部下。终于在 5 年之后的 1983 年，克莱斯勒还清了在银行的所有欠款，并在当年还净赚了 9 亿美元，艾克卡也成为一代美国人心目中的英雄。

20 世纪 70 年代，当众多汽车厂家在困境中艰难度日的时候，英国的莲花汽车却异军突起，成为这个时代的佼佼者。

莲花是世界上著名的运动汽车生产厂家，与法拉利、保时捷一起并称为世界三大跑车制造商。莲花汽车拥有世界上顶级的汽车设计技术，尤其在整车和动力总成方面，莲花具有丰富的经验和专业的技能。

汽车人物：柯林·查普曼

1947 年，尚在伦敦大学攻读工程技术的 19 岁的柯林·查普曼就自己动手改装了一辆简陋的奥斯汀赛车，并驾驶它参加林间角逐业余赛车一举夺魁，查普曼给它取名叫作"莲花"。1952 年，莲花汽车公司成立，在法国勒芒 24 小时耐力赛中出尽了风头。查普曼组建了骁勇的莲花车队，自 1958 年以来先后 7 次在 F1 中夺冠，并创造出了多种名垂青史的优秀车型。无论是批量生产的跑车还是赛车，他都亲自参与设计与研制，甚至亲自驾驶参加比赛，在汽车制造与竞赛两方面都创造了辉煌业绩。

莲花不断地参加各项赛事，莲花品牌逐渐在车坛出了名。当然，莲花车队最辉煌的成就还是在 F1 赛场。从 1958 年它首次参加 F1，便名声大噪，其一体化车身的单座赛车具有划时代意义，在这一赛事中统治了整整 20 年。

　　1970 年，查普曼推出了一辆 72 型单座赛车，如图 1-56 所示，这辆超乎寻常的赛车，引导了一个新潮流。其设计理念在于把全部重量移向车尾，以提高动力性能，为此，该车后轮大得出奇，前轮又小得出奇，加上见棱见角的车体，在当时可谓前所未见。这辆 72 型赛车在所参加的 5 个赛季中夺得了 20 项大赛奖和 3 项品牌奖。查普曼接着又推出了 79 型赛车，这辆 1978 年问世的新赛车突出地改进了行驶系统，结果把一切对手统统打败，以至于对手开始纷纷仿效。莲花迎来了它的鼎盛时期。

图 1-56　莲花 72 型单座赛车

　　柯林·查普曼于 1982 年 12 月 16 日因心脏病去世，年仅 54 岁，世界汽车业史上的一颗巨星陨落了。失去查普曼的莲花汽车马上陷入绝境，公司的接班人没有柯林·查普曼的功底，生产的跑车失去了往日的威风，公司由于亏损过大而被迫停止生产，莲花车队也退出了 F1。莲花公司最终将整个生产线卖给了韩国的起亚公司；之后，美国通用公司收购了莲花，但投入通用怀抱的莲花好像水土不服，无奈通用以 3 000 万英镑又将莲花割爱给意大利的布加迪；经历了短暂的辉煌以后，1997 年，莲花又被转卖给了马来西亚的宝腾汽车，美丽的"莲花"由此凋落了。

　　2. 日本称霸

　　1965 年，美国推出限定排放的法案，当美国厂商还在喋喋不休地向国会提出抗议时，日本生产厂商却敏锐地抓住了这个市场机会，以符合废气排放标准为前提来制造新车。本田公司开发出一种新的 CVCC 引擎，装有催化式排气净化器，其排气净化水平已达到美国 1975 年开始实施的《净化空气法案》标准。丰田公司也开发出一种类似产品，在引擎阶段即可以防止废气外排，只需要氧化触媒便可起到防止污染的功能。

1966 年，丰田推出了排量 1.0L 的花冠轿车（图 1-57）。秉承了丰田一贯的"实用至上"的理念，花冠轿车操作舒适、配置齐全、做工考究，而且价格具有竞争力，它给购车人的感觉是物有所值。花冠轿车很快就风靡全球，时至今日，花冠轿车已历经 12 代，累计销售超过了 4 500 万辆，创造了世界汽车史上的又一奇迹。

图 1-57　1966 年的丰田花冠轿车

1983 年，为了与本田的雅阁系列轿车在北美市场上竞争，丰田推出了佳美车系，如图 1-58 所示，从此便一发不可收拾，成了丰田除花冠以外最受欢迎的车型，发展到今天，已经是第八代了。新一代的佳美已经在中国生产上市，这就是市场上热销的"凯美瑞"。

图 1-58　第一代丰田佳美

为了同奔驰及宝马竞争，丰田公司决定创立一个新的高档品牌，并将它命名为"凌志"，图 1-59 为丰田凌志 LS400 轿车。2000 年凌志车总产量为 26 万辆，仅在美国就销售了 21.1 万辆，这个业绩使得凌志在美国高档车的销售中排名第一，超过了奔驰和宝马。后来凌志更名为"雷克萨斯"。

图 1-59　丰田凌志 LS400

2000 年，丰田公司作为一支独立的车队进入了 F1，这是世界上除法拉利车队之外，仅有的一家发动机和底盘全部是自己生产的车队。图 1-60 为丰田 F1 赛车。

图 1-60　丰田 F1 赛车

另外一家日本公司——本田汽车公司同样也取得了不俗的成绩。

本田思域轿车出现在美国第一次石油危机期间，当时这种小巧的溜背式轿车不仅价格低廉，更有着极低的燃油消耗率，一上市就大受欢迎，并成为同级轿车中的佼佼者。

雅阁轿车 1982 年从美国本土的本田汽车公司生产线上直接下线，驶入美国市场，并在 1989 年和 1992 年两度成为美国的最佳畅销车。图 1-61 为 1985 年的本田雅阁轿车。

图 1-61　本田雅阁轿车

1991 年，日本本田在美国市场上的销量已超过克莱斯勒汽车公司而名列第三。本田还在英国建立了分公司。本田汽车公司的汽车年产量在日本已占第三位，而它的摩托车产量是日本的当然霸主。

日本汽车工业的成功除了经营战略和策略正确,很重要的原因是得益于其独特的生产管理模式。20世纪60年代初期,日本车刚打入美国市场时,售价相当低(甚至到了保不住成本的地步),但是后来,日本汽车制造商独自创造出了欧美汽车厂商所没有的生产管理模式,孕育出了举世闻名的日本汽车生产体系。这种被世人后来称为"精益生产方式"的管理模式,使日本在极短的时间里生产出了质量好、性能高、价格低廉的小型汽车,于是,1968—1970年间,在竞争压力颇大的美国市场中日本汽车脱颖而出,顺利地实现了快速增长的目标。

> **企业文化:大野耐一与丰田"精益生产方式"**
>
> 精益生产(Lean Production,LP)是美国基于日本丰田生产方式的研究于1990年提出的制造模式。它的基本理念是通过查找和消除生产过程中各种各样的浪费现象达到彻底降低成本的目的,旨在"以最少的投入,产出尽可能多的和最好的产品"。其与美国福特传统的大批量生产方式截然不同,大批量生产方式是以规模经济来降低成本,并由此带来价格上的竞争力,但由此必然带来过量的生产和库存,使实际成本增加,同时这种生产方式也不能满足当今市场对产品个性化与多样化的要求。丰田总结出七大浪费:过量生产、库存、等待、搬运、多余的工艺、多余的动作以及不合格。这些浪费占产品价值链的95%以上,这就是丰田生产方式的潜力和奥秘所在。
>
> 这种生产方式的制定和实施者是大野耐一。在第一次石油危机前,那时人们崇拜的是福特的大批量生产,因为这样可以大大减少生产成本,形成规模效应。而大野的做法却恰恰相反,结果招来了公司绝大部分人的反对,他的管理方式被嘲讽为大野管理方式,供应商们不断投诉他,但他得到了丰田喜一郎的大力支持,最终顶住压力,实施成功。
>
> 精益生产方式的具体内容是在生产现场实施"5S"管理:①整理(SEIRI):把用与不用的物品分开来,并把不用的物品舍去;②整顿(SEITON):将寻找必需品的时间减少为零;③清扫(SEISO):在清理、整顿基础上,清洁场地、机器设备、物品,形成干净、卫生的工作环境;④清洁(SETKETSU):经常保持明快、舒畅、清洁的工作环境;⑤素养(SHITSUKE):养成好习惯、好风度,遵守各种规范。
>
> 今天,精益生产方式已成为全球制造业的第一生产方式,同时已成为一种理念、一种文化,那就是追求完美、追求卓越、精益求精、尽善尽美。

3. 韩国崛起

韩国最早从事汽车生产的公司是起亚汽车公司,始建于1944年12月,但"二战"后由于政治局势动荡,公司长期处于不景气的状态。韩国汽车业的真正起步是在20世纪60年代初,1967年现代汽车成立,与美国福特公司签订了装配技术合作协定。此时各汽车厂商以组装进口零部件生产整车的方式开始试制汽车,直到1970年,韩国的汽车年产量仅为2.8万辆。

进入70年代,韩国政府实行汽车国产化政策,各汽车公司开始大规模引进国外生产技术。1975年,现代汽车的第一个自主车型小马Pony终于投产,如图1-62所示,这款微型汽车在韩国市场迅速获得了巨大成功,令现代汽车雄踞韩国市场首位长达20年之久。70年代后期,现代汽车开始试验性地进军海外市场,并大量向非洲出口。1991年,现代公司发布了其首个独立开发的发动机。

图 1-62　现代汽车的第一个自主车型小马 Pony

大宇汽车公司在 1972 年与美国通用汽车开始合资，随着 1990 年名为"王子"的第一辆自主设计的国产车的推出并在市场取得成功，1992 年大宇开始自主生产。

80 年代，韩国国产化政策使其汽车工业获得了飞速发展。1987 年，汽车普及高潮开始，国内市场迅速扩大；同时，面对西方国家混乱的汽车市场，西方汽车企业在危机面前忙于自保，无力竞争，韩国政府又实施出口导向战略，不遗余力扩大出口。进入 90 年代中后期，韩国汽车在西欧、美洲、东欧、中亚、亚洲和大洋洲建立生产基地，实现生产本地化，在此基础上建立了海外生产体系和全球营销网络。

韩国自 20 世纪六七十年代开始引进国外汽车生产线以来，始终执行着一种多样化的发展方针，汽车品种涵盖了小型客车、小汽车、大型旅游车、吉普车、卡车等多个领域，产量基本可以满足本国需要。韩国人有着强烈的民族自尊心，韩国上至总统，下到平民百姓，大家都以乘坐国产车为荣，因此，韩国民众汽车消费以国产车为主。

1988 年韩国汽车产量突破 100 万辆，1995 年达到 240 万辆，1997 年达到 280 万辆，韩国一跃成为世界汽车第五大生产国。受亚洲金融危机影响，韩国汽车产量有所下降，但也一直保持着近 200 万辆的水平，形成了以现代、起亚、大宇、双龙四公司鼎足的市场格局，韩国也一跃成为世界汽车生产大国。

韩国经济的腾飞被视为奇迹，而汽车工业的发展在其中扮演了极为重要的角色。同韩国的其他工业体系一样，汽车工业的发展是与国家的扶持政策分不开的，但是 1997 年亚洲金融危机爆发后，韩国的汽车工业遭受了重大打击，原来被飞速发展所掩盖的政企不分、家族式经营日益显露出弊端，企业走到了破产与亏损的边缘。

1997 年，双龙汽车公司因资不抵债而被大宇收购。同年，起亚汽车公司也被政府招标拍卖。1998 年，现代汽车公司在困境下收购了起亚，但不久自己内部却出现债务问题。1999 年大宇汽车公司也背上了 180 亿美元的债务，不得不向欧美汽车公司求援，在与通用、戴姆勒-克莱斯勒的竞争中，2000 年 7 月，通用汽车公司如愿以偿收购了大宇。

曾经辉煌一时的韩国汽车工业在短时间内就走向低谷，其教训对我国的汽车工业有着极其重要的借鉴意义。

自 21 世纪以来，世界汽车工业进入稳步提升阶段。美国、欧盟、日本 3 个传统汽车制造中心的发展较为平稳，以金砖四国（巴西、俄罗斯、印度、中国）为代表的新兴汽车市场发展迅猛。受全球金融危机影响，美国、日本汽车制造业在 2009 年产量大幅下降，通用、福特等汽车巨头再次面临破产的威胁，福特公司出售了旗下路虎、捷豹、阿斯顿马丁、沃尔沃等品牌；通用公司也卖掉了绅宝，仅保留了别克、凯迪拉克、雪佛兰和 GMC 四个部门，并接受了政府数百亿美元的援助，摇身成为美国"国企"。而中国汽车产业在政策引导下，产销量几年来稳居世界第一。从 2010 年，世界各国汽车市场均有所升温。一直到 2012 年 12 月，美国通用汽车公司才从政府手中买回抵押的股份。

就世界汽车工业来看，尽管它是传统产业，但仍有很强的生命力，发展潜力和余地都很大。首先，汽车作为一种重要的交通运输工具，需求量还较大，尤其是发展中国家的汽车需求量增长很快，即使在发达国家，汽车需求也表现出缓慢增长的态势，全球汽车需求还远未达到饱和。其次，大量的高科技成果（如计算机、无线电通信、卫星通信、机器人、人工智能、新工艺、新材料，等等）注入汽车工业，使之面貌焕然一新，更加生机勃勃，汽车工业的质量效益正在大大提高，在层出不穷的高科技面前，汽车工业还有很大潜力。再次，汽车工业仍然是国际性支柱产业，其世界"第一商品"的特点没有改变，在世界贸易中的作用还相当明显，在汽车工业发达国家的经济中依然占有十分重要的地位，所谓"汽车工业面临衰退，将成为夕阳工业"的说法缺乏充分依据，也是不合实际的。

思考与讨论

案例 1：2008 年，日本微型车在新车销量中所占比例接近 4 成，在新车销量年度排行前 10 名中，微型车占了 6 个。在欧洲市场上，微型车也属于热销车型，据说占到了三分之一左右的市场份额。

试讨论，为什么在日本和欧洲，微型车大行其道？日本的微型车与欧洲的微型车又有何不同？

案例 2：20 世纪 50 年代到 70 年代初是美国汽车业发展的黄金时期，但 70 年代两次石油危机之后，经济省油的日本小型汽车开始崛起。从 70 年代到 90 年代，日本汽车大举进入美国，给美国汽车市场造成了巨大冲击。三巨头自此陷入长期的衰落，1978—1982 年，福特汽车销量每年下降 47%，1980 年出现了 34 年来第一次亏损（也是当年美国企业史上最大的亏损），1980—1982 年的 3 年间，亏损总额达 33 亿美元。克莱斯勒公司更是濒于破产，通过提起反倾销法案强制日本人"自愿"限制汽车出口数量，方才免于倒闭。美国保持多年的第一汽车生产大国的地位也一度被日本人抢占。

试分析当年日本是如何击败美国，成为世界汽车新霸主的。

而如今去美国街道看一下，感觉遍地都是日本车，丰田、本田、讴歌、雷克萨斯、英菲尼迪……放眼皆是。也有美国的福特，但比较少，BMW、奔驰也有，就更少了。而今天，同一级别的车，美国车比日本车要便宜，给的保修条件更好，还有就是日本车通常给的折扣很少，美国车给的折扣较多，甚至二手车日本车也要比美国车价格高一些。

试分析这是什么原因。

第三节　中国汽车发展之路

一、中华人民共和国成立前的汽车制造

1901 年，对了解中国汽车史的人来说是值得关注的一年。这一年，一位叫李恩时

（Leinz）的匈牙利人携两辆美国生产的奥兹莫比尔汽车从香港来到上海，从此中国开始出现了汽车。

1902年，袁世凯为了取悦慈禧太后，专程派人从香港购买了一辆奔驰汽车献给慈禧，如图1-63所示。该车是德国奔驰公司1898年的产品，设有4个座位，发动机在前排底座下方，通过链条驱动后轮。汽车的造型还算气派，但谈不上豪华，采用开式车身，6根垂直的杆子支起一个精美的顶棚，车头还挂着两盏精美的黄铜煤油灯，更为出色的是钢板弹簧悬架和4只充满气体的轮胎大大提高了汽车的平顺性。

尽管袁世凯为这件贡品费尽心思，但慈禧并不喜欢。黑色的车身在西方人眼里威严庄重，但比不上她心目中象征至高无上皇权的金黄色；汽车座位的式样和侧面的线条很容易使人联想起当时在中国已逐渐盛行的黄包车；汽车后面的座位较高，慈禧穿着3寸高底的旗鞋实在无法爬上去，需侍从费很大的劲才能把她抬上去；宫廷内到处是高大的门槛使汽车无法行驶，而在宫廷外这辆车也远不如前呼后拥地十六抬大轿显得威风凛凛。更令"老佛爷"不能容忍的是驾驶员竟然大模大样地坐在她前面，感到有失体面，于是她下令驾驶员孙长富跪着给她开车，结果只是留给后人一个笑柄。当然这辆车最后只能尘封入库，慈禧还是习惯坐原来的十六抬大轿。这是我国现在保存最早的汽车，被人冠以"中国第一车"的美名，目前存放在北京的颐和园。

当时的中国没有汽车工业，几次尝试建立汽车厂都以失败而告终。历史上最先提出要建立民族汽车工业这一想法的是孙中山先生。张学良先生（图1-64）首先将造车设想付诸实施，在辽宁造出民生牌汽车。

图1-63 袁世凯送给慈禧的奔驰第二代汽车

图1-64 张学良

1928年，张学良在东北易帜，认为全国统一后要"化兵为工"，拟试制汽车。于是先在沈阳的迫击炮厂内成立工业制造处，后改为民生工厂，张学良先后拨款80万元试制汽车。中国人当时还没有生产汽车的经验，于是聘请了美国人为总工程师。1929年，民生工厂进口了一辆美国瑞雪号汽车进行装配、试验，后将该车拆卸、测绘，对部分零件、部件另行设计制造，历时2年，于1931年5月试制成功，定名为民生牌75型汽车。图1-65为当时民生汽车与车标。

"九一八"事件爆发，东北三省被日本占领，正在制造的民生牌汽车全部落入敌寇之手，后日军将民生工厂改为"同和自动车工业株式会社"，为日军生产军用车辆。

图 1-65 民生汽车与车标

此后从 1936 年至 1946 年,中国各地先后试制过几种汽车,如太原的"山西牌"、长沙的"衡岳牌",上海的"中国牌"、云南的"资源牌"、天津的"飞鹰牌"等,但都仅仅是昙花一现,其中山西汽车修理厂试制的山西牌汽车,对社会公众影响颇大。

中国的造车梦毁于统治者的腐败无能,毁于帝国主义的硝烟战火,中华人民共和国成立后,才建立和发展了中国的汽车工业。

二、中华人民共和国成立后的汽车工业

中国的汽车工业,经过半个世纪的努力,发生了天翻地覆的变化,从曾经是"只有卡车没有轿车""只有公车没有私车""只有计划没有市场"的汽车工业,终于形成了种类比较齐全、生产能力不断增长、产品水平日益提高的汽车工业体系。回顾中国汽车工业 50 年来走过的路程,一步一个脚印,处处印证着各个历史时期的时代特色。中国汽车工业经历了从无到有、从小到大的发展过程,具体分为创建、成长和全面发展三个历史阶段。

1. 创建阶段(1953—1965 年)

中华人民共和国成立之初,毛泽东主席、周恩来总理等第一代国家领导人非常关注汽车工业,亲自参与建立中国汽车工业的重大决策,在苏联援助中国建设一批重点工业项目中列入建设一座现代化的载货汽车工厂,并在中央重工业部下属机器工业局筹备组建期间,开始了筹建的前期工作。

1953 年 7 月 15 日,由毛主席亲笔题名的第一汽车制造厂(简称"一汽")在长春动土兴建,如图 1-66 所示,从而拉开了中国汽车工业筹建工作的帷幕。国产第一辆"解放牌"载货汽车(图 1-67),于 1956 年 7 月 13 日驶下总装配生产线,结束了中华人民共和国不能制造汽车的历史,圆了中国人自己生产国产汽车之梦。

图 1-66 毛泽东为一汽亲笔题词　　图 1-67 解放 CA10 型载货汽车

1958年2月，一汽的工人们白手起家，根据一些国外样车，制造了第一辆国产轿车（图1-68），一汽人给自己的轿车起了个响亮的名字——东风！在"大跃进"的年代，这辆车从设计到制造仅用了3个月的时间。

图1-68 中国第一辆东风牌CA71型小轿车

同年7月，一汽参照美国克莱斯勒1955年C69型轿车，研制出红旗牌CA72轿车（图1-69）。这辆中国的一代名车，于国庆10周年前小批量试制出43辆，从此结束了中国不能生产高级轿车的历史，成为中华民族尊严的象征。

图1-69 红旗CA72型轿车

1959年，从首批生产的33辆红旗轿车中挑选出10辆参加了在天安门广场举行的国庆10周年的庆典，引起了全国的轰动。

1981年，红旗轿车因为耗油量大、成本高、产量低而停产，从1958年到1981年，前后23年，一共只生产了1 540辆。红旗牌轿车被列为国家礼宾用车，并用作国家领导人乘坐的庆典检阅车，图1-70为1984年10月1日，中央军委主席邓小平乘红旗轿车在国庆35周年阅兵式上检阅三军将士。

1958年9月，又一辆国产凤凰牌轿车在上海诞生。1964年，凤凰牌轿车被正式命名为上海牌SH760（图1-71）。这就形成了我国轿车史上北有"红旗"，南有"凤凰"（上海）的格局。

图1-70　1984年10月1日邓小平乘红旗轿车检阅三军将士

图1-71　1964年的上海牌SH760轿车

长期以来，红旗轿车是中国的"总统车"，在老百姓的眼里，它是政治地位的象征，国外汽车收藏家也把此车列为收藏精品。相比之下，上海牌轿车比较亲民，是当年使用最多的国产轿车。

进入20世纪60年代，汽车改装业和摩托车制造业起步，重点发展了一批军用改装车、民用消防车、救护车，自卸车和牵引车也相继问世，为社会经济发展提供了城市、长途和团体这三大类客车。

之后，国民经济实行"调整、巩固、充实、提高"的方针，在国家和省市支持下，成立了一批汽车制造厂、汽车修配厂和改装车厂，其中南京、上海、北京和济南4个较有基础的汽车修配厂，经过技术改造成为继一汽之后第二批地方汽车制造厂，形成"一大四小"5个汽车制造厂。1965年年底，全国民用汽车保有量近29万辆。各地方工厂积极发展汽车品种，建立相应专业化生产模式的总成和零部件配套厂，为今后发展大批量、多品种生产协作配套体系奠定了初步基础。图1-72为南京汽车制造厂生产的跃进NJ130轻型载货汽车。

图1-72　跃进NJ130轻型载货汽车

2. 成长阶段（1966—1980年）

20世纪60年代初，中苏关系破裂后，国家开始了三线建设，为满足战备需要开始生产越野汽车。

北京汽车制造厂负责研制军事指挥用轻型越野车，1961年试制出样车，该车不仅供部队使用，还大量配给地方。从60年代到80年代，从基层机关的公务用车到工矿企业的工作车，遍布全国的北京吉普212那一身"绿军装"成为人们记忆中永远的风景，如图1-73所示。

1964年,国家确定建设以生产越野汽车为主的第二汽车制造厂(简称"二汽"),二汽是我国汽车工业的第二个生产基地,与一汽不同,二汽是依靠我国自己的力量创建起来的工厂(由国内自行设计、自己提供装备),采取了"包建"(专业对口老厂包建新厂、小厂包建大厂)和"聚宝"(国内的先进成果移植到二汽)的方法。二汽的建成,开创了中国汽车工业以自己的力量设计产品、确定工艺、制造设备、兴建工厂的纪录,检验了整个中国汽车工业和相关工业的水平,标志着中国汽车工业上了一个新台阶。

1975年7月1日,湖北十堰的第二汽车制造厂"东风"系列的第一个基本车型——2.5吨越野车正式投产,如图1-74所示。

图1-73 北京吉普212越野车

图1-74 东风2.5吨越野车

1978年5月,二汽第二个车型东风EQ140型5吨载货车投产,如图1-75所示。至此,国家当时所属的两大汽车制造厂——一汽和二汽各自完成在南北两地的基地建设,中卡市场"双雄并立"的格局形成,并且解放和东风占据绝对优势的这一战略态势直至今日仍未发生变化。

与此同时,四川和陕西汽车制造厂以及与陕汽生产配套的陕西汽车齿轮厂,分别在重庆市大足县(今为大足区)和陕西省宝鸡市(现已迁至西安)兴建和投产,主要生产重型载货汽车和越野汽车。20世纪60年代中后期,国家提出"大打矿山之仗"的决策,矿用自卸车成为其重点装备。上海32吨矿用自卸车(图1-76)试制成功投产之后,天津15吨、常州15吨、北京20吨、一汽60吨(后转本溪)和甘肃白银42吨矿用自卸车也相继试制成功投产,缓解了当时冶金行业采矿生产装备紧缺的状况。

图1-75 东风EQ140型5吨载货车

图1-76 1969年10月我国第一台32吨矿用自卸车在沪问世

为适应国民经济发展对重型载货汽车的需求,1960年4月15日,济南汽车制造厂(中国重汽的前身)通过测绘仿制捷克的斯柯达平头卡车,试制出中国第一辆重型汽车——黄河JN150型8吨柴油载货汽车(图1-77)。之后,四川汽车制造厂(重庆红岩的前身)等汽车企业也陆续通过模仿和引进等方式掌握了8吨载货车的制造技术。济南汽车制造厂扩建黄河牌8吨重型载货汽车的生产能力,安徽泗河、河南南阳、辽宁丹东、黑龙江和湖南等地方汽车也投入同类车型生产。邢台长征汽车制造厂(源于北京新都厂迁建)生产的12吨重型载货汽车、上海货车制造厂生产的15吨重型载货汽车也投产问世。

在此期间,一汽、南汽、上汽、北汽和济汽5个老厂分别承担了包建和支援三线汽车厂(二汽、川汽、陕汽和陕齿)的建设任务,其自身也投入技术力量不断改造和扩大生产能力。图1-78为1968年投资2亿元建立的陕西汽车制造厂生产的SX2190军用越野车的改型产品。

图1-77 黄河JN150型8吨载货汽车

图1-78 陕汽SX2190军用越野车的改型产品

地方发展汽车工业,几乎全部仿制国产车型重复生产。据粗略统计,仿制解放牌车型的有20多家,仿制北京130车型的有20多家,仿制跃进车型的有近20家,仿制北京越野车型的有近10家,改装及零部件厂家增加到2100家。

这一时期,由于当时全国汽车供不应求,再加上国家再次将企业下放给地方,因此引发中国汽车工业发展的第二次热潮。1976年,全国汽车生产厂家增加到53家,专用改装厂增加到166家,但每个厂平均产量不足千辆,大多数在低水平上重复。

汽车工业经过这一阶段的摸索成长,1980年生产22.2万辆,是1965年产量的5.48倍;1966年至1980年生产汽车累计163.9万辆;汽车生产向多品种、专业化发展,生产企业近200家;1980年大中轻型客车产量为1.34万辆,其中长途客车6000多辆;1980年全国民用汽车保有量为169万辆,其中载货汽车148万辆。

从第一辆东风牌CA71型轿车下线,到20世纪80年代的二十多年间,由于国家政策一直"重卡轻轿",我国轿车工业一直处于缓慢发展状态,1972年轿车最高产量达到过600辆,1980年轿车最高产量达到4000辆。单一的公车消费结构使中国轿车的需求受到抑制,80年代中期,中国的千人汽车保有量为0.5辆,比非洲最穷困的埃塞俄比亚(每千人1.3辆)还少很多,在全世界140多个国家中排名倒数第一。

3. 全面发展阶段(1981—2001年)

在改革开放方针指引下,中国汽车工业进入全面发展阶段。汽车老产品(解放、跃进、黄河车型）升级换代，结束了30年一贯制的历史；调整商用车产品结构，改变"缺重少轻"的生产格局；引进技术和资金，建设轿车工业，形成生产规模；行业管理体制和企业经营机制改革，汽车车型品种、质量和生产能力大幅增长。特别是1994年国务院颁发了《汽车工业产业政策》，明确提出，到2010年，汽车工业将成为我国国民经济支柱产业的目标，与之相适应的产业组织政策、产品管理政策、产业技术政策、产业布局政策以及外资和贸易政策，为汽车工业发展创造了稳定的政策条件。在这20年中，中国汽车工业发生了大变革，成为中国汽车工业一个旧时代的结束和一个新时代开始的分水岭。

1978年，国家批准当时唯一量产轿车的上海汽车厂，引进技术进行改造扩建。1982年，邓小平亲笔批示：轿车可以合资，从而催生了第一批带有尝试性质的三个轿车合资企业：上海大众、北京吉普、广州标致。

1984年1月15日，北京汽车制造厂首先与美国克莱斯勒合资成立了我国第一家合资汽车公司——北京吉普汽车有限公司，生产当时美国汽车公司切诺基XJ系列四轮驱动越野车，如图1-79所示。中国汽车工业自此全面开放，大规模地引入外资，合资企业从此开始成为中国汽车工业的重要组成部分。

图1-79 吉普2005系列

1985年上海大众诞生，它引进德国当时的先进车型"桑塔纳"（图1-80），结束了中国汽车工业"闭门造车"低水平徘徊的历史，开辟了利用外资、加快发展的道路。上海大众生产的桑塔纳轿车也成为中国车坛的常青树。

1985年3月15日，广州标致成立。1986年10月10日，广州标致505SW8旅行车投产，这是广州标致成立之后投产的首款车型。1989年9月11日，广州标致505SX轿车（5座）投产，广州标致迎来了历史上最辉煌的时刻。在当时国家汽车工业版图上，仅有上海大众、一汽奥迪、天津夏利等少数轿车生产点，而由于桑塔纳和奥迪的产量有限，捷达和富康还没有投产，广州标致505SX轿车（图1-81）上市后便一炮而红。

图1-80 桑塔纳轿车

图1-81 广州标致505SX轿车

但好景不长，由于广州标致一直以进口组装为主，随着捷达、富康的上市，桑塔纳等车国产化率的不断提高（桑塔纳的零部件国产化率早在1990年就已达到了60%），至1997年广州标致公司已亏损近10亿元。

广州标致轿车项目陷入困境，最后双方不得不结束长达十年之久的合作。作为最早的中外合资汽车项目之一，广州标致的失利昭示了中外合资合作失败的可能。

当时，上海大众占据了轿车领域的制高点，北京吉普则在越野车领域独占鳌头，相比之下，我国小型车市场还是一片空白。经过反复的调研论证，天津汽车工业公司决心着重发展小型车，决定与日本大发合作，引进大发第三代 Charade 轿车。

1986 年 9 月，以 CKD 方式引入生产的第一台夏利（图 1-82）顺利下线，并在当年迅速推向市场，这款车被命名为 TJ730。值得注意的是，和大发的合作方式并不是常规的合资，而是技术转让，也就是说天津汽车工业公司买断了大发有关这两款车的所有技术，从而自主进行开发生产。

1987 年 8 月，国务院明确了建设一汽、二汽和上汽三个轿车生产基地和北京、天津、广州三个轿车生产点，即定点生产小汽车的"三大三小"。"三大"指一汽、二汽、上汽，"三小"指北京吉普、天津夏利、广州标致。进一步认定轿车生产应按"高起点、大批量、专业化"的原则，重点抓好零部件生产及相关工业，加速提高国产化率。

1991 年 2 月 6 日，中国第一汽车集团公司和德国大众汽车股份公司、奥迪汽车股份公司正式组建了合资经营的大型轿车生产企业"一汽大众汽车有限公司"，引进了当时德国热销的捷达 A2 轿车（图 1-83），很快这辆德国小车便风靡全国。硬朗大气的外观，相对平实的价格，以及出色的质量，都帮助捷达 A2 在国人中赢得了超乎想象的出色口碑，创造了持续畅销数十年的业界神话。

图 1-82　第一辆天津夏利轿车

图 1-83　捷达 A2 轿车

1992 年，中国东风汽车公司（二汽）与法国标致雪铁龙集团（PSA）等股东合资兴建了轿车生产经营企业神龙公司，引进了秉承雪铁龙优良血统和独有优势技术、在欧洲热销的富康轿车。该车从 1992 年引进国内，至今在中国市场保有量已达 40 万辆，在消费者中享有很高的声誉和信赖度。从第一辆富康轿车下线开始，富康就瞄准家庭轿车市场，其主要目标一直是私人购买、家庭消费，其被誉为"中国第一家轿"，如图 1-84 所示。

图 1-84　富康轿车

90年代末，以长城、奇瑞和吉利等为代表的自主品牌企业横空出世。

1990年，26岁的"富二代"魏建军承包了负债累累的从事汽车改装的乡镇企业"长城工业公司"，90年代中后期，中国的民营企业迎来了一轮飞速发展，魏建军敏锐地抓住了这一历史机遇，确定生产技术门槛低、国家控制不严格、实用又便宜的皮卡车型。几经周折，1996年，第一辆模仿丰田Hilux的长城迪尔皮卡下线，如图1-85所示。它以低价高质的策略，迅速在市场站稳了脚跟，并成功地开辟了10万元以下皮卡这一细分市场。到1998年，产销7 000余辆，位居全国皮卡市场销量第一。同年，开始销往伊拉克、叙利亚、伊朗等地，如图1-86所示。

图1-85　长城第一辆迪尔皮卡

图1-86　码头待装船的长城迪尔皮卡

1997年，安徽省在芜湖市投资建设了"奇瑞汽车"，1999年12月，奇瑞的第一台轿车"风云"正式下线，一经推出便震撼全国市场。如图1-87所示。而毫无官方背景的民企老板李书福，1997年通过收购四川德阳监狱下级的一个濒临破产的国营汽车厂，间接获得了汽车生产许可证，成立了"四川吉利波音汽车有限公司"。1998年，第一辆轿车"豪情"下线，如图1-88所示。

图1-87　奇瑞第一辆风云轿车下线

图1-88　吉利第一辆豪情轿车下线

中国汽车工业在1992—2001年这10年内平均年增长率为15%，是同期世界汽车年均增长率的10倍。基础工业的技术进步使我国生产的主要轿车的产品技术、性能与国际市场产品几乎没有区别。投资结构、组织结构、产品结构日渐优化，大而全、小而全的散乱差局面已从根本上得到改变。

这一时期，捷达、桑塔纳、富康这三款车是合资品牌在中国的第一批车型，几乎垄断了国内轿车市场，被人称为"老三样"。正是"老三样"开启了普通中国家庭的轿车梦。十余年来，"老三样"在人们的眼里已经成为一种符号，代表了一个汽车时代。

4. 中国汽车的第二次飞跃（2002年至今）

2001年12月中国正式加入WTO，汽车工业国际化已经不可逆转。随后的几年，几乎所有海外知名厂商都在中国建立了合资工厂，大举入市，国产车型品牌空前丰富，最频繁时出现一周上市三四款新车的情景。随着关税下降，进口车大幅降价，国产车价格也不得不随之下调，中国轿车的低端市场就此启动。2005年，首次进入国内十大轿车厂家的奇瑞汽车，累计销售18.9万辆，同比增长118%，是唯一一家销量翻番的企业；十大厂家中唯一的民营企业吉利汽车，销量达到14.9万辆，增长49%。

加入WTO后，中国的轿车工业进入了快车道，一年上一个新台阶。2001年国产轿车的产销量分别为70.35万辆和61.01万辆；2007年，国产轿车销量历史性地达到472.66万辆，我国自主品牌轿车销量达到124.22万辆，占轿车销售总量的26%。

步入21世纪，以市场驱动为特征的第二轮兼并重组拉开序幕。2001年，我国明确提出形成2至3家有较强国际竞争力的大型汽车企业集团。"入世"后，面对国际竞争的压力，依照市场规律而非行政命令引发的兼并重组取得了突破性进展：上汽集团持股韩国大宇10%；一汽兼并天汽，控股四川旅行车制造厂，进而与丰田联手；上海通用作为一家合资企业，以50%的股权重组烟台大宇，更创造了国内汽车兼并的新模式；广州、沈阳、南京、重庆、北京、宁波、哈尔滨等一批独具实力和特色的轿车基地与三大集团比翼齐飞，形成"3+N"的新格局。

在市场竞争和政府的推动下，中国轿车工业的结构调整从早期的大企业兼并小企业到强强联合，形成产品、资源、区域以及开发、生产和销售等全方位的合作。同时又以不同的方式与国际上的跨国公司进行合资、合作，如上汽并购韩国双龙、南汽收购罗孚剩余资产等，以追求规模的进一步扩大，曾经是100余家汽车厂都在生产汽车的局面已经从根本上改变。

思考与讨论

案例1：2005年，上汽集团以41亿元的价格收购双龙汽车近50%的股份，经营几年间，亏损累累，劳资双方斗争激烈，最终，在2009年走入破产程序。双龙汽车进入回生计划后，双龙汽车对其资本进行大幅缩减，而上汽集团持有的双龙汽车股份也被稀释至11.2%。因此上汽对双龙汽车的资产减值损失约30.76亿元，这代表了上汽集团收购双龙汽车最终以失败告终。

试分析上汽收购双龙失败的原因和对中国企业的启示。

案例2：捷达、桑塔纳、富康"老三样"是车市中的传奇，开启了普通中国家庭的轿车梦。十余年来，"老三样"几乎垄断了国内轿车市场，在人们的眼里，"老三样"成为一种符号，代表了一个汽车时代。今天它们仍然依靠着皮实可靠的口碑、庞大的拥有量和便捷经济的保养，拥有着不俗的市场竞争力。发动机、车型和技术不断地在升级换代，新老交替是汽车市场发展的规律，"老三样"却为何是车坛的常青树呢？

试分析车市中的"老三样"为何总不退出历史舞台。

第二章 著名汽车品牌鉴赏

学习目标

1. 了解世界著名汽车品牌。
2. 掌握世界著名汽车品牌的商标图形及含义。
3. 了解国内知名汽车品牌。
4. 掌握国内知名汽车品牌的商标图形及含义。

汽车公司的品牌最明显的标志是汽车的车标，往往在设计时采用寓意精练的图案去突出企业的形象。汽车的车标具有动人的魅力，触发人们对企业及其产品的美好印象和联想，是随着汽车生产和销售的发展而产生的。它装饰在汽车头部或其他明显部位上，光彩夺目，精妙绝伦地展示了该汽车品牌的文化。它犹如汽车文化乐章中精彩的音符，伴随着飞转的车轮，谱写出一曲曲动人的旋律。它将人们带入汽车知识的殿堂。

第一节　美国汽车品牌鉴赏

一、通用汽车公司品牌

通用汽车公司是美国最大的汽车公司，现总部设在底特律市。通用汽车公司还是一个大型跨国公司，曾收购过多个著名品牌，如美国的悍马、德国的欧宝、瑞典的绅宝、澳大利亚的霍顿、英国的沃克斯豪尔、韩国的大宇等。通用公司拥有雪佛兰、别克、凯迪拉克、奥兹莫比尔、庞蒂克、土星、悍马、GMC、霍顿、大宇等品牌，其品牌组成如图2-1所示。

通用汽车公司商标GM（图2-2）取自其英文名称（General Motor Corporation）的前两个单词的第一个字母。

图 2-1　通用汽车公司谱系图

1. 凯迪拉克

凯迪拉克汽车是美国豪华车的代表,凯迪拉克分部是通用汽车公司高端车制作分部。

凯迪拉克车标(图 2-3)上为冠,下为盾,周围为郁金花花瓣构成的花环,冠上的 7 颗珍珠显示出皇家贵族的尊贵血统,盾象征着凯迪拉克军队的英勇,花环代表荣誉,车标喻示着凯迪拉克的高贵和气派。图 2-4 为 2008 年凯迪拉克 CTS。

图 2-2　美国通用汽车公司的商标

图 2-3　凯迪拉克车标

图 2-4　2008 年凯迪拉克 CTS

2. 别克

别克分部是通用汽车公司的第二大部门。别克汽车稳重、大气,针对商务用户而设计,具有大马力、个性化、实用性和成熟的特点,是通用汽车公司的中端品牌。

别克车标(图 2-5)是三把颜色不同(从左到右,红、白、蓝)并依次排列在不同高度上的利剑,表示积极进取、不断攀登,表示别克分部采用顶级技术,刀刃见锋,也表示别克分部培养出的人才个个游刃有余,是无坚不摧、勇攀高峰的勇士。图 2-6 为 2005 年别克林荫大道。

图2-5 别克车标

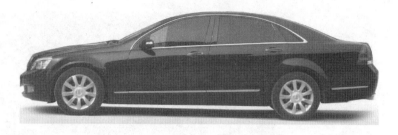

图2-6 2005年别克林荫大道

3. 雪佛兰

> **品牌文化：雪佛兰与变形金刚**
>
> 汽车本是个冰冷的钢铁物件，是人赋予了它一种影响生活方式的生命内涵。对于美国人而言，汽车是一个无法离开的朋友、伙伴、家人。20世纪80年代，在美国诞生了一部风靡全球的动画片《变形金刚》，影片中的汽车人挽救了地球，是人类忠实的朋友。这部影片影响了一代代的全球观众，也成为美国文化输出的代表。如果说"大黄蜂"是《变形金刚》中最神勇的角色，雪佛兰就是汽车产业中最传奇的品牌。在美国，雪佛兰与棒球、热狗、苹果派一起，已经成为美国文化的典型代表；而在全球，雪佛兰品牌的累计销量已经超过一亿，并已保持长达55年"每隔40秒钟就会有人购买一辆雪佛兰"的历史纪录。

雪佛兰是针对年轻客户的时尚品牌，其车型特点为新颖、美观、时尚。雪佛兰分部是通用汽车公司的最大部门。除生产大众化车型外，还生产知名的运动型跑车克尔维特。

雪佛兰车标（图2-7）由图形和文字两部分组成，其设计是由雪佛兰的创建人杜兰特看报纸时想到的图形，同时又从巴黎酒店的墙上获得灵感并受到法国古老挂壁的启发。领结是人人喜爱的饰物，形似领结的标志不但体现大众化，更标志着大方、贵族气派与优质的服务精神。

克尔维特是雪佛兰生产的高级运动车，名字来源于17世纪英国历史上著名炮舰的名称，其含义是向当时风行的英国跑车挑战。

克尔维特车标（图2-8）是在椭圆形内交叉嵌套着两面旗帜，那面黑白相间的旗帜表示该车是参加公路大赛的运动车，红色旗帜上的蝴蝶结表示该车由雪佛兰分部制造，而上面的奖杯和花朵则代表夺魁后的欢呼和成功的纪念。图2-9为2007年雪佛兰Camaro跑车。

图2-7 雪佛兰车标

图2-8 克尔维特车标

图 2-9　2007 年雪佛兰 Camaro 跑车

4. 庞蒂克

庞蒂克汽车公司原为奥克兰汽车公司，建于 1907 年。庞蒂克是一个印第安酋长的名字，18 世纪他曾率部下在底特律附近抵抗英法殖民者。该公司于 1909 年加入通用汽车公司，主要生产轿车和跑车。

庞蒂克车标（图 2-10）是带十字标记的箭头，十字标记表示庞蒂克汽车是通用公司的成员，也象征着庞蒂克汽车安全可靠，箭头则代表庞蒂克的超前技术和攻关精神。

2009 年 4 月 29 日，通用汽车公司正式宣布停止庞蒂克这个品牌汽车的生产，拥有 102 年历史的庞蒂克从此消失。图 2-11 为庞蒂克火鸟跑车。

图 2-10　庞蒂克车标　　　　　图 2-11　庞蒂克火鸟跑车

品牌文化：庞蒂克火鸟与《霹雳游侠》

《霹雳游侠》是自 1982 年至 1986 年播出的美国热门电视剧，曾放映过《霹雳游侠》的国家超过 80 个。该剧选用庞蒂克火鸟作为剧中的霹雳车，这台车超级智能，不仅会说多国语言及方言，而且完全具有人类的思维。它具有超级能力，隔音、防弹、耐高温、跳跃上天、钻入地下、水中游泳，配有消音系统，可来去无声，车尾可喷射烟雾、沥青、火焰、炸药、二氧化碳、抓钩等，还可根据需要随时更换各种车牌，车头可发射强大武器——激光，给一代人留下了深刻的印象。

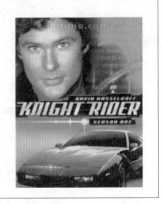

5. 奥兹莫比尔

奥兹莫比尔汽车公司创立于1897年，两年后生产出第一辆汽车。之后，通用汽车公司收购了这家公司，该公司占据了通用产品阵营里中档轿车的位置，是美国汽车领域的老牌先驱。

奥兹莫比尔耗油量极大，万般无奈之下，通用汽车公司只有放弃其所属的奥兹莫比尔分部。2004年4月，在美国兰辛市，最后一辆奥兹莫比尔汽车驶离工厂大门，标志着已有一百多年历史的奥兹莫比尔品牌从此画上了句号。

奥兹莫比尔车标（图2-12）是在一个红色底面上有一架简化了的飞机，简化了的飞机也像一个箭头，周围绘有白色和黄色的花边，象征该部积极向上和勇往直前的精神，也象征汽车像飞机那样快速而舒适。

1949年，奥兹莫比尔火箭88车型在业界首开采用高压缩V8发动机的先河，是其1950年至1974年间销售最好的车型，是那一时代的代表车型，如图2-13所示。

图2-12　奥兹莫比尔车标　　　　图2-13　奥兹莫比尔火箭88型轿车

6. 土星

土星（Saturn）是通用汽车公司最年轻的品牌，1982年通用汽车公司投资近20亿美元创造了土星这一品牌，主要是为了与日本汽车制造商相抗衡。2009年，因次贷危机财政受到严重冲击的通用公司为求得美国联邦政府的援助宣布破产保护，土星汽车与庞蒂克、悍马被宣告为重整后取消的品牌。

土星是太阳系中的一颗带有许多彩色光环的行星，土星车标（图2-14）为土星轨迹线，在图案的下方有土星的英文名字"SATURN"字样。车标在红色的背景下，显示了两条相交的星轨迹，给人一种高科技、新观念、超时空的感觉，寓意土星汽车技术先进，设计超前且最具时代魅力。图2-15为1999年土星SC三门跑车。

图2-14　土星车标　　　　图2-15　1999年土星SC三门跑车

7. 悍马

20世纪80年代，美国陆军决定研制一种通用型的4轮驱动轻型载货汽车，主要目的是取代当时比较落后的多型号军车，将多种型号的车辆统一成单一型号的车辆，以求降低采购成本、简化备件供应和维修。1981年美国陆军开始向美国各大车厂招标，结果AMG公司凭借长期生产军用车辆的经验优势中标，并很快制造出样车，取名HMMWV。1983年美国军方与AMG公司签订了首批供应5.5万辆HMMWV的合同。HMMWV因参加了海湾"沙漠风暴"战争而一举成名，图2-16为军用HMMWV。

图2-16　军用HMMWV

悍马的车标就是HUMMER，这是民用版的叫法，军用版叫作"HMMWV"（悍威），是高机动多用途轮式车"High Mobility Multi - Purpose Wheeled Vehicle"的简写。"HUMMER"的中文意思是蜂鸟，用这个世界上最小的鸟命名这个庞然大物，也许是为了暗示其非常灵巧的操控性能。图2-17为悍马车标。

图2-17　悍马车标

"HMMWV"外观刚烈，凶悍十足。它不是为民间设计，而是为美军的严酷要求而设计出来的。前所未有的动力性能、操纵性能及耐久性能，能够适用于各种特殊的路面，在许多运动型车辆无法行驶的道路上行驶，被业界誉为"越野车王"。它具有高尺寸的离地间隙，大角度的接近角和离去角，车体宽、重心低、V8柴油机、全时4轮驱动、独立悬挂、动力转向等，还有中央轮胎充气系统，驾车者可以变化轮胎气压。

1999年，美国通用汽车公司从AMG公司获得悍马商标的使用权和生产权，并设计了新款悍马H2（图2-18），这款车以针对一般的道路使用为目标，改善过于庞大的体型，增加舒适配件，更加贴近一般使用民众的需求。2003年又推出了价格更低的H3。

图2-18　新款悍马H2

2009年，中国四川腾中重工宣布计划收购悍马，经过多轮谈判后，2010年年初宣布谈判失败，2010年4月，通用汽车公司决定正式启动关闭悍马生产线的程序，不再生产任何型号的悍马。

品牌文化：施瓦辛格与悍马

"HMMWV"一经问世便赢得很多人的青睐，但当时还仅限于军用，因此不少人向政府呼吁取消对"HMMWV"的限制，其中呼声最高的当属美国著名动作影星施瓦辛格，他四处游说，终于得到厂家与政府的支持。1992年第一辆民用悍马面世，取名"HUMMER"，音译为一个十分贴切的中文名称——"悍马"。施瓦辛格接受美国陆军赠予的第一辆悍马，成为民用悍马的第一个用户，许多美国"硬汉"也争相购买，一时悍马名声大振。由于AMG公司生产的车型少，1992年至1999年的7年间，每年非军用车型的销售量仅为800～1 000辆，而且悍马作为民用车并不能充分发挥其性能，所以渐渐成为专业运动员和狂热的运动越野车爱好者或一些影星哗众取宠的乘驾。

8. 吉姆西

吉姆西（GMC）是通用汽车公司旗下最重要的商用汽车品牌，而且还是通用汽车公司旗下唯一一个与通用公司同名的汽车品牌。GMC的商标即为其英文字母。GMC汽车公司的渊源可追溯到1901年成立的疾速汽车公司——该公司曾打造出了最早的商用载货汽车并为这些车配备了单缸发动机。1909年，疾速汽车公司被通用公司收购，3年后，GMC Truck品牌首次出现在纽约国际汽车展上，结果这一年就有多达2.2万辆载货汽车被生产出来。如今，GMC生产的车型主要包括SUV、皮卡、重型货车、轻型货车、中型货车等，图2-19为GMC皮卡车。

图2-19 GMC皮卡车

二、福特汽车公司品牌

福特汽车公司，总部设在底特律市，它是目前美国第二大汽车公司。福特汽车公司曾借助 T 型车辉煌一时,成为汽车界的老大,后被通用汽车公司超越。福特汽车公司曾在 20 世纪 90 年代收购过英国的阿斯顿·马丁汽车公司和捷豹汽车公司、瑞典沃尔沃汽车公司的轿车部,还从宝马手中购买过路虎,但在之后的危机中大都又被出售,目前仅保留马自达公司的股份。

福特在 1979 年获得当时债务缠身的马自达公司 25% 的股份,并在 1996 年增持至 33.4%。在 2008 年金融危机,福特卖出部分股权,持股量减少至 13%,但仍为第一大股东。2010 年 11 月,福特向日本企业转让马自达 7.5% 马自达股份,从而失去马自达的控制权。但福特表示,双方仍将继续具有 30 年历史的战略合作伙伴关系。

福特汽车公司旗下的著名品牌有福特、林肯、水星等,与通用汽车公司不同,福特既是集团标志,也是集团旗下的一个中坚品牌。图 2 – 20 为福特汽车公司谱系图。

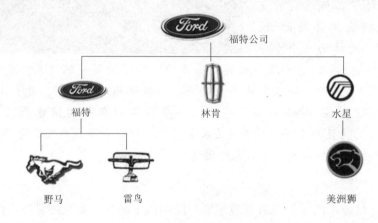

图 2 – 20　福特汽车公司谱系图

1. 福特

福特车标采用蓝底白字的英文 Ford 的花体字样,如图 2 – 21 所示,形似小白兔。由于福特十分喜爱小动物,商标设计者为了迎合福特的嗜好,就将英文 Ford 设计成形似奔跑的小白兔形象,象征福特汽车飞奔世界各地,令人爱不释手。图 2 – 22 为福特福克斯汽车。

图 2 – 21　福特车标　　　　　　　　图 2 – 22　福克斯汽车

2. 雷鸟

雷鸟自 1954 年以来,已经历了 12 代。在过去的 50 多年里,福特汽车公司共生产了 430 万辆雷鸟,它是美国的一个弥足珍贵的经典品牌。

雷鸟车标是一只展翅飞翔的鸟，象征着勇气和力量，更喻示着车速之快如鸟儿飞翔。雷鸟车标分为立体和平面两种，立体车标矗立在车头，仿佛鸟儿搏击长空（图2-23）；平面车标位于汽车前端。

第一代雷鸟是1955年研发的，如图2-24所示。首次亮相的雷鸟一下子就把人们征服了，第一个10日销售期内就获得超过3 500份的订单。20世纪80年代和90年代的雷鸟外形变化很大，20世纪末，雷鸟不再符合顾客的品位。持续的销量下降迫使福特宣布1997款雷鸟之后将不再推出新车型，但其经典的造型和一如既往的复古元素使它至今仍是车坛中最经典的车型之一。

图2-23 雷鸟车标

图2-24 1955年第一代雷鸟

3. 野马

1964年问世的野马跑车是美国最著名的跑车之一，其名字来源于墨西哥和美国加利福尼亚州的一种名贵野马，它身强力壮，擅于奔跑。野马车标（图2-25）采用了一匹正在奔驰的野马，表示该车极快的速度和狂放不羁的个性。

图2-25 野马车标

品牌文化：福特野马

1961年，福特分部在其新任总经理李·艾克卡的领导下，开发了著名的野马轿车。上市伊始的野马跑车立即吸引了年轻人的目光，在1964年的发布会上引起了轰动，人们从各地纷至沓来只为一睹它的风采。擅于造势的艾克卡宣布第一部野马车将拍卖给出价最高的投标者，一位激动的车迷

以高于底价14倍的价格投中，由于银行下班需要第二天才能检验支票成交，他干脆睡在新车的后座以保证这辆车不被他人抢走。这种热情瞬间传遍了全国，野马跑车上市当年就售出41.7万辆，远远超过原计划的10万辆，甚至在当年，美国最畅销的圣诞礼物就是以"野马"命名的儿童自行车。野马以它所象征的青春洋溢、无拘无束的神韵，吸引了一代又一代青年人，成为经久不衰的全美名牌跑车。

眼镜蛇跑车是由野马改装而来的，于1996年推出，限量供应7 500辆，具有较高的收藏价值。该车上野马车标在前，眼镜蛇车标（图2-26）在车两侧，寓意眼镜蛇在追野马，野马不得不疾驰。图2-27为2008年眼镜蛇跑车。

图2-26　眼镜蛇车标　　　　　　　　　图2-27　2008年眼镜蛇跑车

4. 林肯

林肯轿车是以美国前总统的英文名字（Lincoln）命名的，是美国的总统车。它和凯迪拉克一样，是美国豪华车的代名词，福特汽车林肯分部专门生产豪华型高端轿车。

林肯车标（图2-28）由一颗闪闪发光的星辰和一个近似矩形的外框组成的图案，该图案表示林肯总统是美国联邦统一和废除奴隶制度的启明星，喻示着林肯轿车的前景光辉灿烂，也象征着轿车将畅通无阻地飞驰在各种道路上。图2-29为林肯城市轿车。

图2-28　林肯车标　　　　　　　　　　图2-29　林肯城市轿车

5. 水星

水星是福特汽车公司自创的第三个品牌。1935年为填补经济型福特车与豪华型林肯车之间的空档而建立了一条中档车生产线，1936年成立了水星部，进军中档车市场。水星的独特之处在于它是福特汽车公司唯一自创的品牌。图2-30为2008年水星Sable轿车。

水星汽车采用太阳系的水星作为车标图案（图2-31），在一个圆中有3条行星轨道，使车名寓意更加贴切，表明水星汽车具有太空科技和超时空创造力。罗马神话中，水星是商业与道路之神，水星汽车以此象征公司的气派，即"天下道路为我修筑，人间商业由我主管"。

图 2-30　2008 年水星 Sable 轿车

图 2-31　水星车标

三、克莱斯勒汽车公司品牌

克莱斯勒汽车公司目前是美国第三大汽车公司，总部设在底特律市。克莱斯勒汽车公司的前身是 1907 年建立的马克斯威尔汽车公司。1925 年，克莱斯勒买下了该公司，更名为克莱斯勒汽车公司，1929 年成为美国第三大汽车公司，1932 年至 1949 年曾超过福特汽车公司，成为美国第二大汽车公司。1998 年 5 月 7 日克莱斯勒汽车公司与德国戴姆勒-奔驰汽车公司合并为戴姆勒-克莱斯勒汽车公司。2007 年 5 月 14 日，戴姆勒-克莱斯勒汽车公司在经历了 9 年的合并后，正式宣告关系破裂。现该公司下设道奇部、克莱斯勒·顺风部、鹰·吉普部。图 2-32 为克莱斯勒汽车公司谱系图。

图 2-32　克莱斯勒汽车公司谱系图

2009 年 4 月 30 日，美国总统奥巴马宣布克莱斯勒汽车公司正式破产，7 月，欧盟委员会批准意大利菲亚特汽车公司收购克莱斯勒汽车公司股份。

克莱斯勒汽车公司下的著名品牌有克莱斯勒（Chrysler）、顺风、道奇、吉普和普利茅斯等。

1. 克莱斯勒

克莱斯勒车标有多种。从1924年起，克莱斯勒就装有水箱盖上的醒目的银色飞翔标志和刻在水箱罩上的金色克莱斯勒印章，标志着汽车工程与汽车设计从此进入了一个崭新的时代，一直到20世纪50年代后期，克莱斯勒公司都一直沿用这种安装在发动机罩上的飞翔装饰。但随着公众喜好的变化，1957年以后，克莱斯勒汽车公司不再使用此标志。1995年，银色的飞翔标志和金色的徽章又重新被采用，两年之后，这两种图案被融合在一起。2010年，克莱斯勒发布新版Logo，开始使用飞翼车标，如图2-33所示，一对跃跃欲飞的翅膀，象征着克莱斯勒的欣欣向荣。图2-34为克莱斯勒最畅销的300C轿车。

图2-33 克莱斯勒车标　　　　图2-34 克莱斯勒300C轿车

2. 道奇

在北美落基山脉有一种强壮剽悍的大角公羊，在与恶劣地理环境的斗争中，它练就了一身过硬的本领，无论是悬崖峭壁还是傍山险路，都来去自如、如履平地。如今，它已化身成为世界上最雄浑奔放的汽车品牌，道奇在各种各样的道路上都留下了矫健的身影，道奇车标如图2-35所示。回顾道奇品牌的发展历史，你会发现公羊精神一直指引道奇向前发展，它给每一辆道奇汽车都赋予了灵魂，让它们野性十足，在全世界每个角落奔跑不息。公羊图形车标恰如其分地体现出道奇汽车的动感强劲、睿智进取和个性自由。图2-36为道奇勇士轿车。

图2-35 道奇车标　　　　图2-36 道奇勇士轿车

3. 普利茅斯

克莱斯勒汽车公司在1928年收购道奇兄弟公司之后，将原马克思威汽车公司生产中级轿车的普利茅斯部改称顺风部，其产品用普利茅斯来命名。普利茅斯是1620年英国向美国迁移清教徒的港口名称，普利茅斯车标（图2-37）用清教徒曾乘坐过的珠夫拉瓦号的帆船作为图案，有一帆风顺的含义。

由于连年亏损，到2001年年底，普利茅斯品牌被淘汰，其流行车型换成克莱斯勒品牌出售。图2-38为普利茅斯·潜行者轿车。

图2-37 普利茅斯车标

图2-38 普利茅斯·潜行者轿车

4.鹰·吉普

鹰·吉普车标如图2-39所示，鹰在美国被喻为神鸟，也是对著名战斗机驾驶员的俚称，吉普分部采用鹰的名称，表示该部具有雄鹰的优秀品质，能勇攀技术高峰。

图2-39 鹰·吉普车标

切诺基本是美洲大陆一个印第安部落的名称，他们世代居住在山区，由于生活和狩猎的需要，非常擅于攀爬，与其他部落不同的是，切诺基还用自己独特的文字记载着自己的历史。当时的鹰·吉普公司以切诺基为名来彰显自己品牌的文化，表示切诺基汽车能攀岩涉水的越野能力。图2-40为大切诺基·吉普轿车。

图2-40 大切诺基·吉普轿车

四、特斯拉

特斯拉（Tesla），是美国新兴的高性能、高效电动跑车品牌，公司的名字是以150多年前天才的物理学家和发明家尼克拉·特斯拉（Nikola Tesla）的名字来命名的。特拉斯汽车公司成立于2003年，总部设在美国加州的硅谷地带，其创始人是硅谷工程师、资深车迷马丁·艾伯哈德,而投资人是 SpaceX 的创始人艾龙·穆思科。特斯拉汽车公司是世界上第一个采用锂离子电池的电动车公司,图2-41为特斯拉车标,图2-42为其生产的跑车 Roadster 和 Model S。

图2-41　特斯拉车标　　　　　图2-42　特斯拉跑车（Roadster 和 Model S）

品牌文化：汽车界的苹果——特斯拉

2013年,美国街谈巷议的话题无疑是"特斯拉",从第一季度开始,它就成为世界瞩目的电动汽车新星,新车所到之处,总能吸引来一群人围观,这场景就像当时在首发日有人在苹果店门口挥舞着 iPhone5 一样。

硅谷工程师、资深车迷、创业家马丁·艾伯哈德在寻找创业项目时发现,美国很多停放丰田混合动力汽车普锐斯的私家车道上经常还会出现一些超级跑车的身影。他认为,这些人不是为了省油才买普锐斯,而是因为这些社会名流如果开一辆普锐斯就一定能够提升自己的公众形象。于是他就萌生了制造电动跑车的想法。终于在2003年他创办了特斯拉公司。正如他在公司官网上说的："特斯拉绝不是生产性能平平的汽车,它为热爱驾驶的人们而打造,是追求更好性能、更漂亮、更有吸引力的产品。"但是,电动汽车的前景并不乐观,公司很快就面临资金链断裂的困境。紧要关头,创办了美国空间技术公司的穆思科通过投资控制了公司。特斯拉用硅谷的想象力造车,博采众家之长,开发的第一款车 Roadster,是在莲花汽车公司的 Elise 跑车基础上开发的。2008年,第一批客户从布拉德·皮特、乔治·克鲁尼、施瓦辛格再到谷歌的两位创始人,客户名单几乎就是一张全球财富榜,这些明星客户为特斯拉赚足了吆喝。特斯拉的第二款车 Model S 从0到100 km·h^{-1}只要4.4 s 的加速时间,似乎只有法拉利这样的跑车能够与之匹敌,最高车速210 km·h^{-1},由7 000块电池组成的电池组可使汽车每次充电后得到480 km 的续航里程,这足以证明电动汽车一点也不比燃油汽车差。

2013年,特斯拉正式进入中国。2018年开始在上海建设集研发、制造于一体的超级工厂,这是特斯拉汽车首个海外生产基地,主要产品为 Model Y 和特斯拉的基础型 Model 3。

思考与分析

问题：通用汽车公司这个车坛巨无霸在不断发展自身实力的同时也从未停止过对其他车企的并购与扩张，通用旗下曾拥有过的品牌数量甚至超越现在的大众，达到了惊人的13个。这些品牌有的不断发扬光大，有的已经"死去"，有的备受冷落。目前通用集团旗下尚存5大品牌，数量虽然不算多，但其均在世界车坛占据着举足轻重的地位。试叙述这些品牌的现状，并分析通用汽车公司对待这些品牌的态度及原因。

第二节 欧洲汽车品牌鉴赏

一、德国汽车品牌

1. 戴姆勒－奔驰

1883年10月1日，本茨创建了奔驰公司和莱茵煤气发动机厂，它是奔驰汽车公司的前身。1890年11月28日，戴姆勒创建了戴姆勒发动机公司。1926年6月29日，戴姆勒汽车公司与奔驰汽车公司正式合并，成立了戴姆勒－奔驰汽车公司，本部设在德国斯图加特市，成为强强联合的首创者。多年来，戴姆勒－奔驰的技术、工艺和质量口碑甚好，是汽车的第一品牌。

戴姆勒－奔驰汽车公司是世界上最大的载重车生产厂家，生产的载重汽车、专用汽车、大客车等品种繁多，仅载重汽车就有110多种类型。20世纪80年代，戴姆勒－奔驰汽车公司和中国北方汽车公司合作，向中国转让重型汽车的生产技术。图2-43为戴姆勒－奔驰汽车公司谱系图。

图2-43 戴姆勒－奔驰汽车公司谱系图

戴姆勒-奔驰汽车公司的商标和车标均为简化后形似转向盘的一个环形围着三叉星（图2-44），表示陆海空领域全方位的机动化，环形表示占领全球营销市场。图2-45为梅赛德斯-奔驰S600汽车。

图2-44　现在使用的戴姆勒-奔驰车标　　　　图2-45　梅赛德斯-奔驰S600汽车

梅赛德斯-奔驰汽车根据装备的档次和形式的不同可分为不同的级别：

A——单厢轿车，C——小型轿车，E——中级轿车，S——高级轿车，M——SUV，G——越野车，V——多功能厢型车，SLK——小型跑车，CLK——中型跑车，CL——高级跑车，SLR——超级跑车，其中S级轿车是梅赛德斯-奔驰汽车公司的旗舰，是豪华的完美表述和工程的技术精品。标注AMG的车型为经过改装的奔驰高性能车型。

小知识：奔驰AMG

AMG公司的创始人是Aufrecht和Melcher，1967年在Grosaspach小镇上开设了汽车改装厂，AMG来源于两创始人和小镇名称的首字母。

之前两人都任职于奔驰公司，并负责发动机的测试。1965年，奔驰300SE赛车装备了无比强劲的直6发动机，夺得了德国房车赛的冠军，许多车队都希望能够得到这款发动机的技术，但奔驰公司为保持车队的竞技优势，严格禁止向外界透露任何信息。于是两人决定离开奔驰公司成立一个专门从事发动机设计和测试的小公司，同时也做一些私人改装的业务。据说公司成立之初，当时一个顾客慕名开着自己的奔驰车来到AMG所在的城市，寻了一轮之后竟然发现AMG鲜为人知。后来他在一间小小的车库门口询问"哪里可以找到AMG"的时候，车库里的人告诉他，你眼前的就是AMG，当时那个顾客非常吃惊，甚至怀疑这样的车厂是否能改装出自己想要的车。

AMG一直专注于提升奔驰车的性能，经过它改装的奔驰AMG赛车往往成为欧洲赛场的夺冠利器，这使AMG名声大振，公司的规模也逐渐扩大。1990年，公司终于得到奔驰的认可，并共同开发量产的奔驰高性能轿车，从此AMG的标识可以名正言顺地与三叉星徽标同时出现在奔驰轿车身上。

AMG改装的独到之处在于对原有的动力系统加以改进，挖掘发动机的最后一分动力。虽然生产都已工厂化，但其发动机工厂只有一条装配线，这就是AMG引以为荣的

"One Man, One Engine"（一人一机）造车哲学，一台发动机的诞生从头到尾只由一名工程师来完成组装工作，最后，刻有这位工程师手写签名的铭牌将被安装在这台发动机最明显的位置。从AMG成立开始，就提出了一句座右铭：追求完美技术的激情。

除了为奔驰研发高性能车型，AMG还为帕加尼这样的性能车厂提供高性能的发动机技术，由此确立了AMG"顶级发动机系统供应商之王"的江湖地位。

2. 迈巴赫

迈巴赫品牌首创于20世纪20年代。被誉为"设计之王"的威廉·迈巴赫是戴姆勒-奔驰公司主要创始人之一，1919年，威廉·迈巴赫与其子卡尔·迈巴赫共同缔造了"迈巴赫"这一传奇品牌——象征着完美和昂贵的轿车。

迈巴赫的英文名是Maybach，其名称源于纪念戴姆勒的亲密伙伴——公司总工程师威廉·迈巴赫。迈巴赫车标（图2-46）是两个重叠的M字，用三角形围起来，再加一个三角形底座。

无论造型、动力，还是电子控制设备，迈巴赫都突出了豪华性、舒适性、娱乐性及人性化的特点，迈巴赫是奔驰中的极品，被称为"皇冠上的钻石"，它在德国人心目中是顶级豪华汽车。

图2-47为1931年的齐帕林DS8，代表了豪华轿车的巅峰，是当时声望最高的德国轿车。该车的售价高达36 000德国马克，在当时足以用来购买3幢独立式住宅。

图2-46 迈巴赫车标

图2-47 1931年的迈巴赫"齐帕林"DS8

3. 斯马特

斯马特（Smart）又称为精灵。斯马特汽车公司由梅赛德斯-奔驰公司和瑞士钟表集团斯沃奇（Swatch）在1994年合资成立，后斯沃奇退出，该公司成为戴姆勒-奔驰公司的全资子公司，总部设在德国斯图加特市，生产工厂则在相距不远的法国海姆巴赫市。

Smart中的S代表了斯沃奇（Swatch），M代表了梅赛德斯-奔驰（Mercedes-Benz），而art则是英文中艺术的意思，合起来可以理解为：这部车代表了斯沃奇和梅赛德斯-奔驰合作的艺术，而Smart车名本身在英文中也有聪明伶俐的意思，这也契合了斯马特公司的设计理念。斯马特是为城市用车而设计的，它驾驶灵活，泊车方便，可作为家庭主妇进城购物、接送孩子上学用车，也可作为上下班的代步工具。图2-48为斯马特车标，图2-49为斯马特轿车。

图 2-48　斯马特车标　　　　图 2-49　斯马特轿车

4. 大众

德国大众汽车公司是世界十大汽车公司之一,是德国最大也是最年轻的汽车制造企业,1938 年由著名的汽车设计师费迪南德·波尔舍创立,总部设在德国汽车城沃尔夫斯堡,目前公司汽车产量居世界第 1 位,以生产大众型小轿车和轻型货运车而著称于世。

大众汽车公司自 1938 年成立以来,先后于 1964 年收购德国的奥迪汽车公司,1973 年开发出高尔夫(Golf)牌轿车,1983 年买下了西雅特的大部分股份,使西雅特成为大众汽车公司的子公司,1991 年收购斯柯达,1998 年收购了布加迪、兰博基尼、宾利,最终成为欧洲第一大汽车公司。大众汽车公司现拥有大众、奥迪、宾利、布加迪、兰博基尼、西雅特、斯柯达和大众商用等著名的汽车品牌,图 2-50 为大众汽车公司谱系图。

图 2-50　大众汽车公司谱系图

其中大众品牌群包括大众商用车、大众乘用车、斯柯达(SKODA)、宾利(BENTLEY)、布加迪(BUGATTI)、保时捷(PORSCHE)、斯堪尼亚(SCANIA)、曼(MAN)8 个品牌。

大众汽车公司的德文是 Volks Wagenwerk,意思是大众使用的汽车。其图形车标为这两个单词的首位字母"V"和"W"组合而成(图 2-51),再镶嵌在一个大圆圈内,然后将整个车标镶嵌在发动机散热器通风格栅中间。图案简洁、鲜明,让人过目不忘。图形中的三个"V"形,像用中指和食指做出的"V"形,寓意大众汽车公司及其产品"必胜—必胜—必胜"。

大众品牌现有的主要车型有:辉腾(Phaeton)、帕萨特(Passat)、捷达(Jetta)、EOS、高尔夫(Golf)、波罗(Polo)、Fox、甲壳虫(New-Beetle)、途锐(Touareg)、夏朗(Sharan)、途安(Touran)等,图 2-52 为大众新甲壳虫轿车。

图2-51 大众车标

图2-52 大众新甲壳虫轿车

> **小知识：大众的生产平台**
>
> 随着科技进步和市场变化，一个型号的汽车生命周期越来越短，大批量生产方式逐渐不能适应竞争，于是，20世纪80年代产生了汽车平台概念。汽车平台由汽车制造厂商设计，由多种车型共用。汽车平台与车辆的基本结构有关，出自同一平台的不同车辆具有相同的结构要素，如车门立柱、翼子板、车顶轮廓等。同一平台的车型的轴距一般相同，同时一些配件通用。平台是指一款车的头部骨架的基础设计，也就是前舱壁（驾驶舱与机器舱的隔板）前的部分，包括转向机构、前悬挂和前车轴，它们的相对位置关系一经确定，不能再变，否则相当于开发一个新平台，就大众集团而言，开发一个新平台的费用相当于40亿人民币。而舱壁之后的结构，可因设计而改变，如拉长轴距、展宽轮距、变换后桥悬挂方式等。大众对于自己的平台命名有着独特的解释，以PQ35平台为例，P表示平台、Q表示发动机横置（纵置的表示是"L"）、3表示A级车（也就是我们说的紧凑型车）、5表示第五代。
>
> 大众最早出道的是1989年面世的A4平台，后改名为PQ34平台，出自这一平台的车型有一汽大众生产的宝来、第四代高尔夫、现在热销的上海大众朗逸。
>
> PQ35平台诞生于2003年，大众途安是第一款车型，第五代捷达（速腾）和高尔夫、新奥迪A3、斯柯达明锐、西亚特Altea、大众EOS敞篷车和大众途观SUV等车型都出自这一平台，相对PQ34平台，悬架的升级是PQ35平台最明显之处。出自PQ35平台的车型都采用前麦弗逊式悬架和后四连杆悬架结构，它改变了PQ34平台上的半独立扭杆梁式结构，提高了整车的舒适性和操控性。全铝副车架和改进后的稳定杆也提高了前悬架的倾斜稳定性并减轻了车重。
>
> 大众PQ25平台，A0级小型车Polo是使用这个平台生产的。PQ46平台，B级车迈腾、斯柯达昊锐、奥迪A4是使用这个平台生产的，该平台是大众比较高端的平台之一。作为大众高端的D级平台是PQ62，新辉腾、奥迪A8、宾利、欧陆是使用这一平台生产的。
>
> 奥迪开发的MLP平台用于纵置发动机车型，MQB平台用于横置发动机车型。从新奥迪A4向上，统一采用MLP平台，而从奥迪A4向下的紧凑级车型和小型车及大众品牌

B级Passat往下均采用MQB平台。新奥迪A5和新奥迪A4便是MLP平台的先锋，奥迪逐步推出的奥迪Q5、新奥迪A6、A7和A8车型也都诞生于MLP平台。

MLP平台的主要特征有：轻量化的车身、前轴前移、更加合理的轴荷分配、升级后的五连杆/梯形连杆悬架。

5. 奥迪

奥迪汽车公司现为大众汽车公司的子公司，总部设在德国的英戈尔斯塔特。

奥迪品牌群包括奥迪、西雅特（SEAT）和兰博基尼（Lamborghini）3个品牌。

公司创始人霍希早年创建了奥迪汽车公司。1932年，霍希汽车公司、奥迪汽车公司、蒸汽动力车辆厂（DKW）和漫游者汽车公司4家汽车公司合并组成汽车联盟。联盟在"二战"中被毁，1949年重新成立后更名为奥迪汽车联合公司（Audi Auto Union AG），只生产奥迪牌轿车。

奥迪车标（图2-53）为四个圆环，四个圆环分别代表四家公司，这些公司曾经是自行车、摩托车及小客车的生产厂家。早在汽车联盟时，公司就选择象征四家公司紧密联合的四环图案作为车标，象征兄弟四人紧握手，半径相等的四个紧扣连环象征公司成员平等，互相协作的亲密关系和奋发向上的敬业精神。

图2-53 奥迪车标

奥迪主要产品有奥迪A2系列、A3系列、A4系列、A6系列、Q7系列、A8系列、TT系列等。A2是奥迪的小型车，A3是紧凑型轿车，A4是奥迪中级轿车，A6则属于高级轿车。按照德国的汽车分级标准，A级（包括A0、A00）车是指小型轿车，B级车是中档轿车，C级车是高档轿车，而D级车指的则是豪华轿车；则A2、A3属于A级车，A4属于B级车，A6属于C级车，A8则属于D级车。奥迪A8是奥迪车系中最高档的豪华大型公务轿车，如图2-54所示。

图2-54 奥迪A8

奥迪TT是一款血统纯正的跑车。奥迪Q7是奥迪公司首款SUV，如图2-55所示。

图 2-55　奥迪首款 SUV Q7

企业文化：奥迪品牌理念与 R8 超级跑车

　　奥迪品牌是大众汽车公司 1964 年从戴姆勒-奔驰公司买到的品牌。德国的三个著名品牌，奔驰强调的是"尊贵"，宝马提倡的是"运动"，而奥迪从诞生开始就被视为技术先锋派，奥迪倡导的是"技术"。

　　"突破科技、启迪未来"的品牌理念，直接体现在奥迪对科技创新的不懈追求上，由此，大众的很多新技术往往最先由奥迪推出。

　　在此理念驱动下于 2007 年推出的奥迪 R8 超级跑车，首次装备采用缸内直喷技术的 FSI 发动机，极速达 316 km/h，基于兰博基尼 Gallardo 的开发平台，工人经过兰博基尼的培训，完全采用手工制造，全时四轮驱动系统和奥迪全铝车身空间框架结构，赋予了奥迪 R8 出众的动力性能，以及在赛道和公路上的卓越表现。R8 跑车一经推出，即在法国勒芒 24 小时耐力赛中大出风头，连续多年垄断霸主地位。R8 跑车一炮走红，缸内直喷技术也大放异彩。

6. 宝马

　　宝马是中国人最熟悉和喜爱的豪华汽车品牌，其公司总部设在德国慕尼黑（图 2-56）。80 多年来，它由最初的一家飞机引擎生产厂发展成为今天以高级轿车为主导，同时生产飞机引擎、越野车和摩托车的具有综合生产能力的企业集团。

　　与戴姆勒-奔驰公司一样，宝马汽车公司以生产高质量、高性能和高技术的汽车为目标。它具有运动车的性能和豪华轿车的风度，是二者的完美结合，深受一些有成就的企业家和社会名流的喜爱。

　　1994 年宝马汽车公司收购了罗孚（ROVER）品牌，迷你（MINI）和路虎也归给了它，之后宝马汽车公司先后卖掉了罗孚和路虎，但是留下了 MINI。1998 年，宝马汽车公司收购了劳斯莱斯汽车公司。宝马汽车公司目前拥有宝马、劳斯莱斯和迷你三个品牌，图2-57为宝马汽车公司谱系图。

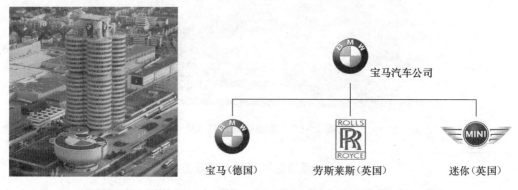

图2-56　宝马总部　　　　　　　图2-57　宝马汽车公司谱系图

宝马车标（图2-58）中间的蓝白相间图案，代表蓝天、白云和旋转不停的螺旋桨，喻示宝马公司渊源悠久的历史，象征公司过去在航空发动机技术方面的领先地位，又象征公司

图2-58　宝马车标

一贯的宗旨和目标：在广阔的时空中，以先进的精湛技术、最新的观念，满足顾客的最大愿望。同时也反映了公司蓬勃向上的气势和日新月异的新面貌，表明宝马轿车的品质优秀、技术领先、驰骋全球。

宝马汽车主要有1、2、3、4、5、6、7、8、M、Z、X、i等系列，其中3、5系列是标准型也是主要的车系，6系列为双门运动车，7系列是豪华型高级轿车，而8系列则同时揉进了赛车的高超性能和豪华轿车的舒适安全性能，是宝马汽车公司的旗舰车。

图2-59为宝马7系轿车。

图2-59　宝马7系轿车

宝马X5是公路SUV的佼佼者，如图2-60所示。

图2-60　宝马X5

宝马 Z8 是宝马的经典跑车，如图 2-61 所示。

图 2-61　宝马 Z8 跑车

企业文化：宝马品牌定位与品牌核心

宝马汽车公司的 BMW、MINI 和 Rolls-Royce 三个品牌，各自拥有不同的传统、形象和市场定位，它们代表的产品个性鲜明。

BMW（宝马）：科技、创新与运动。

MINI（迷你）：年轻、时尚与特立独行。

Rolls-Royce（劳斯莱斯）：永恒的高贵、典雅与奢华。

1 系：紧凑级的小车，不仅看起来是宝马，开起来也是宝马。

3 系：简洁、流畅的运动型高级轿车，是宝马最成功也是销量最大的车系。

5 系：从经历中锤炼智慧，引领您迈向成功的汽车。

6 系：体现无限的驾驶乐趣的运动轿车。

7 系：超越自我。融合众多非凡的特性。动感强劲，同时又具有超出其他轿车的平稳和敏捷。无限的动力资源，却不失优雅和独特风格。

X5：披着越野车外壳而有轿车的舒适的高性能车，轻度越野，年轻而有活力。

Z4：任感官自由飞扬，来亲近阳光、清风和道路。灵敏的操控、上乘的性能、尽情呼吸的舒畅感觉，带来深浸其中的驾驶体验。独特外观、完美工艺品质让它魅力四射。

M 系：强劲、时尚、智慧、优雅和与众不同，专为兼顾激情及品位的勇敢者缔造。

宝马的 M 系列代表了宝马精神的核心，M 系列中的 M 代表 Motor（汽车运动）。汽车运动在宝马历史上有很重要的地位，在赛道上的成就可以表明宝马工程师的能力，可以展示宝马车的性能与耐久度。正所谓"坐奔驰，开宝马"，宝马的用户就是在驾驶过程中体验无尽的乐趣的。

7. 保时捷

在汽车赛场上独领风骚的保时捷汽车，是公司的创始人、闻名世界的汽车设计大师费迪南德·波尔舍的杰作，他把自己的毕生精力都献给了汽车事业。

由于受到波尔舍的影响，他的后代继承了先人的事业，将其发扬光大。现在保时捷汽车公司不但设计生产保时捷运动车和赛车，也为其他公司设计汽车和工业产品，美国宇航局阿波罗号飞船登月用的月球探测车便是他们的作品之一，公司每年出卖专利的收入和替其他公司研究课题的收入相当可观。

图 2-62　保时捷车标

保时捷车标（图 2-62）采用斯图加特市的盾形市徽，中间的黑马表明这里早在 16 世纪就以盛产名马闻名，上面有 STUTTGART（斯图加特）字样，背景上的鹿角告诉了人们这里曾是狩猎场，金黄的底色则表示丰收在望的麦子，黑红相间的条纹分别代表肥沃的土地和人们的智慧，公司名称在上方最显眼的地方，勾画了一幅美好的田园景色，象征着公司辉煌的过去和美好的未来。

保时捷 911 系列是保时捷乃至德国甚至整个世界最传奇的车型之一，它悠久的历史和每一款经典的车型已经给几代人带来了深远的影响。图 2-63 为 2007 款 911 GT2。

图 2-63　2007 款保时捷 911 GT2

保时捷卡宴是其唯一的一款 SUV 产品，全车没有突出的棱角，更有跑车的那种运动感，如图 2-64 所示。谁都没有想到的是，保时捷这样的传统生产跑车的厂家，近年来 70% 的利润来源于这款 SUV。虽然没有经济型轿车的销量，但由于保时捷售价很高，因此利润惊人，从福布斯排名来看，保时捷的利润率是所有汽车品牌中最高的，称得上是"最赚钱的汽车公司"。

图 2-64　保时捷卡宴

> **企业文化：大众与保时捷的关系**
>
> 　　众所周知，大众和保时捷都是由费迪南德·波尔舍一手创建的，现在大众公司的监事会主席费迪南德·皮耶希和保时捷公司的监事会主席沃尔夫冈·波尔舍分别是他的外孙和孙子。费迪南德·皮耶希最初也在保时捷公司，8年间从普通员工做至公司最高技术主管，但是他不甘人下、喜欢争斗、凡事都要按自己意见办的性格惹起众怒，终于被他的舅舅费利·波尔舍赶出了保时捷公司。皮耶希并未沮丧，而是投奔奥迪，凭借自己的才干和毅力，最终成为大众集团监事会主席。仰赖皮耶希的远见卓识，大众旗下目前已经集聚10大品牌，且每个品牌近年都盈利颇丰。与此同时，保时捷家族对皮耶希和其掌控的大众，正在密谋一场精彩变局。2005年，保时捷开始秘密收购大众汽车，到2007年，收购计划被曝光时已完成对大众31%的持股，一时间，保时捷收购大众的蛇吞象，震惊全球。但人算不如天算，正当保时捷欲饮庆功美酒时，爆发了席卷全球的金融危机，给保时捷提供金融支持的美林银行破产，保时捷的经营业绩也大幅滑坡，在2009年增持大众股份至51%后，保时捷欠下了近100亿欧元的外债，资不抵债的保时捷陷入了泥潭。保时捷选择了卖身还债，最终，皮耶希伸出救援之手，大众反收购成功，也避免保时捷落入外人之手，保时捷成为大众旗下第10个汽车品牌。不过，与奥迪一样，保时捷依然保持着独立。这凝结了两大家族50年恩怨的收购大战终于落下帷幕。
>
> 　　实际上两家公司一直合作，关系不错，1948年的保时捷356和1969年的保时捷914都使用了大量的大众的技术，保时捷924甚至是在奥迪的工厂生产的，2002年的保时捷卡宴和大众的途锐共享发动机技术。双方的收购都得到德国政府的支持，最终目的也是防止被外国公司收购。

8. 欧宝

　　欧宝汽车公司建于1862年，是以创建者的姓氏Opel命名的。公司最初生产缝纫机和自行车，1897年开始生产汽车，1923—1924年建成长达45米的德国第一条流水生产线，产量猛增。然而公司由于生产速度太快而遭遇到严重的经济困难，1929年美国通用汽车公司乘机收买了欧宝汽车公司80%的股份，使其成为它在德国的子公司，但欧宝汽车仍保留了自己的设计风格，生产适应欧洲市场的车型。欧宝汽车公司十分注意空气动力学方面的研究，它生产的轿车具有很低的风阻系数。

　　欧宝汽车公司的标志为"闪电"图案，如图2-65所示，喻示汽车风驰电掣，同时也炫耀它在空气动力学方面的研究成就。

　　通用汽车公司买下欧宝后，曾创造了欧宝的辉煌历史，使其成为欧洲最大的汽车制造商。但为了保护美国本土品牌，欧宝一直以来被严格限制在欧洲销售，面对几近饱和的欧洲市场，截至2017年欧宝汽车公司已连续亏损16年。2009年，深陷破产深渊的通用汽车公司曾考虑出售欧宝，但最终拒绝了中国北汽控股的收购，终止几近达成的出售计划。实际上，虽然通用汽车公司旗下拥有别克、雪佛兰、凯迪拉克三大主力品牌，但其最重要的技术来源却是子品牌欧宝，在中国，上海通用新君威、别克英朗、雪佛兰爱唯欧等多款车型都来源于欧宝，这也是通用汽车公司不愿意出售，尤其不愿意卖给中国车企的主要原因。图2-66为上海通用别克新君威的原型车——欧宝Insignia。

　　与福特、丰田汽车公司不同，通用汽车公司在欧洲市场一直采用的是欧宝品牌。欧宝的连续亏损，说明了通用欧洲战略的失败。2017年，通用终于将其欧洲业务，主要是德国欧宝和英国沃克斯豪尔两大品牌，作价22亿欧元出售给法国标致雪铁龙集团（PSA）。

图2-65 欧宝车标

图2-66 上海通用别克新君威的原型车——欧宝Insignia

二、法国汽车品牌

标致雪铁龙汽车公司是欧洲第二大汽车制造厂商。1976年，标致汽车公司吞并了历史悠久的雪铁龙公司，成为法国最大的汽车企业集团。2017年，又收购了德国品牌欧宝和英国品牌沃克斯豪尔。目前标致雪铁龙汽车公司拥有标致、雪铁龙、欧宝、沃克斯豪尔四大品牌，各品牌具有很大的经营独立性，它们有不同的销售网络、不同的商务运作和不同的产品。图2-67为标致雪铁龙汽车公司谱系图。

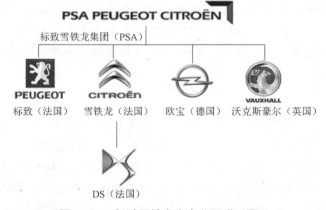

图2-67 标致雪铁龙汽车公司谱系图

1. 标致

标致汽车公司的主要车型有标致607、标致406、407、标致306、307、标致206及标致206CC跑车等。图2-68为标致607，被誉为"狮中之王"。

标致车标（图2-69）是一头站立的狮子，这头狮子出现在标致汽车上已有150年，现

图2-68 标致607

图2-69 标致车标

在标致汽车发动机罩或前格栅上都能见到狮子的身影。雄狮是标致家族的徽章，也是法国蒙贝利尔省的省徽。徽章既突出力量，又强调节奏，富有时代感，喻示标致汽车像雄狮一样威武、敏捷，永远保持旺盛的生命力。

2. 雪铁龙

雪铁龙汽车公司目前的代表车型有 C1、C2、C3、C4、C5、C6、C7、C8、爱丽舍、毕加索、赛纳等，图 2-70 为雪铁龙毕加索。

雪铁龙的车名以其创始人安德烈·雪铁龙命名。由于雪铁龙汽车公司前身为雪铁龙齿轮公司，所以车标以齿轮为背景（图 2-71），由人字形齿轮构成，象征着人们密切合作，同心协力，步步高升。

图 2-70　雪铁龙毕加索

图 2-71　雪铁龙车标

3. DS

DS 是 1955 年诞生的雪铁龙的高端品牌。DS 来自法语"Deesse"一词，中文意思为女神。在 DS 系列下的每一款车的造型设计，都能给人带来时尚超前的设计感受。DS 被秘密研发了 18 年，在巴黎车展首次亮相就以设计和技术上的创新引起了轰动，并引发了汽车业的革命，在汽车发展史上有着非常重要的地位。DS 极受法国政要的欢迎，被誉为"总统座驾"，从戴高乐到奥朗德，DS 是法国总统座驾的不二之选。现在 DS 的主要车型有 DS3、DS4、DS5、敞篷版 DS3 Cabrio、DS 5LS、DS7、DS9、DS9 新能源。图 2-72 为雪铁龙 DS5 轿车，图 2-73 为 DS 车标。

图 2-72　雪铁龙 DS5 轿车

图 2-73　DS 车标

2011 年，长安标致雪铁龙汽车有限公司成立，并在中国建设了自己的生产基地、研发中心和独立的销售渠道，用于进行 DS 国产车型的研发。

> **企业文化：DS 与法国总统戴高乐**
>
>
>
> 在法国，很长一段时间里，DS 一直是总统和其他高官们的正式座驾。有人称它为"从天空坠落的女神"。戴高乐便是这款车的铁杆车迷，他对 DS 情有独钟，甚至专门订制了一辆特别款的 DS，作为他往返爱丽舍宫（法国总统官邸）的座驾。1962 年 8 月 22 日，DS 帮助法国总统戴高乐从一次针对总统的刺杀行动中成功逃脱。遇袭后，在车身布满了弹孔并且车身一侧的两只轮胎均被子弹击破的情况下，戴高乐总统的座驾 DS 仍凭着自身卓越的性能，以全速脱离了刺杀现场。这一传奇事件，也被后人改编为小说以及同名电影《豺狼的日子》。虽然拥有很多的好评和传奇，但由于定位过高，研发投入资金过多，加之经营不善，雪铁龙于 1974 年破产时，DS 也随之停产，直至 2010 年标致雪铁龙公司才重新复活了这一传奇品牌。

4. 雷诺

雷诺汽车公司创立于 1898 年，总部设在法国比杨古（Billancourt）。1999 年 3 月，公司通过收购股份成为日产的第一大股东，又先后兼并韩国三星汽车公司和罗马尼亚达契亚汽车公司，形成雷诺 - 日产汽车联盟。目前该联盟已经成为世界五大汽车集团之一，2007 年汽车产量 590 万辆，世界排名第五，拥有雷诺、日产、三星、达契亚、英菲尼迪等品牌。2008 年，又入股俄罗斯伏尔加汽车制造厂，获得"拉达"品牌。2016 年日产主动揭发三菱汽车油耗造假丑闻，使三菱汽车陷入财务亏损和管理混乱。日产趁机收购了三菱汽车 34% 的股份，成为其最大单一股东，从而形成了"雷诺 - 日产 - 三菱汽车联盟"。多年来，雷诺一直想打入中国市场，其在中国早期的合资企业是三江雷诺，生产塔菲克商务车，最终以失败告终，由此影响了雷诺进一步开拓中国市场。之后主要通过其控股的日产公司与中国合作。直至 2013 年 12 月，雷诺与东风汽车集团通过重组三江雷诺成立了东风雷诺。图 2 - 74 为雷诺 - 日产联盟谱系图。

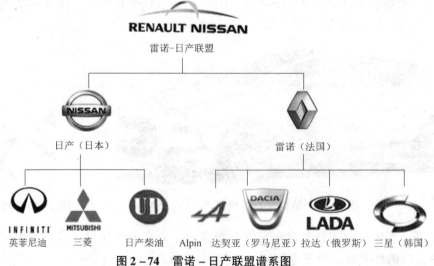

图 2 - 74 雷诺 - 日产联盟谱系图

雷诺车标由 4 个菱形拼成的图案组成，如图 2-75 所示，象征雷诺三兄弟与汽车工业融为一体，表示雷诺能在无限（四维）的空间中竞争、生存和发展。图 2-76 为雷诺最畅销的大众车型梅甘娜 CC。

图 2-75　雷诺车标　　　　　　图 2-76　雷诺梅甘娜 CC

三、意大利汽车品牌

1. 菲亚特

菲亚特汽车公司是意大利最大的汽车公司，创建于 1899 年。它是世界上最早生产小型轿车的汽车厂家，至今仍以生产小型轿车为主。1967—1969 年，菲亚特汽车公司先后收购了奥姆、阿巴斯、奥托比安希、蓝旗亚、法拉利等 5 家小公司，1987 年收购了阿尔法·罗密欧，1989 年又收购了玛莎拉蒂、英诺森蒂两家公司的股份。菲亚特汽车公司垄断着意大利汽车全年总产量的 90% 以上，这在世界汽车工业中是相当罕见的。2009 年，菲亚特收购了美国第三大汽车公司克莱斯勒，从而又拥有了克莱斯勒、道奇、Jeep 品牌。重组后的公司名为菲亚特克莱斯勒汽车公司（FCA）。2021 年，宣布与法国标致雪铁龙集团合并。

菲亚特汽车公司中各个品牌都蕴含着浓厚的意大利历史、文化和传统，却又各自风格鲜明。一贯保持传统特色的菲亚特经济实惠，安全可靠，有贵族血统的蓝旗亚汽车保持着一种高雅、尊贵的格调，阿尔法·罗密欧则是现代运动轿车的标志，玛莎拉蒂展现着意大利轿跑车的精华，法拉利更是世界跑车中的极品。图 2-77 为菲亚特汽车公司谱系图。

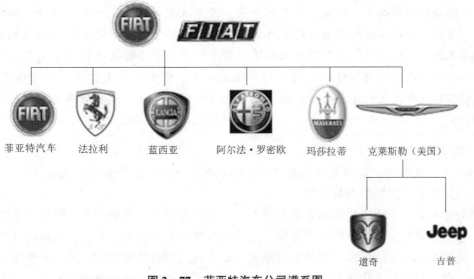

图 2-77　菲亚特汽车公司谱系图

"FIAT"在英语中具有"法令""许可"的含义,也是最初的厂名——都灵意大利汽车厂4个单词的首位字母,由它们组成商标"FIAT"。在客户的心目中,菲亚特轿车具有较高的合法性与可靠性,深受家庭用户的信赖。紧凑的造型和优雅精巧的外观是菲亚特车的最大特征,处处彰显出意大利民族的热情和浪漫,被誉为世界汽车造型的引领者。

1931年菲亚特汽车公司采用五条倾斜平行的图案作商标,它像在天空中留下的飞行轨道,越飞越高,象征该公司生产的汽车遍布世界五大洲。1980年该公司开始使用五根短柱斜置平行排列的新商标。为了庆祝公司的100年诞辰,1999年菲亚特商标被更新为圆形,用于汽车上,如图2-78所示。

图2-78 菲亚特车标

"菲亚特"是菲亚特汽车公司产品覆盖面最广的品牌,1957年推出的500型小汽车堪称意大利最受欢迎的小型车。

> **品牌文化:车王舒马赫与菲亚特500**
>
> 菲亚特500是对意大利影响最大的"国民车"。在"车王"舒马赫小的时候,和许多意大利家庭一样,舒马赫家也有一辆菲亚特500。一天,父亲教他开车,当时小小的舒马赫坐在菲亚特500的驾驶座上,屁股几乎勉强沾上座位,手和脚才刚好够得着方向盘和刹车踏板。由于那是舒马赫生平第一次驾驶汽车,一上车他就兴奋地一踩油门冲出去了,结果,没开出多远,汽车就直接撞上了灯柱。也许,舒马赫与赛车、与法拉利的情缘就是在那时候注定了。至今,位于德国科蓬的舒马赫博物馆还收藏着车王的第一辆汽车。在舒马赫来到法拉利车队后,菲亚特主席蒙特泽莫罗专门送了一辆崭新的红色菲亚特500给舒马赫留作收藏之用。圆形的前大灯、小巧可爱的前身,菲亚特500就像意大利香滑的巧克力,永远是意大利的经典,藏在舒马赫童年最甜蜜的地方。
>
>

2. 蓝旗亚

1906年,文森佐·蓝旗亚在都灵创办蓝旗亚汽车公司,由于他在最初取得了60多项专利,所以其所生产的轿车别具风格。

作为意大利一个历史悠久的著名品牌,它在世界豪华车市场中占有重要的一席之地。在欧洲,它也是非常少见的高档汽车品牌,是菲亚特高档轿车的烫金标志,其风格稳重,从不浮华。蓝旗亚从不尾随潮流,而是常常推出与众不同的新型技术方案。这个充满历史感的品牌体现了意大利汽车文化典雅和精美的风格,在众多爱车族的眼中意味着健康、向上的生活品质，而且一直是意大利政府的官车，意大利总统、总理的座驾也是蓝旗亚。

蓝旗亚车标有双重意义：一是取自公司创始人之一文森佐·蓝旗亚的姓氏，二是蓝旗亚在意大利语中是长矛之意。骑着高头大马，手持挂旗子的长矛者，便是中世纪意大利骑士的主要特征。最早的车标是在旗子的周围加上车轮形状的圆圈，20世纪50年代才把图案置于盾形框架之中，如图2-79所示。车标以长矛画面为主题，代表了企业不畏艰难的拼搏精神，加上旗帜上的"Lancia"，简洁地体出了蓝旗亚的全部意义。

蓝旗亚Thesis，与国产的中华尊驰外观比较相似，两者均出自国际级设计大师乔治亚罗之手。Thesis是蓝旗亚品牌的新旗舰，如图2-80所示。

图2-79　蓝旗亚车标

图2-80　蓝旗亚Thesis

3. 法拉利

法拉利汽车公司是世界上最闻名的赛车和运动跑车的生产厂家，它创建于1929年，创始人是世界赛车冠军、划时代的汽车大师恩佐·法拉利。菲亚特汽车公司拥有该公司50%的股权，但该公司却能独立于菲亚特汽车公司运营。

法拉利车标（图2-81）是一匹跃起的马。在第一次世界大战中，意大利有一位表现非常出色的战斗机飞行员弗朗西斯科·巴拉克，他的飞机上有一匹能给他带来好运气的立马。在1923年的一次比赛前夕，飞行员的父母建议将其儿子飞机上的立马标志作为法拉利驾驶的赛车的标志。这匹"立马"给他带来了好运，法拉利在后来的各种比赛中连连获胜。后来这位飞行员战死了，马就变成了黑颜色，底色选用金丝雀的颜色，借以对故人的怀念。

图2-81　法拉利车标

法拉利车标上部的绿、白、红三色是意大利的国旗色，下部是法拉利的意文名，那匹腾空跃起的黑马，彪悍而有几分野性，它伴随着法拉利赛车驰骋赛场，向世界挑战。

法拉利多年来专注于赛车和跑车事业，它的产品虽然数量有限但型号繁多。第一类是F1赛车，它代表了法拉利的最高成就，一共夺得了16次车队冠军和16次车手冠军；第二类是高性能跑车，种类繁多，有发动机中置、前置的，有2座与2+2等；还有可称为第三类的是所谓"GT"的高性能跑车。法拉利生产了一系列的超级跑车，大量采用了F1赛车的技术，追求公路跑车的极限性能，其性能甚至接近F1赛车的指标。法拉利汽车虽然大部分采用手工制造，但是在超级跑车生产商中，产量相当高，每年约4 300辆（兰博基尼自成立至今只生产了约1 800辆，玛莎拉蒂一年约生产1 400辆跑车），实属跑车巨头。

法拉利 FXX（图 2-82）来源于 F1 赛车的设计方案，是当今技术成就的绝对巅峰，每辆总售价为 150 万欧元，这并不表明只要有钱就可以买到 FXX，用户购买申请将接受一个内部特别委员会的评估，此车产量仅 29 辆（厂家指定客户）。

图 2-82　法拉利 FXX

4. 阿尔法·罗密欧

阿尔法·罗密欧汽车公司建于 1910 年，从 1946 年起使用阿尔法·罗密欧的名称，总部设在米兰。公司一开始就是专门生产运动车和赛车的，这些车是由意大利著名设计师设计的，有浓烈的意大利风采、优雅的造型和超群的性能，在世界车坛上一直享有很高的声誉。现在公司虽为菲亚特汽车公司的子公司，但仍保留着自己的品牌。

阿尔法·罗密欧车标（图 2-83）于 20 世纪 30 年代初就开始使用，这是现在米兰市的市徽，也是中世纪米兰的领主维斯康泰公爵的家徽。标志中的十字部分来源于十字军的故事，右边部分是米兰大公的徽章，关于蛇正在吞食撒拉逊人的图案有种种传说，其中之一的说法是象征着维斯康泰的祖先曾经击退了使人民遭受苦难的"龙"。总之，这枚古老的徽章伴随阿尔法·罗密欧运动车已名扬四海，成为当今的知名商标之一。

阿尔法·罗密欧秉承了意大利传统的运动风格，反应敏捷、操纵稳定、转向自如，每一款车型都传达动感与激情，这正是独特的阿尔法·罗密欧精神的浓缩体现。图 2-84 为最高级别的阿尔法·罗密欧 166 豪华型运动轿车。

图 2-83　阿尔法·罗密欧车标　　　图 2-84　阿尔法·罗密欧 166 豪华型运动轿车

5. 玛莎拉蒂

玛莎拉蒂汽车公司最早是由玛莎拉蒂（Masterati）家族四兄弟于 1914 年在意大利的科隆纳创建的，专门生产运动车，在欧洲具有很高的知名度。玛莎拉蒂运动车在造型设计上将自己的传统风格与流行款式相结合，其外观造型、机械性能、舒适安全性等各方面在运动车中都是一流的。

1989年，几经周折，玛莎拉蒂最终成为菲亚特汽车公司的子公司，品牌仍然保留。1999年11月，法拉利从其母公司菲亚特汽车公司那里获得了玛莎拉蒂的控制权。

玛莎拉蒂车标（图2-85）为树叶形的底座置于一个椭圆中，其上放置一件三叉戟，相传这个兵器是罗马神话中的海神纳丘（Neptune，在希腊神话中则称波赛顿海神）手中的武器，它显示出海神巨大无比的威力。这个车标也是公司所在地——意大利博洛尼亚市的市徽。车标表示玛莎拉蒂牌汽车就像浩渺无限的大海般咆哮澎湃，隐喻了玛莎拉蒂汽车快速奔驰的潜力。图2-86为2001年法兰克福车展上推出的玛莎拉蒂3200GT跑车。

图2-85 玛莎拉蒂车标

图2-86 玛莎拉蒂3200GT跑车

6. 兰博基尼

兰博基尼汽车公司创建于1962年，它以创建人兰博基尼的名字命名。原先它只是生产拖拉机的工厂，20世纪70年代，公司推出一种楔形超级运动车，震撼了车坛。公司每年仅生产百余辆车，售价达十几万美元，车主们大多将它精心收藏，所以在公路上很难见到这种车。1987年，美国克莱斯勒公司曾购买了该公司的全部股份。大众公司于1998年收购了该公司。

兰博基尼车标（图2-87）是一头蛮劲十足的斗牛，正准备向对手发动猛烈的攻击。据说公司创始人兰博基尼就是这种不甘示弱的牛脾气，也体现了兰博基尼汽车的特点，其都是大功率、高速的运动型轿车。车头和车尾上的商标省去了公司名，只剩下一头犟牛。图2-88为在奥迪公司技术援助与财政支持下开发的Murciélago，西班牙文的意思是"蝙蝠"。

图2-87 兰博基尼车标

图2-88 兰博基尼Murciélago

7. 布加迪

布加迪汽车属顶级豪华跑车，创立于1909年，原属意大利品牌，1998年被大众收购。布加迪汽车的最大特点是艺术美，它把艺术与汽车设计完美结合，其精美程度无人能比。早期的很多布加迪车都已成为法国米卢兹博物馆的珍藏品。

布加迪车标中英文字母即 BUGATTI，上部为"EB"，周围一圈小圆点象征滚珠轴承，底色为红色，如图 2-89 所示。

2004 款布加迪 EB16.4 威龙（图 2-90）有两项打破当今世界汽车工业纪录的数据：其一是最高车速 407 km/h，比起历经 10 年未被打破的迈凯伦车队在一级方程式大赛中创下的 386.6 km/h 的纪录还快 20.4 km/h；其二是每辆售价（含税）约 120 万美元，在中国的售价达 2 500 万元。2008 年 9 月，布加迪威龙·爱马仕特别版登陆上海，售价高达 4 300 万元，为史上最贵车。

图 2-89 布加迪车标

图 2-90 2004 款布加迪 EB16.4 威龙

8. 帕加尼

帕加尼汽车公司（Pagani Automobili S. p. A.）是一家世界知名的超级跑车制造商，公司创始人为阿根廷人奥拉西欧·帕加尼。与大名鼎鼎的法拉利一样，诞生于素有"超跑之乡"美誉的意大利小镇摩德纳。帕加尼所生产的超级跑车以极致的性能、大量采用纯手工打造的精湛工艺、昂贵的售价以及订单生产的稀有产量闻名于世。图 2-91 为帕加尼车标。

帕加尼 Zonda 堪称超级跑车，能够与法拉利、保时捷、兰博基尼等跑车界"大腕"一比高下，其完美的做工足以让法拉利汗颜，如图 2-92 所示。

图 2-91 帕加尼车标

图 2-92 帕加尼 Zonda 超级跑车

四、英国汽车品牌

1. 劳斯莱斯

劳斯莱斯汽车公司是由亨利·罗易斯（F. Henry Royce）和贵族 C·罗尔斯（C. Rolls）合作在 1904 年创建的。两人的出身、爱好、性格完全不同，但对汽车事业的执着和向往，使他们成为一对出色的搭档。公司现为宝马汽车公司的一个子公司，是以一个"贵族化"的汽车公司享誉全球的。劳斯莱斯汽车公司年产量只有几千辆，但物以稀为贵。公司曾经有过这样的规定：只有经过调查具有贵族身份的人才能成为其车主，因此劳斯莱斯轿车成为显示地位和身份的象征。

　　劳斯莱斯车标图案采用两个"R"重叠在一起，象征着你中有我，我中有你，体现了罗易斯、罗尔斯两人融洽及和谐的关系。1910年7月12日，罗易斯不幸在驾驶飞机时失事遇难；罗尔斯积劳成疾，于1933年4月22日去世。他们的继承人把车前代表二人名字的红色双R改为黑色，以示哀悼，如图2-93所示。劳斯莱斯汽车除了双R车标，还有著名的飞天女神标志，这个标志的创意取自巴黎卢浮宫艺术品走廊的一尊有两千年历史的胜利女神雕像，如图2-94所示。

图 2-93　劳斯莱斯车标　　　　图 2-94　劳斯莱斯车标——飞天女神

　　1907年，劳斯莱斯推出了震惊世界的车型——银色幽灵（Silver Ghost），它是标准劳斯莱斯轿车，是英国女皇的座驾，被誉为"车皇"和"世界五大名车"。图2-95为1987年劳斯莱斯银色幽灵，该车发动机为6.7L、V8缸，超静音设计，内饰豪华高档，处处散发着贵族的气息，令人着迷。

图 2-95　1987 年劳斯莱斯银色幽灵

　　在20世纪70年代之前劳斯莱斯公司对轿车购买者的身份及背景要求极严，购买者必须通过厂方对其身份、地位、文化教养及经济状况进行的综合调查，后来条件有所放松劳斯莱斯汽车公司为此生产了三种系列的轿车，分别针对不同身份的销售对象：黑蓝色的银灵系列卖给国家元首、政府高级官员、有爵位的人，中性颜色银羽系列卖给绅士名流，白、灰浅色银影系列卖给一般企业家、大富豪。

劳斯莱斯坚持着手工制造车身的传统，其经典造型包括：长发动机罩、短前悬和长后悬。长轴距造就了宽敞的内部空间，垂直式的车前罩和高灯相呼应，为它增添了卓越不凡的气质。银色天使（图2-96）车身由500个零件组成，生产一辆车需要400小时，劳斯莱斯在银色天使上共投资3.1亿美元，其高昂的造价，至今仍然没有挑战者。

图2-96 银色天使

品牌文化：大众与宝马的劳斯莱斯品牌之争

1931年，劳斯莱斯买下了宾利汽车公司之后，宾利品牌一直作为劳斯莱斯的附属品牌遭到刻意打压。劳斯莱斯同时也是世界上最大的航空发动机生产商之一。1973年，公司遭遇财务危机，英国政府出手相救，汽车业务被剥离，成立了劳斯莱斯汽车公司，剩余的航空发动机业务被称为劳斯莱斯PLC。奇怪的是，劳斯莱斯PLC公司拥有劳斯莱斯名称和标志的使用权，而劳斯莱斯汽车公司仅拥有水箱格栅和立体车标"飞天女神"的使用权。1998年，劳斯莱斯的母公司维克斯集团有意出售劳斯莱斯汽车公司，并接受了德国宝马公司5.75亿美元的报价。宝马有许多优势，劳斯莱斯汽车的很多配件包括一些发动机都是由宝马提供的，最主要的是，宝马之前已收购了劳斯莱斯PLC的股份，控制了PLC。但另一家德国公司大众汽车也相中了劳斯莱斯，宣布将以7.95亿美元收购劳斯莱斯，并许诺不把劳斯莱斯带出英国，并保持其英国的管理模式，维克斯集团随即又接受了大众的报价。对抗达到高潮，宝马宣布停止给劳斯莱斯供应发动机和配件，同时劳斯莱斯PLC飞机发动机公司宣布不允许大众使用劳斯莱斯的品牌名称。就这样这场争夺战出现了汽车史上奇怪的僵持局面：大众汽车买下了"飞天女神"车标和水箱格栅的使用权，但是没有办法制造劳斯莱斯牌的汽车；同样，宝马拿到了"劳斯莱斯"车名，却没有车标和水箱格栅的使用权。宝马用大众出价的一个零头就控制了劳斯莱斯的品牌，大众就这样被宝马卡住了脖子，大众用10倍的价格拿下了劳斯莱斯那陈旧的破厂房，而且还面临着宝马拒绝提供零配件的惨淡局面。为了避免最终两败俱伤的局面，两家德国公司最终达成了一个和解协议：大众公司将劳斯莱斯让给宝马公司，宝马则同意继续向劳斯莱斯供应部件，而大众只能生产劳斯莱斯到2003年，在这之后宝马将建一个新的基地来生产劳斯莱斯，从此之后，只有宝马公司才能生产劳斯莱斯牌的汽车，大众买下劳斯莱斯汽车却只能生产宾利牌汽车。表面上吃了个哑巴亏的大众，很快让宝马吃到了苦头。在宝马等待接手劳斯莱斯的这几年里，为了给自己的宾利更大限度地扫清市场障碍，大众几乎让劳斯莱斯在款型、生产和工艺上都止步不前，而大众倾心打造的宾利却获得丰收，不仅在法国勒芒24小时耐力赛中连夺冠军，而且取代劳斯莱斯成为英国女王的御用车。大众在告诉全世界："宝马只买走了商标，除此之外都留在了宾利。"尽管后来宝马努力打造劳斯莱斯品牌，但在相当长的时间内，劳斯莱斯已经不敌宾利。2005年，宾利的全球销量是劳斯莱斯幻影的10.8倍，2007年两者的销量差距也接近10倍，之后5年劳斯莱斯虽然保持着增长的势头，但绝对销量与宾利依然有较大的差距。

2. 宾利

宾利汽车公司创建于1920年，主要生产豪华运动车，1931年劳斯莱斯汽车公司将宾利汽车公司买下。

每一辆宾利轿车从车身颜色、车内皮革等内饰材料以至部分汽车配件都可以根据客户的特殊要求进行订制，一辆宾利从订购到完工就需要22周到25周的时间，仅仅以手工缝制一个方向盘便需整整16小时。

宾利车标（图2-97）是以公司名称的第一个字母"B"为主体，生出一对翅膀，似凌空翱翔的雄鹰，喻示着宾利汽车公司在全球范围内的无限发展能力。图2-98为宾利欧陆GT极速版双门超豪华跑车。

图2-97 宾利车标

图2-98 宾利欧陆GT极速版双门超豪华跑车

3. 阿斯顿·马丁

阿斯顿·马丁汽车公司建于1913年，设在英国新港市，以生产敞篷旅行车、赛车和限量的跑车而闻名世界。在100多年的品牌经营过程中，公司几经易手，总产量极低。1994年，阿斯顿·马丁成为福特汽车公司的全资子公司，在福特的支持下，这颗豪华跑车中的明珠重新焕发出迷人的魅力。2007年，福特将阿斯顿·马丁以9.25亿美元卖给全球最大的独立赛车和车辆技术服务厂商Prodrive公司。

阿斯顿·马丁品牌一直是造型别致、精工细作、性能卓越的运动跑车的代名词，它在汽车市场上和车主的心中始终占有特殊的位置。从1964年007系列《金手指》中的DB5开始，阿斯顿·马丁的多款汽车都曾是007系列影片中邦德的座驾，为邦德的出奇制胜立下了赫赫战功，也为阿斯顿·马丁赢得了相当高的关注度。图2-99为电影《007量子危机》中的阿斯顿·马丁DBS。

图 2-99 《007 量子危机》中的阿斯顿·马丁 DBS

小知识：阿斯顿·马丁的由来

阿斯顿·马丁汽车公司于 1913 年由 Lionel Martin 与 Robert Bamfoud 合作成立，因此最初的名字是 Martin&Bamford 公司。公司从 1922 年开始生产跑车并创造了多项速度、耐力纪录。一次 Lionel Martin 驾驶自己制造的赛车在阿斯顿·克林顿山举行的山地汽车赛中获胜，为了纪念胜利，1923 年他把公司改名为阿斯顿·马丁。人们往往瞠目于它前卫时尚的外形设计、奢华高端的品位享受。它除了拥有浓浓的贵族范儿和不菲的身价，还有一段相当曲折的品牌发展历史，在其百年的历史中曾经辗转英国多地，并被多次转卖，但值得庆幸的是，今天它终于回归了英国，是目前屈指可数的几个尚属于英国的汽车品牌之一。

阿斯顿·马丁和旗下品牌拉贡达车标（图 2-100）为一只展翅飞翔的大鹏，分别注有 ASTON MARTIN、LAGONDA 英文字样。阿斯顿·马丁车标用于双门跑车，拉贡达车标用于四门轿车，其他阿斯顿·马丁车系的跑车，皆以"V"字母开头，以表示"追求胜利和荣誉"的建厂精神历久弥新。飞翔的大鹏展翅车标喻示该公司像大鹏一样，具有从天而降的冲刺速度和远大的志向。

图 2-100 阿斯顿·马丁和拉贡达车标

2009 年诞生的售价为 4 700 万人民币的阿斯顿·马丁 One-77 跑车无疑再一次震惊了世界，如图 2-101 所示。百年的坎坷历程没有改变阿斯顿·马丁高水准造车的初衷，在无数次的破产重组后，阿斯顿·马丁的品牌却一次又一次得到升华，维系它品牌延续的不仅仅源于坚持与创造，还要得益于它特有的品牌性格与造车理念。

4. 迷你

被认为世界汽车技术发展里程碑的英国车 MINI，小巧玲珑、朴实无华，是世界车坛上最有名气的小型车之一。1994 年，宝马汽车公司收购了罗孚汽车公司，从此拥有了迷你品牌。在宝马汽车公司的有力支持下，迷你进行了重新定位，今天的迷你，已经不是当年大批

图 2-101　阿斯顿·马丁 One-77 跑车

量生产的普通经济型小汽车，而是一款高档的精品小车了。图 2-102 为目前最畅销的 2007 年 MINI Cooper。

迷你车标（图 2-103）是一个插上翅膀的车轮，象征着迷你要风靡全球。

图 2-102　2007 年 MINI Cooper

图 2-103　迷你车标

5. 罗孚

罗孚汽车公司的前身是建于 1884 年的一家自行车制造厂，生产自行车时就使用罗孚作商标。1904 年生产汽车，仍以罗孚为汽车品牌。1966 年罗孚汽车公司并入利兰汽车公司，1988 年被英国航空公司收购，正式更名为罗孚集团，1990 年又与日本本田汽车公司合作，1994 年被德国宝马公司接管。后来其资产又出售给了英国财团，而商标出售给了福特，福特出售路虎时将罗孚商标一同卖给了印度塔塔汽车。

罗孚一词来自北欧一个勇敢善战的海盗民族，因此罗孚车标（图 2-104）采用了一艘海盗船，张开的红帆象征着公司乘风破浪、所向披靡的大无畏精神。

罗孚 P5 轿车（图 2-105）曾是英国女王的座驾，是英国贵族争相购买的产品。

6. 路虎

路虎自 1947 年在英国诞生后，已先后 4 次被英国皇室授予荣誉证书，被誉为全球 SUV 第一品牌。1994 年被宝马汽车公司收购，2000 年 3 月，福特汽车公司向宝马汽车公司支付 30 亿欧元（27 亿美元），购买其所有四轮驱动系列产品。在福特接手的几年中，路虎并没有给它带来什么效益，2008 年，深陷危机的福特汽车公司将它同捷豹公司一起出售给了印度塔塔汽车公司。

图 2-104 罗孚车标

图 2-105 罗孚 P5 轿车

路虎是全球著名的越野汽车,标志就是英文 LAND ROVER,如图 2-106 所示。图 2-107 为路虎顶级旗舰产品揽胜。

图 2-106 路虎车标

图 2-107 路虎揽胜

7. 捷豹

捷豹(又译作美洲豹)汽车公司原是利兰汽车公司的分部,素以生产豪华的运动车而闻名于世。1989 年被福特汽车公司收购,2008 年转卖给了印度塔塔汽车公司。

最早出现在捷豹运动车上的标志是一只扑跃向前的美洲豹金属雕像,矫健而勇猛,安放在车头上,确实十分神气,象征着速度与力量,如图 2-108 所示的捷豹立体车标。之后又出现一种美洲豹的浮雕头像,怒目咆哮,盛气凌人,成为捷豹运动车的另一种标志,它体现了该车的名贵和公司的雄心勃勃,如图 2-108 所示的捷豹平面车标。图 2-109 为 2008 年捷豹 S-TYPE。

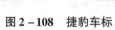

图 2-108 捷豹车标　　　　　　　　　图 2-109 2008 年捷豹 S-TYPE

8. 莲花

莲花汽车公司成立于 1952 年,是英国运动型跑车制造商,拥有世界顶级汽车设计制造技术,在 20 世纪 60 至 70 年代的 F1 赛场上引领风骚,是当时赛车技术的引领者。1983 年因经营困难由英国拍卖集团接手运营，同年被日本丰田公司收购，1986年又卖给了美国通用公司，之后又被转卖给韩国的起亚公司和意大利的布加迪公司。1997年它最终落户马来西亚宝腾汽车公司。图2-110为莲花车标，图2-111为2014年莲花Elite混合动力跑车。

图2-110　莲花车标　　　　图2-111　2014年莲花Elite混合动力跑车

9. 沃克斯豪尔

沃克斯豪尔汽车公司最早是1857年在英国沃克斯豪尔地区建立的一家生产蒸汽机的工厂，最初的业务是制造船用发动机和铸件，1903年开始制造汽车。

1925年美国通用汽车公司用250万美元的价格收购了沃克斯豪尔，这比欧宝被通用收购还要早4年。在通用公司旗下虽然沃克斯豪尔各种车型的销量不断增加，但在通用全球汽车战略调整下，沃克斯豪尔逐渐变成了欧宝在英国的制造工厂。现在英国的欧宝车全都使用沃克斯豪尔公司怪兽标志，而且具有相当大的市场占有率。2017年，通用汽车公司将欧宝与沃克斯豪尔卖给了法国标致雪铁龙集团。

沃克斯豪尔的车标选用了十三世纪这片土地的领主Fulkle Breant使用的怪兽Griffin徽标作为标志。这只即将腾飞的狮身鹫首的怪兽（Griffin），上半身是只鹰雕，下半身是一只雄狮，而且已展开矫健翅膀，显露出锋利的前颚，完全体现了英国文化理念中的传统、征服与霸气。2008年，为了强调其与欧宝的特殊关系，对车标进行了重新设计，使其更醒目且富有科技感，如图2-112所示。

图2-112　沃克斯豪尔新车标

10. MG

1924年，英国人Cecil Kimber在英国伯明翰郊外创建了一家汽车厂MORRIS GARAGE，其缩写"MG"成了汽车的商标。公司以生产著名的MG系列敞篷跑车而闻名。1968年，MG汽车公司并入英国利兰汽车公司。2000年，英国MG与另一个英国汽车品牌罗孚合并成为MG罗孚汽车公司。此后数年，生产和销售仍不见起色，2005年4月，公司破产。2005年7月22日，南京汽车集团有限公司成功收购了英国MG罗孚汽车公司及其发动机生产分部，收购合并之后的公司叫南京名爵汽车有限公司，生产的汽车称为MG名爵。2007年4月，上海汽车集团有限公司全面收购了南京汽车集团，成为MG品牌的新主人。现在的MG汽车陆续投产MG7系、MG6系、MG3系、MG TF跑车等系列车型，产品在中国国内和国际同时销售，中国市场的基地在南京，国际市场的基地在英国长桥。

图2-113为MG名爵车标，南汽收购MG后，赋予MG车标新的含义：MG名爵的"名"是受欢迎的意思，"爵"体现了成功人士的品位与修养，八角形的图标代表着稳固、

忠诚、可信赖，蕴含着四面八方、君临天下的王者之气，蕴含激情、活力、愉悦的品牌特性，体现了 MG 名爵积极向上、不断进取的时代精神。

图 2-114 为 MG TF 双门双座、中置后驱、软顶敞篷纯正跑车。

图 2-113　MG 名爵车标　　　　　　图 2-114　MG TF 跑车

五、瑞典汽车品牌

1. 沃尔沃

沃尔沃是瑞典著名的汽车品牌，创建于 1927 年，又译为富豪。它生产的轿车素以安全、优质而著称。沃尔沃汽车公司除大客车、各种载货车在北欧占绝对统治地位外，它的轿车在世界上也颇具名气。沃尔沃轿车以造型简洁、内饰豪华舒适而闻名，更以良好的安全性能享誉国际车坛。1999 年，沃尔沃汽车公司将旗下的沃尔沃轿车业务出售给美国福特汽车公司。2010 年，中国汽车企业浙江吉利控股集团从福特公司手中购得沃尔沃轿车业务，并获得沃尔沃轿车品牌的拥有权。

1959 年沃尔沃汽车公司在世界上首先将安全带作为轿车的标准配置，现已为各国的汽车公司所接受，许多国家还将此列入法律条款，规定驾驶或乘坐轿车时，必须系上安全带。安全带的推广使用，在一定程度上降低了事故发生时乘员受伤害的可能性。

沃尔沃的名称"VOLVO"，来源于拉丁文，意思是滚动向前。车标（图 2-115）就像一只滚动的车轮并有指向右上方的箭头，象征着公司兴旺发达、前途无量。沃尔沃汽车的散热器罩上还有一根传统的斜线，"支撑"着矩形的散热器罩，似乎在告诉人们，它的安全毋庸置疑。

沃尔沃轿车分 C、V、XC 和 S 四个系列，C 系列是沃尔沃跑车系列，V 系列是旅行车，XC 系列是沃尔沃 SUV 系列，S 系列是沃尔沃轿车系列；S40 是入门级轿车，目前已经国产，S60 是中档轿车，S80 是豪华轿车。图 2-116 为沃尔沃 S80 豪华轿车。

图 2-115　沃尔沃车标　　　　　　图 2-116　沃尔沃 S80 豪华轿车

2. 绅宝

绅宝（SAAB）也译为萨博。绅宝汽车公司脱胎于飞机制造企业，于20世纪40年代中期建厂。第二次世界大战后，军用飞机订货减少，绅宝决定开始生产汽车，并且将其制造飞机的技术和经验运用于汽车生产。1968年它合并了只生产载货汽车的斯堪尼亚公司，成为一家生产轿车、卡车、飞机、计算机等产品的综合型集团公司。绅宝汽车利用集团的优势，把卡车、飞机技术融为一体，生产了具有赛车高性能的绅宝轿车，它豪华典雅，富有贵族绅士的风度，在欧洲市场上很有影响力。1990年，美国通用汽车公司以6亿美元购入了绅宝汽车公司50%的股份，成为最大的控股公司，在此强大的经济与技术支持下，绅宝公司更加如虎添翼，生产设计出的汽车多次荣获世界大奖，成为通用汽车公司在欧洲生产豪华汽车的基地。2008年，绅宝陷入财务困境，德国大众公司收购了斯堪尼亚公司的股权。2009年，北京汽车购买了绅宝汽车9-3和9-5平台等核心技术。2010年，无法摆脱危机的通用汽车公司将绅宝卖给了荷兰跑车制造商世爵。然而好景不长，2011年，绅宝宣布破产。中国庞大集团和青年汽车、印度的马恒达公司等竞相收购，2011年6月13日，中国国能电力集团有限公司的姊妹公司瑞典国家电动汽车公司（NEVS）成功收购绅宝汽车公司、绅宝汽车动力系统公司以及绅宝汽车工具公司三家企业的主要资产，并依托绅宝公司的先进技术及管理在中国投资设立汽车厂。2013年1月，年产40万辆的绅宝汽车项目落户中国青岛。2019年，中国恒大集团收购了瑞典NEVS公司，以此为基础开启了恒大造车之旅。

绅宝车标（图2-117）是在圆形内的下方有"SAAB"，正中为一头戴皇冠的狮子头像。在瑞典，皇冠象征着尊严与权威的至高无上，狮子则是欧洲人崇尚的权力与力量的象征，以此来喻示该车的高贵与显耀。"SAAB"是轿车的车名和标志，标在轿车尾部，圆形车标则嵌在汽车的车头上。图2-118为绅宝2-5轿车。

图2-117 绅宝车标

图2-118 绅宝2-5轿车

3. 柯尼塞格

柯尼塞格（Koenigsegg）是一家瑞典小型超级跑车厂商，以制造全世界最快的汽车为主要宗旨。该公司1994年开始制造跑车，跑车的工厂原本是瑞典空军第一飞行中队的基地，其产量非常低，比起其他的跑车厂，规模也小了许多，但是对每一辆车都用毫不妥协的态度去打造，也让这间车厂在车坛上享有盛名。

在Koenigsegg跑车的发动机舱盖上有一个幽灵图案，如图2-119所示，因此它也被称为幽灵跑车，这原本是瑞典空军第一中队的标志，为了纪念那些英雄，幽灵图案也就成了这部超级跑车的标志。图2-120为柯尼塞格CCXR跑车。

图2-119 柯尼塞格车标　　　图2-120 柯尼塞格CCXR跑车

 六、荷兰汽车品牌

世爵

世爵（SPYKER）汽车公司最早是一家马车制造商，在1898年制造了他们的第一辆使用奔驰发动机的汽车。同年为了向即将来临的荷兰女王的加冕仪式献礼，制造了著名的黄金典礼马车，这辆马车在21世纪还被用于荷兰各类庆祝仪式。1914年，世爵同荷兰飞机制造股份公司合并开始生产航空器，1926年破产。2000年，老世爵公司消失75年后，新的世爵汽车公司创立，品牌重获新生，专门生产高级跑车。世爵当今最出色的工匠们仍像他们的前辈一样手工打造每一辆汽车，而且所使用的原材料绝对都是按顾客要求预先订制的全球最优质、最独特的材料。世爵作为历史超过百年的老厂，一直保持着品牌独特的风格，它生产的跑车全部为手工打造，多项指标采用F1赛车标准。

2010年2月1日，通用同意向世爵出售绅宝，自此绅宝汽车离开通用投入世爵，世爵也成立了新的汽车公司绅宝-世爵汽车公司。

2011年5月3日，华泰汽车和瑞典绅宝汽车签署战略合作伙伴协议，根据协议双方将联手在华生产和分销绅宝汽车，华泰汽车入股绅宝汽车母公司荷兰世爵汽车公司。2014年，世爵宣布破产。2016年，世爵发布新车型，宣布品牌重新复活。

世爵车标（图2-121）是由一个水平的飞机螺旋桨穿越镌刻公司座右铭的辐轮组成的，这首先表明公司的前身是飞机制造企业，同时体现了企业的箴言"Nulla tenaci invia est via"（"执着强悍·畅行无阻"），对世爵来说，所有的事情都是可能的，包括制造出全球最先进、设计最独特的跑车。图2-122为2000年获得国际汽车工程协会颁发的工程杰出奖的世爵C8 SPYKER跑车。

图2-121 世爵车标　　　图2-122 世爵C8 SPYKER跑车

七、西班牙汽车品牌

西雅特

西雅特（SEAT）是西班牙最大的汽车公司，1950年成立于巴塞罗那。公司成立之初，以生产意大利菲亚特汽车公司的车型为主，在西班牙汽车市场占有率曾达到过60%。1983年德国大众汽车公司买下了西雅特的大部分股份，与西班牙政府共同经营西雅特汽车公司。

西雅特车标（图2-123）是一个艺术化的大写字母"S"，即公司名称"SEAT"的首个字母。

西雅特以生产中、小型轿车为主。图2-124为西雅特成功的车型2008年依比萨（Ibiza），是由兰博基尼的设计师设计的。

图2-123 西雅特车标

图2-124 2008年依比萨

八、捷克汽车品牌

斯柯达

斯柯达公司的历史可以追溯到1894年，是世界上五个最早的轿车生产厂之一。斯柯达公司拥有16 000多名雇员和数百家国内外供应商。

斯柯达车标（图2-125）的中间为带翅膀的飞箭，上面有"SKODA"，下面有"AUTO"。巨大的圆环象征着斯柯达为全世界无可挑剔的产品，鸟翼象征着技术进步的产品行销全世界，向右飞行着的箭头则象征着先进的工艺，外环中朱黑的颜色象征着斯柯达公司百余年的传统，中央铺着的绿色，则表达了斯柯达人对资源再生和环境保护的重视，也象征着企业的无限生命力，喻示这家百年老厂将焕发青春。图2-126为斯柯达最畅销的2007年法比亚二代。

图2-125 斯柯达车标

图2-126 2007年法比亚二代

九、罗马尼亚汽车品牌

达契亚

达契亚汽车公司是罗马尼亚最大的汽车制造企业,始建于1968年。1999年被法国雷诺公司收购,被收购前的名字为彼特什蒂汽车公司。达契亚是罗马尼亚中部古代地名,图2-127为达契亚车标。雷诺利用达契亚品牌开发生产面向欧洲的5 000欧元廉价小车罗干,取得巨大成功,图2-128为2012年7座达契亚罗干轿车。雷诺也积极努力将其引入中国。

图2-127 达契亚车标

图2-128 2012年7座达契亚罗干轿车

十、俄罗斯汽车品牌

俄罗斯有两个大型汽车制造集团:伏尔加汽车制造厂和高尔基汽车制造厂,其中轻型轿车的最大生产商是伏尔加汽车制造厂。

1. 拉达

伏尔加汽车制造厂,是俄罗斯最大的小轿车制造厂,其产量约占全国小轿车产量的70%。伏尔加汽车制造厂始建于1966年,当时的苏联政府与菲亚特签订协议,生产廉价的大众化轿车,将汽车普及。工厂选择在伏尔加河边上的一个小镇,而当地也由此发展成为一座新兴的汽车城。1969年工厂建设完毕,凭借菲亚特的技术,1970年第一批轿车正式驶下生产线。新车获得了红火的销售业绩,在当时的苏联,大街小巷上跑的车,几乎都是拉达,是名副其实的国民车。20世纪80年代,拉达开始大批量进入我国,由于当时我国车型缺乏,而且拉达价格适中,品质等各方面也都有不错的表现,所以拉达很快在国内风靡,在不少城市,拉达还一度成为出租车。图2-129为早期的拉达轿车。

拉达车标是由"LADA"的L和D两个大写字母组合成的一个带帆的游船图形,如图2-130所示。

图2-129 早期的拉达轿车

图2-130 拉达车标

苏联解体之后，俄罗斯汽车企业失去国家的佑护，进口车开始大量进入俄罗斯市场，丧失竞争力的俄罗斯车企纷纷倒闭。在勉强坚持了几年后，由于缺乏技术的投入和新的车型，拉达终于在2002年停产。之后开始和美国通用公司合作，引进汽车技术，制造全新的车型。2008年，法国雷诺汽车收购了伏尔加汽车制造厂，从而拥有了拉达品牌。

2. 俄国人的红旗车——伏尔加

高尔基汽车制造厂建立于1930年，1932年推出了首款AA型货车。高尔基汽车制造厂被中国人按照其俄文缩写GAZ发音简称为嘎斯厂，而该厂生产的车型也叫嘎斯车。由于车标（图2-131）是一头金鹿，在我国又被称为金鹿汽车。

1956年10月10日，第一辆伏尔加牌汽车在苏联高尔基汽车制造厂组装成功，名为伏尔加嘎斯21。第一批下线的嘎斯21车型是在福特公司的协助下完成的，只有三辆。之后，进行了几次改进，到1970年时嘎斯24（图2-132）开始大规模生产，一直到1992年才停产，在出口市场上取得了相当的成功，它是高尔基汽车制造厂历史上销售最多的一款车型。在我国，最常见的车型就是这款车，许多高级干部都曾配备，直至20世纪80年代，才开始被桑塔纳、皇冠等取代。随着苏联的解体，高尔基汽车制造厂也进入困难时期，至2005年，伏尔加轿车停产。2008年，雷诺汽车收购了伏尔加25%的股份，高尔基汽车制造厂主要组装合资品牌轿车。但这并不意味着这个品牌的消失，合适的时机，俄罗斯人还会复活这个品牌的。

图2-131 伏尔加车标

图2-132 伏尔加嘎斯24轿车

思考与分析

问题：1957年，戴姆勒-奔驰汽车公司收购了奥迪的前身——新汽车联盟。1964年，新汽车联盟各方面出现了严重的危机，使得戴姆勒-奔驰公司不得不贴钱偿还贷款。这促使戴姆勒-奔驰最终放弃了新汽车联盟。德国大众从戴姆勒-奔驰手中接过这块烫手的山芋，这是大众公司收购的第一个品牌，之后大众一发而不可收，先后收购了总计12个品牌，其中乘用车品牌8个：大众乘用车、奥迪、保时捷、斯柯达、西雅特、宾利、布加迪、兰博基尼；轻型商用车1个：大众商用车；重型商用车2个：斯堪尼亚和曼恩；摩托车品牌1个：杜卡迪。

试分析目前这些品牌的现状及大众公司对待这些品牌的态度。

第三节　亚洲汽车品牌鉴赏

一、日本汽车品牌

1. 丰田

丰田汽车公司是世界十大汽车公司之一，也是日本最大的汽车公司，创立于1933年，现已发展成为以汽车生产为主，涉及机械、电子、金融等行业的庞大工业集团，总部设在东京。

丰田汽车公司有很强的技术开发能力，而且十分注重研究顾客对汽车的需求，因而在它发展的各个不同历史阶段创造出了不同的品牌产品，而且以快速的产品换型击败欧美竞争对手。早期丰田的皇冠、光冠、花冠汽车曾名噪一时，后来的雷克萨斯豪华汽车也极负盛名。图2-133为丰田汽车公司谱系图。

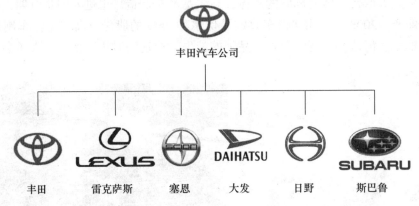

图2-133　丰田汽车公司谱系图

丰田在英语中被拼写为"TOYOTA"。丰田车标（图2-134）由三个椭圆形的环组成，中间的两个椭圆形环一横一竖，垂直重合，构成了一个"T"字，外边的一个椭圆代表地球，而由两个椭圆组成的"T"字最大限度地占据了外面椭圆的空间，寓意丰田汽车公司要把自己的技术、产品推向全世界。图2-135为丰田花冠轿车。

图2-134　丰田车标　　　　图2-135　丰田花冠轿车

品牌文化：丰田车标

第一款丰田车标用于 1937 年至 20 世纪 80 年代初，采用丰田的日文写法，这款车标使用了 40 余年。

第二款丰田车标用于 20 世纪 80 年代初至 1989 年，由于此时的丰田已经国际化，为了易于外国人接受而采用了丰田的英文名称"TOYOTA"。

1989 年，为了与刚刚诞生的丰田高端品牌雷克萨斯区分开，诞生了由 3 个椭圆组成的第三款丰田"牛头"车标，一直沿用至今。其海外销售车型大都使用这款车标。

丰田皇冠轿车曾是打入美国市场的第一款轿车，最初是经济型的小车，从第三代开始丰田将其定位为豪华私人轿车。皇冠轿车采用单独的皇冠标志，其中金色皇冠主要用于纪念版、特别版、限量版，其配置是最高、最豪华的。银色车标的是普通版。

丰田 MARK X 车型与皇冠共线生产、共用底盘，采用前置后驱设计，在定位上仅次于皇冠，高于佳美，是一款强调操控的运动车型。在日本采用"X"标志，在我国改装成锐志（REIZ）后往往首先改掉车标。

2. 雷克萨斯

雷克萨斯又叫凌志，车标如图 2-136 所示，由图形商标和文字商标两部分组成。它的图形商标不是采用常见的三个椭圆相互嵌套的形式，而是在一个椭圆中镶嵌英文"LEXUS"的第一个大写字母"L"，椭圆代表着地球，表示凌志轿车遍布全世界。该标志被镶在散热罩正中间，车尾标有文字商标"LEXUS"，喻示该车驰骋在世界各地的道路上。图 2-137 为 LS460 轿车。

图 2-136　凌志车标　　　　　　图 2-137　LS460 轿车

3. 塞恩

塞恩是丰田汽车公司根据对消费群的调查之后，为迎合下一代的新车用户于 2002 年推出的新品牌。塞恩运作路线从 3 个基本点出发，那就是时尚、多功能、惊奇，这 3 个元素不仅仅体现在产品上，在销售及服务上亦遵循这 3 个基本要素。

塞恩（Scion）的含义从英文意思上就可以理解出来，为子孙后代的意思。它将以一个独立的、极具特色的产品阵容以及新的销售理念来迎合未来新车用户的胃口，同时，它的名字还有一个含义，即作为丰田品牌的后代来继续丰田汽车的造车理念。车标如图 2-138 所示。图 2-139 为塞恩 tC 跑车。

图 2-138　塞恩车标　　　　　　图 2-139　塞恩 tC 跑车

4. 大发

日本大发公司是日本最具传统和历史的汽车厂家，有着近一个世纪的发展历程，也是最早进入我国市场的日本汽车厂商。大发工业株式会社成立于 1907 年，主要生产小型轿车，是日本第八大汽车制造商，是日本微型小汽车领域的一个重要厂家，号称"微型车专家"。在激烈的市场竞争中，大发公司由于产品单一，样式老旧，生产成本高而逐渐失去市场，无力经营。1998 年，丰田收购了大发 51% 的股份，帮助大发走向复苏，两家公司共同开发新车型，从而降低了成本，因此，市场上丰田和大发有些车是相同的。图 2-140 是大发一款紧凑的小型 MPV 车型 Materia。

大发车标（图 2-141）将大发汽车英文名称的第一个字母的"D"图案化，象征着大发汽车永葆青春。

图 2-140　大发小型 MPV Materia

图 2-141　大发车标

5. 斯巴鲁

富士重工的前身是中岛知久平于 1917 年在日本群马县太田市创立的飞行机研究所，专门从事各类飞机的设计研发，同时制造当时非常流行的双翼机，是日本飞机制造业的先驱。1945 年，它开始开发小型电动摩托车和大客车的车身，以此逐渐成长为一个成熟的汽车制造商。1953 年，组建了富士重工有限公司。

富士重工（SUBARU）的企业标志是昴宿星团的六连星，象征组成富士重工的各个子公司，并且也是斯巴鲁汽车的标志，如图 2-142 所示。根据神话的记载，昴宿星团是顶天巨神阿特拉斯与普拉恩的女儿，主神宙斯把她们变为鸽子，并把装扮成她们的假人放在天上以保护她们免受猎人奥利安杀害。

驰鹏是斯巴鲁全驱动最豪华的 SUV，图 2-143 为 2008 年斯巴鲁驰鹏。

图 2-142　斯巴鲁车标　　　　　　　　图 2-143　2008 年斯巴鲁驰鹏

世界上的汽车企业基本上使用两种赢利方式：一种是像通用、福特、大众、丰田那样，通过生产适合普通大众的车型，并且尽可能让各车型共用生产平台，共用零部件，以期降低成本，薄利多销，最终则是通过星罗棋布的服务网络提供售后市场服务；另一种是像奔驰、宝马、VOLVO、保时捷等一样，通过追求产品的独特性、技术的先进性和极致的品质等，在每一辆车上创造出充分的价值，然后通过销售赚取足够的利润。富士重工的选择是后者，这也正是在前些年在日本经济衰退时只有丰田、本田和富士重工三家汽车公司赚钱的原因。

富士重工在建立和推广自己的品牌时也有自己的一套，那就是非常执着地投入 WRC 运动（世界汽车拉力锦标赛），让战功彪炳的富士车队跑出的优秀成绩来说话。

品牌文化：富士两大著名技术

1. AWD（全时四轮驱动）

世界上第一组全时四轮驱动系统是富士重工装置在市售轿车上的，这套系统与该厂水平对置发动机对车身可达到近乎完美的重量平衡效果。再加上限滑差速器，当四轮转速发生差异而打滑时，能自动调整并防止打滑现象，以保持完整的轮胎抓地力。在低重心的发动机与四轮驱动的配合下，动态表现较一般轿车来得沉稳，在高速过弯、雨天、沙地运行时，可称得上随心所欲。

2. BOXTER（水平对置发动机）

这是世界上除了富士重工，只有保时捷才有的发动机技术。它的特点之一是其产生的横向震动容易为支架所吸收，能有效地将全车较重的发动机重心降低，使得在设计全车配重时更容易达到整体平衡。之所以这么好的技术并没有多少人敢采用，是因为它对发动机各部分的设计和生产工艺均要求相当苛刻。斯巴鲁的力狮、翼豹、森林人都采用了这种发动机，这足以证明富士重工在科技及产品成熟度上已达到了世界顶尖的水准。

6. 本田

本田（HONDA）公司前身是本田技术研究所，始建于1948年，创始人是本田宗一郎，公司总部在日本东京。公司是世界上最大的摩托车生产厂家，于1962年开始生产汽车，汽车产量和规模名列世界十大汽车厂家。现在，本田公司已是一个跨国汽车、摩托车生产销售集团，先后在美国、亚洲各国、英国等建立了分公司，产品除汽车、摩托车外，还有发电机、农机等。

本田公司在生产与经营过程中倡导三个"喜悦"，即"购买的喜悦""销售的喜悦""制造的喜悦"，也就是说，要将"向用户提供高品质的商品，并让用户感到喜悦"作为最重要的目标。

本田公司拥有本田和阿库拉两个品牌。

本田公司在80年代成立了商标设计研究组，从来自世界各地的2 500多件设计图稿中，确定了现在的三弦音箱式商标，也就是带框的"H"，如图2-144所示，图案中的H是"HONDA"的第一个字母。这个标志体现出技术创新、职工完美和经营坚实的特点，同时还有紧张感和可以放松一下的轻松感。图2-145为本田思域轿车。

图2-144 本田车标

图2-145 本田思域轿车

品牌文化：本田汽车设计的 MM 理念

本田汽车设计的 MM 理念主要针对小型轿车："Man（人）占用的空间 Maximum（最大化），Machine（机器）占用的空间 Minimum（最小化）"，就是不断优化机械部件的设计和分布，在汽车外形一定的前提下得到最大的车内空间。在此理论指导下，像本田的飞度等小车，相比同级别的其他品牌的汽车往往能有更大的空间，提升了汽车的性价比，"小车型，大空间"也成为本田汽车的特点。

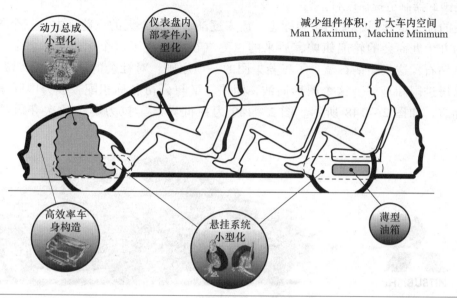

7. 阿库拉

本田的阿库拉（ACURA，中文名为讴歌）如同丰田的雷克萨斯（LEXUS），二者分别是本田和丰田旗下的两个子品牌。与雷克萨斯一样，阿库拉也属于豪华车品牌。

阿库拉车标（图 2-146）是将"ACURA"中的"A"转化为一个传统的卡钳样式，在机械加工中，卡钳专门用于精确测量，这正好体现了事业部"精确"的主题。图 2-147 为阿库拉的主力车型 ACURA TL。

图 2-146　阿库拉车标

图 2-147　ACURA TL

8. 三菱

拥有 100 余家企业及分支机构的三菱集团，源于 1870 年的九十九商会，后改称为三菱商社，三菱的名称一直沿用至今。它是拥有百年商誉的日本"重量级"企业，经营范围涉及造船及其他重工业、保险和银行、原子能研究及电脑电子工程、太空火箭的设计和制造，堪称日本工业的"大哥大"。

三菱集团是"二战"前控制日本的四大财团之一。"二战"中，三菱集团积极推动日本对外进行侵略战争，又通过战争牟取巨额暴利。在"二战"期间，三菱生产了大量的军用装备，包括当时侵华时使用的坦克、著名的"零式"战斗机、大鹰号航空母舰等，还为日本侵略战争提供后勤、筹措资金等。至今，它仍然是日本自卫队武器装备的主要供应商，同时也为美国武器制造提供配件。

三菱的标志是其创始者的家族标志，后来逐渐演变成今天的三菱标志。三个菱形标志最初作为九十九商会的轮船旗帜，后来的三菱汽车也沿袭了这个标志。标志中三个菱形代表三颗钻石，这三颗钻石蕴含了三菱集团的三项原则：对社会的共同责任、诚实公平、通过贸易增进国际理解。这个图形简洁、明快，又与公司名称相配，成为国际车坛一个著名的标志，如图 2-148 所示。图 2-149 为在世界汽车拉力赛中数次夺冠的三菱蓝瑟 Evo.1。

图 2-148 三菱车标

图 2-149 1992 年三菱蓝瑟 Evo.1

9. 铃木

铃木公司创建于 1920 年，当时生产织布机，1952 年开始生产摩托车，1954 年铃木汽车公司正式成立。铃木公司不但在摩托车领域享誉盛名，而且多年来一直独占日本国内微型汽车销售首位。

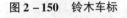

图 2-150 铃木车标

铃木车标（图 2-150）图案中的"S"是"SUZUKI"的第一个字母，这种设计给人以无穷力量的感觉，象征着无限发展的铃木公司。

品牌文化：那些中国生产的奥拓

奥拓在家用轿车市场还未开启的 1988 年就率先进入中国市场，凭借着稳定的质量、低廉的价格，在中国迅速打开市场，成为当时城市出租车、殷实家庭代步车的首选车型。

别看奥拓身材短小，它可具有纯正的日本血统。日本"小车之王"铃木公

司1979年5月推出了第一代奥拓，此后平均5年换一代。中国引进的是其第二代车型，在日本的生产年代为1984年至1988年，在中国从1988年起开始在中国兵器工业总公司旗下的四家军工厂——重庆的长安机器厂、湖南湘潭的江南机器厂、陕西秦川机器厂、吉林江北机器厂投产。长安机器厂凭借着奥拓、微面迅速打开市场，发展成今天中国四大汽车集团之一的长安汽车。由于中国兵器工业总公司授权长安机器厂统一为四家奥拓生产厂提供外观覆盖件，因此在资源分配方面就有了先天的优势，成为卖得最好的奥拓。江南奥拓2011年报价低至1.78万元，成为中国售价最低的轿车。而陕西秦川机器厂生产的秦川奥拓2003年被深圳比亚迪公司收购后改名为比亚迪汽车，由奥拓"拉皮整容"而来的福莱尔轿车是比亚迪进军汽车行业的第一款车。

10. 马自达

马自达汽车公司创立于1920年，曾是日本第三大汽车公司，是唯一将转子发动机投入批量生产的汽车制造商。由于马自达汽车公司长期极度扩张，1995年，出现巨额亏损并曾经一度成为名列日本第二的亏损企业，此后美国福特公司购买了马自达公司33.4%的股份，并通过实施新千年计划，使公司的发展进入了一个新的阶段。图2-151为马自达6轿车。

最初马自达汽车标志图案中的"M"就是松田拼音的第一个字母，采用英文拼音"MAZDA"为其标志。自马自达与福特合作之后采用了新的标志，如图2-152所示，崭新的设计图案意味着马自达要展翅高飞，不断实现技术突破，以无穷的创意和真诚的服务，勇闯车坛顶峰，迈向新世纪。

图2-151 马自达6轿车

图2-152 马自达车标

11. 日产

日产（NISSAN）汽车公司成立于1933年，总部设在东京，它是日本的第二大汽车生产厂家。公司十分注重技术的研发，从20世纪80年代起，日产便坚持将其销售额的5%用于产品研发，车坛有"科技的日产、销售的丰田"的说法。1993年中日合资的郑州日产公司成立，日产汽车品牌和日产汽车技术开始进入中国。日产旗下拥有众多高级轿车品牌，诸如Infiniti（英菲尼迪）、Cefiro（风度）、Cedric（公爵）等。

日产汽车公司商标如图2-153所示，简洁明了的红色圆表示日本国旗——太阳，中间的蓝色长方形及其上白色的字"NISSAN"是日产的拼写形式，整个图案表明了日产汽车公司位于"日出之国"的日本。日产的日语读音近似"尼桑"，所以也被音译为尼桑。图2-154为日产Z系列2006年350Z跑车。

图 2-153 日产车标

图 2-154 2006 年日产 350Z 跑车

12. 英菲尼迪

英菲尼迪（中文名叫无限）作为日产旗下的豪华车品牌诞生于 1989 年，最先在美国上市，与雷克萨斯、宝马、奔驰在北美市场分庭抗争，并且迅速成长为北美重要的豪华车品牌。图 2-155 为英菲尼迪 2008 年 M35 豪华轿车。

英菲尼迪的椭圆形标志（图 2-156）表现的是一条无限延伸的道路。椭圆曲线代表无限扩张之意，也象征着"全世界"；两条直线代表通往巅峰的道路，象征无尽的发展。英菲尼迪的标志和名称象征着英菲尼迪人的一种永无止境的追求，那就是创造有全球竞争力的真正的豪华车用户体验和最高的顾客满意度。

图 2-155 英菲尼迪 2008 年 M35

图 2-156 英菲尼迪车标

二、韩国汽车品牌

1. 现代

现代汽车公司是韩国最大的汽车企业，世界 20 家最大汽车公司之一，创立于 1967 年，创始人郑周永。公司总部设在韩国首尔，汽车年产量 100 万辆。目前现代汽车公司已发展成为现代集团，其经营范围由汽车扩展到建筑、造船和机械等领域。现代汽车公司主要产品有小马牌、超小马牌、奏鸣曲、羚羊、Coupe、君爵、世纪、雅绅、特杰、载货车。

现代车标如图 2-157 所示，是在一个银光闪闪的椭圆形环中斜立着一个大写的字母"H"。"H"是现代汽车公司的英文名"Hyundai"的第一个字母。商标中的椭圆即代表汽车的方向盘，又可以看作地球，与其间的"H"结合在一起寓意现代汽车将遍布全世界。图 2-158 为现代索纳塔轿车。

图 2-157 现代车标

图 2-158 现代索纳塔轿车

2. 起亚

成立于 1944 年的起亚公司是韩国最老牌的汽车制造厂。1986 年,起亚公司开始了同美国福特汽车公司和日本马自达公司的合作。1997 年亚洲金融风暴的加剧和起亚公司的过度膨胀,使得起亚公司的投资失去可偿还能力,1998 年起亚被现代汽车公司兼并。

起亚的车标(图 2-159)是其公司的英文名称 KIA,来源于起亚的前身公司的名称"京城精密工业"(Kyungsung Recision Ndustry)。1952 年,公司更名为起亚(KIA)工业公司。图 2-160 为起亚顶级豪华轿车欧菲莱斯(Opirus),它是起亚汽车制造的巅峰之作。

图 2-159 起亚车标

图 2-160 起亚欧菲莱斯

3. 双龙

双龙汽车公司是韩国第四大汽车公司,主要生产中高档越野车和轿车,具有年产 21 万辆汽车的生产能力,在韩国汽车市场的占有率为 12.5%。

1993 年双龙公司看好韩国高级轿车市场,公司举债 10 亿美元进军高级轿车领域,引进德国奔驰轿车制造技术,生产双龙豪华运动轿车,发展成为综合性的汽车制造企业。

"龙"不仅是中华民族,也是亚洲其他民族所信奉的万灵之长,象征神圣和威严。在高丽民族传说着这样一个动人的神话:远古的时候,有两条灵慧的龙,它们潜心地修炼,期盼着有朝一日能修成正果,上天成仙。千年修炼期满的时候,玉皇大帝派使者送下了一颗升天如意珠,让它们两个升天成仙。玉皇大帝等了很久,却不见它们到天庭报到,很是疑惑,便又派使者前去查明事情的缘由。原来由于玉皇大帝的疏忽,要它们两个升天,却只吩咐送了一颗升天如意珠,而这两条龙,得到这颗升天如意珠后,相互谦让,谁也不肯舍对方而去。玉皇大帝被这种仁让美德所感动,立即又送去了一颗升天如意珠,于是两条龙同时升天,结伴而行。双龙升天的神话广为流传,为人们所称颂。

双龙公司用"双龙"来命名,其车标(图2-161)将"SSANGYONG"中的"S"抽象成"8"字,形似"双龙"飞舞,后来"8"字形的车标演化为两条龙在云中高飞,表示"双龙"情深义重,也期望双龙汽车能像诗里说的一样,"大鹏一日同风起,扶摇直上九万里"。

图2-161 双龙车标

1997年,亚洲金融危机爆发,韩元贬值近一半,双龙的资金链发生断裂。2004年7月,中国上海汽车工业集团收购了双龙公司48.9%的股份,成为其最大的股东。2009年,面对全球性的金融危机,以生产大排量车为主的双龙公司又一次走到了破产的边缘,其间几经波折,于2009年在与上汽分手后退出了中国市场。2010年,印度企业马辛德拉看中了双龙汽车雄厚的技术基础、互补的产品线和强大的全球销售网络,出资收购其股份,并重新制定双龙发展战略,对其进行品牌全面升级。

双龙主席(Chairman)是双龙与奔驰公司合作的旗舰车种,如图2-162所示。

图2-162 双龙主席

4. 大宇

大宇汽车公司是韩国第二大汽车生产企业,总部设在韩国首尔,产品以轿车和货车为主。1998年大宇汽车公司曾收购了陷入金融困境的以生产高档SUV为主的双龙公司。然而,由于经营不利,资不抵债,大宇汽车公司于2000年11月8日正式宣布破产。2002年,由于历史的渊源,美国通用公司收购了大宇,成立了通用大宇汽车科技公司(简称通用大宇)。

大宇汽车公司使用形似地球和正在开放的花朵为标志,生产的汽车也使用这个标志作为商标。大宇标志象征高速公路大动脉向未来无限延伸,表现了大宇光明的未来和发展意志;椭圆代表世界、宇宙;向上展开的花朵体现了大宇家族的创造力和挑战意识;中部五个蓝色的实体条纹和之间的六条白色条纹,表示大宇在众多领域无限发展的潜力;蓝色代表年青、活泼,而白色则代表同心协力和牺牲精神。整个标志表现了大宇家族的智慧、创造、挑战、牺牲的企业精神,表现出大宇集团的儒家风范,如图2-163所示。

图 2-163 大宇车标

Matiz（图 2-164）是原韩国大宇公司历时两年半设计和研发的微车产品并成为全球最受欢迎的微车之一。2003 年，通用汽车在华合资企业上汽通用五菱与通用大宇签署技术转让协议，在中国市场推出以 Matiz 第二代为基础的雪佛兰 Spark。

图 2-164 微型车马蒂兹（Matiz）

通用接手大宇后，越来越多的大宇车被挂上雪佛兰或别克的车标在全世界销售，不久的将来，大宇品牌或将告别市场。

5. 雷诺三星

三星汽车，总部在韩国首尔，由时任三星集团社长的李健熙于 1994 年建立。公司在 1998 年生产的汽车刚刚上市发售就遇上亚洲金融风暴，由于三星汽车属于公司的非核心业务，很快就被逼出售。雷诺集团于 2000 年 9 月正式购入三星公司，公司名称改为雷诺三星。由于雷诺已控股日产，因此，雷诺三星汽车的设计都以日产和雷诺汽车为蓝本，图 2-165 为在日产天籁基础上研发的 2012 年三星 SM7 轿车。

图 2-165 2012 年三星 SM7

图 2-166、图 2-167 分别为三星车标和雷诺三星车标。

图 2-166　三星车标　　　　　　　图 2-167　雷诺三星车标

三、印度汽车品牌

塔塔

塔塔汽车公司（Tata Motors）是印度最大的综合性汽车公司，是印度塔塔集团下属的子公司，成立于1945年，在全球商用汽车制造商中排名十甲之内，年营业额高达20亿美元，占有印度商用车市场59%的份额。其在1954年的时候与德国戴姆勒-奔驰进行合作，1969年能够独立设计出自己的产品，1999年，塔塔进入乘用车领域。

塔塔近年来最引人注目的就是在2008年从美国福特公司手中收购了著名的品牌捷豹和路虎，并取得了罗孚品牌的所有权。图2-168为塔塔汽车公司谱系图。

图 2-168　塔塔汽车公司谱系图

塔塔汽车公司的主要产品包括小型汽车、4驱动越野车、公共汽车、中型及重型货车等。从20世纪60年代起，汽车已出口到欧洲、非洲和亚洲等一些国家和地区。塔塔的轿车也有较高的知名度。2008年宣布推出一款约2 500美元的世界最廉价的小轿车NANO，如图2-169所示。图2-170为塔塔车标。

图 2-169　世界最廉价的小轿车NANO　　　　　图 2-170　塔塔车标

四、马来西亚汽车品牌

成立于 1983 年的马来西亚宝腾公司，在技术方面先后与日本三菱集团和法国雪铁龙公司合作；1996 年成功地收购了英国 LOTUS（莲花集团）国际公司，进一步加强了公司的实力；之后又收购了底特律汽车设计中心。这一系列举措使宝腾公司具有独立完成从轿车开发到生产的能力，从单一的国内生产商发展成为产品款式多样，能满足国内外不同需求的汽车生产商。宝腾汽车在马来西亚几乎家喻户晓，市场占有率极高。2012 年，连年亏损的宝腾汽车最大股东——马来西亚政府将其拥有的 43% 的股份转让给了马来西亚最大的汽车经销集团 DRB – Hicom。2017 年，中国吉利集团收购了宝腾汽车，多款吉利新车型落户宝腾，使宝腾迅速扭亏为盈。图 2 – 171 为宝腾车标。图 2 – 172 为宝腾第二代 SAGA 轿车，该车的原型来自 1983 年三菱兰瑟车，这款车是由韩国 LG CNS 以及莲花工程部门合作设计研发的。

图 2 –171　宝腾车标　　　　图 2 –172　宝腾第二代 SAGA 轿车

五、澳大利亚汽车品牌

霍顿汽车公司创建于 1856 年，当时公司主要从事运输及冶金用品的制造，从 1914 年开始涉足车身制造行业。1931 年，霍顿被通用汽车公司收购，组建了通用 – 霍顿汽车公司（1994 年起单独使用霍顿汽车公司的名称）。1936 年，公司在墨尔本设立总部及生产、服务、销售等各个部门，开始了澳洲汽车生产的迅猛发展，澳洲大陆上第一部自产汽车"48 – 215"就是 1948 年从霍顿工厂里开出来的。目前霍顿公司旗下共有 20 种车型，从两厢小型车到四轮驱动的 SUV，从家用轿车到商用皮卡，应有尽有。

霍顿汽车公司在发动机、变速器、底盘方面的研发和生产能力都处于国际领先水平，是通用汽车发动机和变速箱的全球供应商，其品质超群的发动机系统曾配备在多款通用家族的高贵名车上。

霍顿车标（图 2 – 173）是一只狮子滚球的红色圆形浮雕，其设计灵感来自一则古老的传说：埃及狮子滚石头的情景启迪人类发明了车轮。

在澳大利亚，Statesman（政治家，国产别克林荫大道原型车）与同一底盘基础上的 Caprice（大顺风）不但是接待外宾和公务用车的主力车型，还是很多商界富豪和社会名流彰显身份和地位的座驾。该车的尊贵形象在澳大利亚竟然超越了奔驰 S 级、宝马 7 系和奥迪 A8，成为澳大利亚人心目中排名第一的本土高档车，地位之高完全可以比拟当年的红旗轿车。图 2 – 174 为 2007 年霍顿 Statesman。

图2-173 霍顿车标

图2-174 2007年霍顿Statesman

分析与思考

案例1：如今，时过境迁，改名已成了当代年轻人中的流行时尚。如果有人在网络中用真名跟别人聊天，那肯定会被认为"有病"。仿佛一夜之间染上了网络的流毒，现今车市的改名风显得异常热闹。东风日产推出颐达，短短三个月后就推出了两厢版的颐达，却为它又取了个新名字叫骐达；丰田的锐志，其原型车在日本叫MARKX，到了中国却改作锐志（REIZ）。第十代的丰田花冠上市叫卡罗拉，国产的丰田佳美，也弃用其叱咤车坛十多年的名字改叫凯美瑞。三厢的飞度叫思迪，凌志又改叫雷克萨斯。像佳美、飞度、凌志这样的品牌，已经具有相当高的知名度，其品牌价值本身就是个天文数字，为什么汽车厂商却不好好利用这些品牌的价值，而是改弦易辙，耗费巨资营造一个全新品牌？

针对这一现象，谈谈你的看法。

案例2：过去，日本制造一直被认定为质低价廉的代名词，虽然后来得以改变，成为质量过硬、价格有竞争力的代名词，但仍然不是经典和世界一流的代表。因此，长期以来，存在着一种说法，日本一流产品自己用，二流产品卖给欧美，三流产品卖给第三世界国家（包括中国）。

你如何看待这个问题？

第四节 中国汽车品牌鉴赏

一、中国第一汽车集团公司品牌

中国第一汽车集团公司（简称一汽集团）是中国汽车工业的摇篮，总部位于吉林省长春市，始建于1953年，目前拥有中国最大的中重型载货汽车生产基地、轻型车生产基地、红旗轿车生产基地和中德合资的轿车生产基地，四大基地构成了一汽集团生产力的核心。它拥有解放、红旗、奔腾、夏利、威志等自主品牌和大众、奥迪、丰田、马自达等合资合作品牌。

图2-175为一汽集团谱系图。

图 2-175　一汽集团谱系图

一汽集团体系及所属公司拥有的品牌和生产的车型见图 2-176。

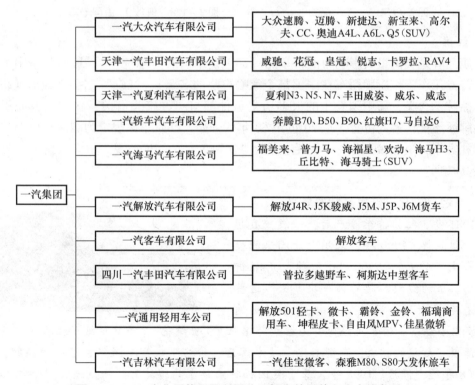

图 2-176　一汽集团体系及所属公司拥有的品牌和生产的车型

1. 解放

解放品牌是一集团最老的品牌，其最早生产的车型就是解放牌货车。2003 年 1 月，一汽解放汽车有限公司（简称一汽解放）成立，是以原第一汽车制造厂主体专业厂为基础组建的中重型载货汽车制造企业，主要生产解放品牌的中重型系列载货汽车。另外，天津一汽生产的威志、威姿轿车，一汽客车生产的客车，一汽吉林生产的森雅轿车，一汽通用生产的轻型商用车也挂解放车标。2013年，一汽轿车的奔腾轿车也统一换为解放的"鹰"车标。

一汽集团及其生产的解放汽车商标是由阿拉伯数字"1"和汉字"汽"两个字艺术化的组合，构成一只展翅翱翔在蔚蓝天空中的雄鹰，同时也是一汽集团打印在零部件上的一个产品商标。该标志既代表不断进取、展翅高飞的一汽集团精神，又表达了中国汽车工业冲出国门、走向世界的决心。出口的一汽载货汽车在其前面标有"FAW"字样，意为第一汽车制造厂。图2-177为一汽解放车标，图2-178为解放J6重型卡车。

图2-177 一汽车标

图2-178 解放J6重型卡车

2. 红旗

红旗品牌是我国最具影响力的轿车品牌，也是中国的"总统车"，最初只是中央领导和外事接待专用车。红旗牌轿车在中国是个家喻户晓的名字，"红旗"二字已经远远超出了一个轿车品牌的含义，新中国发生的太多历史事件都与"红旗"有关，在中国人心里，它有其他品牌所不能代替的位置。从20世纪60年代开始，红旗车被规定为副部长以上首长专车和外事礼宾车，坐红旗车曾与"见毛主席""住钓鱼台"一道被视为中国政府给予外国来访者的最高礼遇。

品牌文化：红旗品牌的复兴

1981年，红旗轿车停产后，一汽一直想复兴红旗品牌。1990年，采用大众淘汰的奥迪平台生产的CA-7200"小红旗"开始进入市场，成为红旗品牌的第一次复兴。这些搭载着克莱斯勒、日产发动机的老旧奥迪100版"小红旗"轿车几经变身为红旗"名仕""世纪星"，虽然延续了红旗的"香火"，但也降低了红旗的档次，车型老化、技术落后、价格下跌，深深伤害了红旗品牌，终于在2008年逐渐停产。1998年，基于美国福特豪华车品牌林肯，一汽造出"林肯版"的"大红旗"红旗旗舰，之后还造出加长版和防弹特型车，这款车虽然销售惨淡，只是按照订单生产，但承载的却是中国民族品牌的荣誉与责任。

2005年，一汽曾基于奥迪A6的C5平台造出"奥迪A6版"红旗601，但当时大众不可能将比较先进的 C5 平台技术给一汽，由于缺乏技术支持，这款车最终胎死腹中。2006 年源于丰田雷克萨斯轿车平台的红旗高端产品 HQ3 上市。2008 年，红旗 HQ3 被命名为红旗盛世，而这款高端红旗由于采用过多的皇冠元素被视为"贴牌货"，人称"皇冠版"红旗，但其售价却是皇冠轿车的两倍，不仅将个人消费者拒之门外，连政府采购也望而却步。仅有一款 HQ3 支撑的红旗成为一个"空壳"品牌。红旗"贴牌"的原因源于其逆向设计理念，为了降低设计和生产成本，一汽总是想利用自己现有的技术平台和零配件，无奈不论是大众还是丰田，合资公司的技术采购等重要部门都掌握在外方，中方缺乏话语权，技术上只能捡些残羹剩汁。

2008 年红旗宣布"复兴计划"。2012 年，由超过 1 000 位工程师组成的研发团队历经 4 年打造而成的首款车型红旗 H7 上市，虽然还不能完全摆脱皇冠和奥迪的影子，但毕竟让大家看到了中国第一民族品牌的希望。

一汽集团最早生产的 CA72 轿车在翼子板一侧标有并排五面小红旗，代表工农商学兵。1960 年五面红旗改为三面红旗，这三面红旗在发动机罩的前上方重叠自立，寓意为"总路线""大跃进""人民公社"三面红旗，如图 2-179 所示。1966 年，20 辆红旗三排座高级轿车送到北京，周恩来总理、陈毅外长等国家领导人正式乘用。在当时的北京市市长彭真的建议下把"三面红旗"的车标改为"一面红旗"，寓意为毛泽东思想的伟大红旗。"文化大革命"中，彭真被打倒，其中一条"罪状"就是"砍掉三面红旗"，自然，"一面红旗"车标又改为"三面红旗"。

现在红旗轿车车头都采用立体车标，如图 2-180 所示，立在发动机盖的前端；文字"红旗"（图 2-181）则标注在车尾。

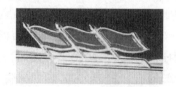

图 2-179　红旗轿车侧面标志

图 2-180　红旗立体车标

图 2-181　红旗平面车标

3. 奔腾

奔腾作为一汽轿车旗下与红旗并列的品牌，于 2006 年 5 月 18 日首次亮相，是国内第一款自主品牌中的高级轿车。车标是在椭圆中有个"1"，椭圆代表全球，"1"表示中国第一汽车集团，两者有机结合起来，构成简洁、流畅、活泼的造型，强调了"第一"的品牌名称及其意义，如图 2-182 所示。奔腾以"B"为产品系列标识，按照系列车型级别，由小到大划分为 3 系、5 系、7 系和 9 系等具体的产品系列，并在其后以"0"位代表改款次数，最终定名如"奔腾 B50""奔腾 B70"。奔腾 B70 轿车基于新 MAZDA6 应用的福特 CD3 平台，挂红旗车标。图 2-183 为 2009 年上市的被誉为"1.6 之王"的奔腾 B50 轿车。2013 年一汽对自主品牌进行整合，着力打造红旗高端品牌，后期上市的奔腾 B30、B80 开始挂解放车标。

图 2-182　奔腾车标

图 2-183　奔腾 B50

品牌文化：奔腾品牌的由来

2006 年，一汽利用马自达 6 技术平台打造出代号为 C301 的自主 B 级车，但一汽集团内部对新车的命名进行了激烈的争论，是否命名为红旗，以及红旗系列产品走高端路线还是全系列的发展方向等问题使几乎所有的一汽轿车高管都显得非常矛盾。他们既不想将 C301 与红旗直接画上等号，又不愿意彻底割断两者之间的联系。最终，新车被命名为奔腾，红旗字样完全没有出现，作为一汽轿车旗下与红旗并列的品牌。2013 年，随着一汽品牌的整合，原来的奔腾轿车改挂解放车标，一汽轿车打造多年的奔腾品牌从此退出市场。

4. 一汽大众

一汽大众是一汽集团与德国大众公司的合资品牌。一汽大众汽车有限公司成立于 1991 年，引进生产的第一辆车是德国大众公司的捷达 A2 轿车，迄今已累计销售超过 200 万辆，在中国赢得了"皮实、耐用"的口碑。2001 年，被誉为"驾驶者之车"的一汽大众宝来下线；2003 年，一汽大众引进生产的被称为"德国国民车"的第四代高尔夫轿车正式上市；2006 年，一汽大众速腾投放中国市场；2007 年，搭载 TSI 涡轮增压缸内直喷技术的一汽大众迈腾撼世而出；2008 年，一汽大众针对中国市场自主研发的新宝来问世；2009 年上市的第六代高尔夫搭载的 TSI + DSG 动力总成技术使其在同级别车中遥遥领先；2010 年上市的大众 CC，3 个半月销售即超过 1.2 万辆。目前一汽大众生产的车型有：捷达、宝来、速腾、高尔夫、迈腾、大众 CC、蔚领、探岳、探影、探歌。图 2-184 为一汽大众新 CC 轿车。

图 2-184　一汽大众新 CC

5. 一汽奥迪

一汽奥迪是一汽集团与德国大众公司的合资品牌。1988 年，一汽集团即开始组装生产奥迪 100，当年共组装了 499 辆汽车。1995 年，一汽、大众、奥迪三方合资，一汽大众正式生产奥迪。1996 年，第一辆奥迪 200 轿车下线；1999 年，奥迪 A6（C5）在一汽大众下线，填补了中国高档轿车生产的空白,并迅速占领政府公务车市场;2003年,奥迪A4在一汽大众投产;2010年,一汽大众国产奥迪Q5正式投放市场。目前一汽奥迪生产的车型有:奥迪A6L、奥迪A4L、奥迪Q3、奥迪Q5。图2-185为一汽奥迪Q5。

图2-185　一汽奥迪Q5

6. 开利

开利是一汽大众的合资自主品牌,其第一辆车是在一汽大众新宝来的基础上打造的纯电动汽车,在一汽大众新建的广东佛山工厂生产。该车外形与新宝来基本一致,采用磷酸铁锂电池,10 min内可充80%的电,续航里程为135 km,最高时速达135 km,2014年上市。

开利车标(图2-186)采用了盾型设计,图案则采用了中文"开"字的变形艺术体。

图2-186　开利车标

7. 一汽丰田

一汽丰田是一汽集团与日本丰田汽车公司合资生产的合资品牌。

四川一汽丰田是丰田汽车公司在中国的第一个汽车整车项目,也是四川省目前最大的汽车合资项目,公司成立于1998年。公司引进丰田的产品和技术生产柯斯达中型客车和普拉多越野车。图2-187为四川丰田2003年开始生产的丰田陆地巡洋舰系列中的"PRADO"(普拉多)越野车,另有名字叫"霸道"。

天津一汽丰田汽车有限公司的前身是成立于2000年的天津丰田汽车有限公司。2002年,一汽集团与丰田汽车公司正式合作。目前天津一汽丰田已拥有三个工厂,生产丰田威驰、花冠、皇冠、锐志、卡罗拉轿车及RAV4城市多功能车。图2-188为天津一汽丰田生产的2013年RAV4。

图2-187　一汽丰田PRADO越野车

图2-188　天津一汽丰田2013年RAV4

8. 夏利

夏利是国产乘用车自主品牌，其引进日本大发技术，由天津一汽夏利汽车股份有限公司生产，曾风靡一时。公司的前身是天津市微型汽车厂，1997年改制成立天津汽车夏利股份有限公司，2002年一汽集团控股了该公司，企业正式融入一汽体系之中。

夏利车标如图2-189所示，其图案寓意为：横是立交桥连东西，纵是两高速公路贯南北，象征着夏利轿车驰骋祖国大地。

目前天津一汽生产夏利N3、N5、N7、威志V2、V5轿车。图2-190为天津一汽生产的威志轿车，为纳入一汽整体规划，已统一挂解放车标。

图2-189 天津夏利车标

图2-190 天津一汽威志

9. 海马

海马是国产乘用车自主品牌。海马汽车公司的前身是1988年成立的海南汽车冲压件厂，当时刚刚成立不久的海南省政府从时局动荡的菲律宾低价购下了福特汽车公司与前总统马科斯个人合资的汽车工厂。1994年开始生产老款的马自达323轿车，1997年11月，正式纳入了一汽集团。2004年2月，组建一汽海马汽车有限公司，这时，生产的汽车挂马自达车标。

当时的"海南马自达"汽车主要有普力马、福美来两个系列。2002年7月正式上市的福美来，得到市场和消费者的广泛认可，被誉为当时车市的"新三样"之一，如图2-191所示。

2006年，马自达又把橄榄枝抛向了实力更强大的一汽和长安，高级别的车型马自达6放在一汽轿车生产，福美来的换代车型马自达3放到长安汽车与福特的福克斯共线生产，海马汽车陷入了前所未有的困境。被抛弃的海马这时才开始使用自主的"海马"品牌，并设计了自己的车标，新的海马车标如图2-192所示。

图2-191 一汽海马福美来

图2-192 海马车标

新标志释义：旭日东升，鲲鹏展翅。源于马自达，突破马自达。

换标后的海马首先改进了福美来，推出了福美来 2。之后，海马陆续推出海福星、海马 3、海马欢动、丘比特及海马首款 SUV 海马骑士等车型。2007 年，海马走出了扩张之路，收购郑州轻型汽车制造厂，并成立了海马郑州有限公司。

郑州基地以"两微"汽车为主，海马郑州的"天圆地方"车标沿用了郑州轻汽奥路卡的车标，如图 2-193 所示。

海马郑州目前量产车型有福仕达、海马王子和福仕达腾达，图 2-194 为海马王子汽车。

图 2-193　海马郑州车标

图 2-194　海马王子

二、东风汽车集团股份有限公司品牌

东风汽车集团股份有限公司（简称东风汽车公司）创立于 1969 年，是中国政府明确重点支持的汽车行业三大集团之一。东风汽车取名自毛泽东的"不是西风压倒东风，就是东风压倒西风"，厂址在湖北十堰市。目前，东风汽车公司已形成十堰、襄阳和武汉三大基地，制造基地分布上海浦东和广州、惠州、深圳等地，产品覆盖重、中、轻、轿等宽系列。

图 2-195 为东风汽车公司谱系图。

图 2-195　东风汽车公司谱系图

东风汽车公司体系及所属公司拥有的品牌和生产的车型见图 2-196。

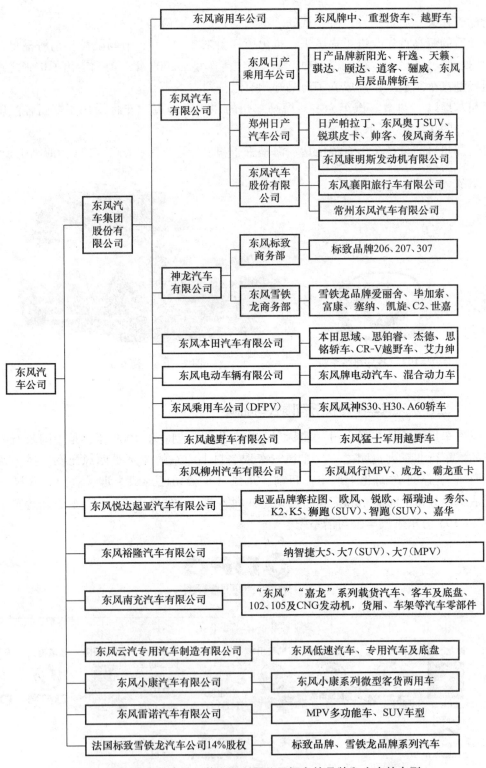

图2-196 东风汽车公司体系及所属公司拥有的品牌和生产的车型

1. 东风

东风汽车公司所属的东风商用车公司生产的东风越野汽车、东风中重型载货汽车、东风轻型载货汽车、东风重型载货汽车及东风客车，东风汽车股份有限公司生产的东风系列轻型商用车，东风电动车辆有限公司生产的电动汽车、混合动力汽车都使用"东风"品牌。

东风汽车公司及其商标，以艺术变形手法，取燕子凌空飞翔时的剪形尾翼作为图案基础，含义是"双燕舞东风"。东风汽车公司原名为第二汽车制造厂，"二汽"的"二"字寓意于戏跃翻飞的双燕之中，外圆代表车轮，象征着东风牌汽车车轮不停地旋转，如图2-197所示。

2. 东风风神

东风风神是东风汽车公司旗下的自主乘用车品牌，由东风乘用车公司负责研发、生产，于2009年3月26日正式发布。继2009年成功推出首款车型东风风神S30（图2-198）后，公司先后又成功推出了东风风神H30、H30 CROSS和A60三款车型。同时，新能源车型东风风神S30 BSG也实现示范运营，ISG、CNG和纯电动汽车项目等都取得了积极进展。东风风神使用东风"双飞燕"车标。目前在售车型：奕炫、A60、奕炫GS、全新AX7、AX7 2021款，新能源E60、E70、EX1、奕炫EV。

图2-197 东风车标

图2-198 东风风神S30

3. 东风日产

东风日产是东风汽车有限公司与日本日产汽车公司的合资品牌。东风汽车有限公司成立后，2003年，在原风神项目基础上成立了东风乘用车公司（东风日产），其总部落户于广州花都区。同年，东风日产成立后的第一款轿车阳光下线。东风日产主要产品有天籁、骐达、逍客、轩逸、劲客、楼兰、蓝鸟、轩逸纯电、楼兰混动等。图2-199为2008年6月上市的首款高档轿车新一代天籁。

图2-199 东风日产2008年新天籁

4. 启辰

启辰是东风日产全力打造的合资品牌,由东风日产乘用车公司出品。

启辰车标(图2-200)以蓝色作为底色,象征着深邃的梦想;而五角星是象征完美的符号,表达了东风日产为实现梦想,不断追求完美的态度;五颗星源自"天有五星,地有五行",五行俱全寓意和谐,蕴含祥瑞之意。

从2010年年底开始,启辰陆续推出概念车和量产车型。2012年上半年,首款量产车型D50正式上市,它实际是已停产的日产颐达的换标车型,如图2-201所示。启辰的诞生,标志着东风日产进入"双品牌"运营阶段。

图2-200 启辰车标

图2-201 启辰D50

5. 纳智捷

纳智捷是东风汽车公司与台湾裕隆汽车制造公司合力打造的汽车品牌。台湾裕隆集团创设于1951年,是目前台湾最大的汽车集团,有台湾"车王"之称。1953年设立裕隆汽车制造公司,1969年成立中华汽车公司,分别与美国通用公司,日本日产、三菱公司合作。2000年与东风汽车公司合作,最初东风生产的日产阳光、蓝鸟轿车都出自台湾裕隆的研究院。2010年东风与裕隆正式成立合资公司,创造出以智能科技与绿能科技为核心的高端自主品牌"LUXGEN(纳智捷)"。

"LUXGEN"将"Luxury"与"Genius"这两个词融合在一起,"Luxury"意指豪华,而"Genius"则为智慧。简单而言,"LUXGEN"所要传达的理念是——以前瞻科技创造豪华舒适的驾乘感受。

图2-202为纳智捷车标,它是LUXGEN的第一个字母,同时又是一个"人"字,代表着品牌价值中,以人为本的服务理念以及人的智慧给人带来超越期待的感动,让行动生活变得更有价值。

公司目前生产锐3、全新纳5、全新优6、U5EV、U5SUV、优6SUV、新大7 MPV。

图2-202 纳智捷车标

图2-203 纳智捷大7 SUV

6. 东风本田

东风本田是东风集团与日本本田汽车公司的合资品牌。2003 年东风集团与日本本田技研工业株式会社通过改组改造原武汉万通汽车有限公司而组建了东风本田汽车有限公司，主要产品有本田思域、享域、LIFE、运动型多功能车本田 CR-V、XR-V、UR-V、高端 MPV 艾力绅、混合动力车 INSPIRE。图 2-204 为 2012 年东风本田 CR-V，由于其定位精准，2004 年上市后几年内都没有竞争对手，供不应求，多次夺得国内 SUV 销量冠军。

图 2-204　2012 年东风本田 CR-V

7. 思铭

思铭是由东风集团和本田汽车公司共同推出的一个自主研发的品牌，其标志是由东风的双飞燕标和本田的"H 标"相互抽象融合的结合体，如图 2-205 所示。品牌的英文名"CIIMO"则是由"Civic"和"Mobile"两个单词组合而成。2012 年，在推出思铭品牌大半年时间后，终于迎来量产的第一款车型，这款车型就叫作思铭（Ciimo），是 8 代思域的复刻版，如图 2-206 所示。目前在售车型：电动车思铭 X-NV 和 M-NV。

图 2-205　思铭车标　　　　　　图 2-206　2012 年思铭

8. 东风标致

东风标致是东风汽车公司与法国标致雪铁龙集团的合资品牌，由合资的神龙汽车有限公司生产。神龙汽车有限公司于 1992 年 5 月合资兴建，总部位于湖北武汉。公司下设一个工业事业部（包括技术中心）、两个商务部（东风标致商务部、东风雪铁龙商务部），分别在武汉、襄阳两地建有武汉工厂和襄阳工厂，引进两个全新的生产共用平台，全面导入东风标致、东风雪铁龙两个品牌的系列产品。

东风标致的主要产品有标致 307、308、408、508 轿车，以及 2008、3008、4008、5008

都市高性能SUV。图2-207为标致公司全球畅销的两厢东风标致307。

图2-207　两厢东风标致307

9. 东风雪铁龙

东风雪铁龙是东风汽车公司与法国标致雪铁龙集团的合资品牌，由合资的神龙汽车有限公司生产，曾生产过的产品有爱丽舍、萨拉毕加索、富康、塞纳、凯旋、C2、C4等车型，现生产凡尔赛C5X、全新爱丽舍、雪铁龙C6、雪铁龙C3-XR、雪铁龙C5、C2、C4世嘉等车型。图2-208为2008年6月上市的东风雪铁龙C4，中文名世嘉。

图2-208　东风雪铁龙C4

10. 东风悦达起亚

东风悦达起亚是东风汽车公司与韩国现代起亚汽车公司的合资品牌。公司是由东风汽车公司、江苏悦达投资股份有限公司、韩国起亚自动车株式会社共同组建的中外合资轿车制造企业，主要产品有千里马（已停产）、远舰（已停产）、赛拉图、欧风、RIO千里马、福瑞迪、秀儿、K2、K2两厢、K5、SUV车型狮跑、智跑、MPV车型嘉华。图2-209为东风悦达起亚K5轿车。目前在售车型：轿车焕驰、福瑞迪、K3；SUV车型奕跑、傲跑、KX5、KX7、智跑Ace、MPV车型第四代嘉华；新能源车K3EV、KX3纯电动、K3PHEV、K5PHEV。

11. 典悦

典悦是东风悦达起亚推出的合资自主品牌。2012年推出的典悦首款车是以赛拉图为基础打造的纯电动车型，命名为典悦N30，其外形与车身尺寸均与起亚赛拉图一模一样。图2-210为典悦车标。

图 2-209 东风悦达起亚 K5 轿车

图 2-210 典悦车标

三、上海汽车集团股份有限公司品牌

上海汽车集团股份有限公司（简称上汽集团）是中国汽车工业具有代表性的大型企业集团之一，于 2004 年 11 月成立，其下属整车企业包括：上海大众汽车有限公司、上海通用汽车有限公司、上海通用五菱汽车股份有限公司、上海汽车股份有限公司、上海申沃客车有限公司、上海汇众汽车制造有限公司、上海幸福摩托车总厂、上海纽荷兰农业机械有限公司和上海彭浦机器厂有限公司。

2007 年 12 月 26 日，上汽集团以不超过 8% 的上海汽车股权作为交换，将南汽集团经营性资产转至上汽集团名下，合并后的"大上汽"具备商用车、乘用车、零部件三大板块，两大外资合作伙伴（大众、通用），三大自主品牌（荣威、名爵 MG、双龙），三大生产基地（上海、南京、仪征）以及位于英国、韩国和中国本土 3 地的多个技术研究院。

图 2-211 为上汽集团谱系图。

上汽乘用车　上海大众　上海通用　上汽通用五菱　上海申沃　上海汇众　上汽商用车　上汽依维柯红岩　南京依维柯　双龙

图 2-211 上汽集团谱系图

上汽集团体系及所属公司拥有的品牌和生产的车型见图 2-212。

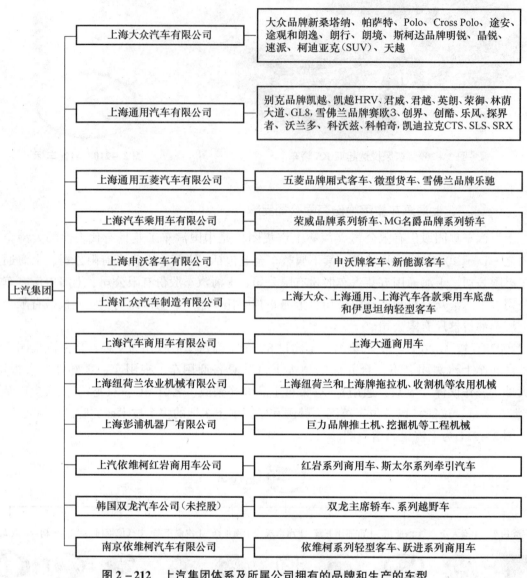

图 2-212 上汽集团体系及所属公司拥有的品牌和生产的车型

1. 荣威

荣威是成立于 2006 年的上汽汽车制造有限公司创建的国际化自主品牌。

上汽汽车公司利用上汽股份仪征分公司的整车生产基地，同时在宝山和临港建立动力总成生产基地，利用花费 6 000 万英镑购买的英国罗孚公司的技术资产，协同韩国双龙技术力量，有机整合国际资源，为自主品牌建设提供强有力的技术保证。

2007 年 1 月，公司重组为上海汽车股份有限公司乘用车分公司，公司生产的自主品牌有荣威牌轿车 i6 MAX、全新 i5，SUV 全新 RX5 MAX、RX5、RX5 MAX、全新 RX5 PLUS，MPV 车型 iMAX8，新能源全新 RX5eMAX、全新 RX5ePLUS、i6 MAX EU、Ei5。

荣威车标如图 2-213 所示，经典盾形徽标暗寓其产品可信赖的尊崇品质及上海汽车自主创新、国际化发展的坚强决心与意志。色彩由红、黑、金三个主要色调构成,红色代表中国传统的热烈与喜庆,金色代表中国的富贵,黑色则象征威仪和庄重。核心形象以两只站立的东方雄狮构成,代表着吉祥、威严与庄重,同时也是西方文化王者与勇敢精神的象征。双狮图案以直观的艺术手法,展现出尊贵、威仪、睿智的强者气度。图案下方用现代手法绘成的符号是字母"RW"的融合,是品牌名称的缩写。图案的底部为对称分割的四个红黑色块,暗含着阴阳变化的玄机,代表了求新求变、不断创新与超越的企业意志。

荣威 750 是上汽公司基于 ROVER(罗孚)75 平台核心技术开发而成的,是国内第一辆广泛使用欧洲高档车技术的中高级轿车,虽然它根据国人的喜好改进了许多,但是依然带有浓厚的英伦风格,如图 2-214 所示。

图 2-213 荣威车标

图 2-214 荣威 750

2. 上海大众

上海大众是上汽集团与德国大众汽车公司的合资品牌。上海大众汽车公司位于上海西北郊安亭国际汽车城,是国内规模最大的现代化轿车生产基地之一,拥有大众、斯柯达两大品牌。

公司的大众品牌产品包括桑塔纳、帕萨特、Polo、凌渡、途安、威然、途观、朗逸、新辉昂、途铠、途昂、途岳,纯电动车 ID.3、ID.4X、ID.6X 等。图 2-215 为 2008 年 6 月上市的上海大众使用模块化开发战略研制的朗逸轿车。

图 2-215 上海大众朗逸

3. 上海大众斯柯达

上海大众斯柯达是上汽集团与德国大众汽车公司的合资品牌。公司生产的斯柯达品牌产品有明锐、昕锐、昕动和速派、柯迪亚克、柯珞克、柯米克。图 2-216 是 2007 年上市的上海大众斯柯达首款产品明锐。

4. 上海大众天越

上海大众天越是上海大众的合资自主品牌。公司生产的首辆汽车是以上海大众朗逸为原型的纯电动车型，该车除了前脸进行了局部修改，其余几乎就是朗逸的复制品。车标采用了"天"字造型，如图2-217所示。

图2-216　2007年上海大众斯柯达明锐

图2-217　上海大众天越车标

5. 上海通用别克

上海通用别克是上汽集团与美国通用汽车公司的合资品牌。公司生产的别克系列产品包括赛欧（已停产）、凯越、凯越HRV、君威、君越、英朗、荣御、林荫大道及多功能车别克GL8陆上公务舱等。图2-218为上海通用别克君越。目前在售车型：威朗、凯越、英朗、君威、君越、昂科威、昂科旗、昂科拉、GL8，新能源车型微蓝6、微蓝7SUV、微蓝6插电混动。

图2-218　上海通用别克君越

6. 上海通用雪佛兰

上海通用雪佛兰是上汽集团与美国通用汽车公司的合资品牌。目前上海通用雪佛兰品牌主要产品有科沃兹、科鲁兹、沃兰多、创界、畅巡、新探界者、开拓者、创酷、迈锐宝。图2-219是专为中国年轻家庭打造的经济型小车雪佛兰乐风。

图2-219　上海通用雪佛兰乐风

7. 上海通用凯迪拉克

上海通用凯迪拉克是上汽集团与美国通用汽车公司的合资品牌。上海通用凯迪拉克品牌产品包括凯迪拉克 CTS、凯迪拉克 SLS、凯迪拉克 SRX。图 2-220 为凯迪拉克入门级运动型豪华轿车 CTS。目前在售车型有 CT4、CT5、CT6、XT4、XT5、XT6、电动车型 LYRIQ。

图 2-220　上海通用凯迪拉克 CTS

8. 上海通用五菱

上海通用五菱是上海通用五菱汽车有限公司的自主品牌。五菱微车在中国微车市场的激烈竞争中，几年来产销量一直名列前茅，2013 年产销 100 余万辆，保持了微车市场"大哥大"的地位。其产品包括商务用车、微型厢式客车、微型双排货车、微型单排货车。

五菱汽车的标志由五个鲜红的菱形组成，形似鲲鹏展翅、雄鹰翱翔，有上升、腾举之势，象征着五菱的事业不断发展，如图 2-221 所示。

图 2-221　五菱车标

9. 上海通用宝骏

上海通用宝骏是上汽通用五菱有限公司 2010 年创建的合资自主汽车品牌，它的诞生标志着这个中国微车领头羊开始正式进军轿车市场。

宝骏品牌含义："骏"的本义是良驹，宝骏即人们最心爱的良驹。图 2-222 为宝骏车标。

宝骏品牌的主要产品有宝骏 510、530、730、310、RC-5、360、RM-5。2012 年通用汽车公司旗下的高性能微型轿车品牌——雪佛兰乐驰正式加入上汽通用五菱宝骏品牌阵营，更名为宝骏乐驰，如图 2-223 所示。

图 2-222　宝骏车标

图 2-223　宝骏乐驰

10. 申沃

中瑞合资上海申沃客车有限公司（SUNWIN）由上汽集团、沃尔沃（中国）投资有限公司（VIC）、瑞典沃尔沃客车公司（VBC）三方投资组成。

申沃车标（图 2 - 224）以上汽集团英文名称（SAIC）的首字母和申沃英文名称（SUN-WIN）的首字母"S"为创作原点，体现了中外文化的趋同性。标志整体形态完整、刚柔相济，变化中有秩序，透出崇高的贵族气质与传统之美，令申沃的视觉形象蕴含中国传统文化精髓的同时，亦融入了北欧艺术风格。

申沃公司的客车产品主要由申豪系列、申威系列、原上客 6115 系列和路胜旅游车构成。图 2 - 225 为上海申沃客车。

图 2 - 224　申沃车标

图 2 - 225　上海申沃客车

11. 汇众

汇众是上海汇众汽车制造有限公司的产品品牌。上海汇众是上海集团下属的一家集商用车制造与轿车底盘系统生产的企业，于 1992 年 1 月 11 日正式成立，主要有轻型客车、重型卡车与轿车底盘系统三大业务板块。图 2 - 226 为上海汇众车标。

伊思坦纳，在马来语中意为宫殿，车如其名，它正是这样一座移动自如、优雅从容的"宫殿"，拥有成熟的技术和稳定的性能，气度雍容尊贵，外观优雅从容。

伊思坦纳的车型脱胎于此前一直进口销售的奔驰 MB100，只是商标不同而已。此前，MB100 由韩国双龙引进奔驰技术生产，2003 年，上海汇众收购了韩国双龙的整条生产线，国产的汇众伊思坦纳由此诞生。图 2 - 227 为 2012 年全面上市的伊思坦纳。

图 2 - 226　上海汇众车标

图 2 - 227　2012 年汇众伊思坦纳

12. 依维柯红岩

依维柯红岩是上汽依维柯红岩商用车有限公司的自主品牌。公司是由上汽依维柯商用车投资有限公司与重庆机电控股（集团）公司共同投资成立的重型汽车生产企业。图2-228为上汽依维柯红岩车标和仍在使用的红岩车标。图2-229为现产的红岩杰狮（GENLYON）重卡。

图2-228　上海依维柯红岩车标和红岩车标　　　图2-229　红岩杰狮重卡

13. 上汽大通

MAXUS是1967年由英国商用车公司与罗孚和捷豹合作推出的商用车品牌。2009年上汽集团收购MAXUS品牌及技术平台，将MAXUS引入中国并命名为"大通"，取意"大智融天下，通达铸成功"。目前拥有无锡、仪征两大生产基地。

上汽大通车标（图2-230）的整体结构由三个银色三角形组合而成，造型简洁、大气，极具现代设计感和品质感。三个三角形分别代表技术、信赖和进取，是上汽大通品牌的核心价值。

图2-231为上汽大通V80多功能车。

图2-230　上汽大通车标　　　图2-231　上汽大通V80多功能车

14. 跃进

跃进原是南京汽车集团有限公司的汽车品牌，2007年12月，"上南"合作成功签约，资产整合后的新南汽成为上汽集团的全资子公司，跃进也同南京依维柯一同被划入上汽集团的商用车板块。

图2-232为跃进车标，椭圆内的线条表示四通八达。图2-233为依维柯车标。依维柯产品有得意、都灵、越野车和威尼斯四大产品线，跃进品牌产品有小虎、帅虎、钻卡、超得卡跃进轻型载货车、凌野重型载货车。图2-234为凌野重型自卸车，图2-235为依维柯都灵轻型客车。

图 2-232 跃进车标

图 2-233 依维柯车标

图 2-234 凌野重型自卸车

图 2-235 依维柯都灵轻型客车

15. 南京菲亚特

南汽菲亚特原是南汽集团与意大利菲亚特汽车公司的合资品牌,主要工装设备均从国外引进,轿车品质与世界水平同步。公司于 2002 年开始陆续在国内推出与世界同步的派力奥轿车、西耶那轿车和菲亚特周末风旅行轿车、派朗轿车等,均使用菲亚特车标。

菲亚特本是世界级的汽车公司,进驻中国市场时间已不短,但并没有像其在国外那么辉煌,在中国生产的几款车并没有得到国内用户的认可,销售一直非常平淡,使菲亚特在国人心目中的品牌价值大打折扣。随着南汽和上汽的全面合作,菲亚特也正式宣布撤出南京菲亚特。2008 年,南京菲亚特厂区正式更名为上海大众第四工厂,南京菲亚特成为继 1997 年广州标致和 2002 年贵州云雀(外方是富士重工)合资失败之后,第三家解体的合资汽车企业。

16. 名爵

名爵(MG),原本在英国是 Morris 汽车代理商,后来制造自己开发的订制版汽车,以双门敞篷跑车闻名于汽车界。南汽名爵是通过收购英国罗孚公司及动力总成公司的资产实施的建设项目,上汽收购南汽后将其品牌整合在上汽乘用车公司,与荣威一起作为上汽自主品牌。

名爵的八角形车标(图 2-236)与中国传统文化有众多相通之处,都代表着稳固、忠诚、可信赖,蕴含着四面八方、君临天下的王者之气。名爵积极向上、不断进取的精神既契合中国的时代精神,又是积极奋进的企业文化的真实写照。其激情、活力、愉悦的品牌特性,则表达了中国时代精英们的态度和心声。图 2-237 为基于罗孚 25 平台开发的 MG3 SW。

图 2-236 名爵车标

图 2-237 MG3 SW

四、北京汽车集团有限公司品牌

北京汽车集团有限公司（简称北汽集团）是由北京市人民政府投资组建的国有独资公司，主要由北汽福田汽车股份有限公司、北京现代汽车有限公司、北京奔驰汽车有限公司、北京汽车制造厂有限公司等组成，形成了轿车、越野车、商用车门类齐全、同步发展的产业格局。北汽集团拥有"梅赛德斯-奔驰""Jeep""现代"等国际品牌和"北京""福田汽车"等自主开发的民族品牌，实现了国际品牌和民族品牌的完美结合。

北汽集团商标（图2-238）以"北"字作为设计出发点，既象征中国北京，又代表北汽集团，"北"字形似一个欢呼雀跃的人形，表明了"以人为本"是北汽集团永远不变的核心。标志中的"北"字，犹如两扇打开的大门，是北京之门、北汽之门、开放之门、未来之门，标志着北汽集团将更加市场化、集团化和国际化，与集团全新的品牌口号"融世界，创未来"相辅相成。

图 2-238 北汽集团商标

图2-239为北汽集团谱系图。

北汽乘用车	北京现代	北汽制造	北京奔驰	北汽福田	福田戴姆勒	北汽新能源	昌河汽车

图 2-239 北汽集团谱系图

北汽集团体系及所属公司拥有的品牌和生产的车型见图2-240。

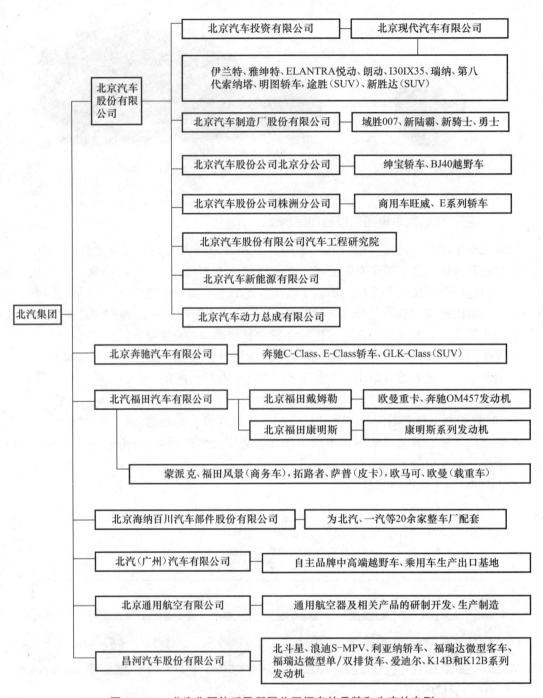

图 2-240 北汽集团体系及所属公司拥有的品牌和生产的车型

1. 北汽绅宝

北汽绅宝是北汽集团乘用车自主品牌,使用收购的世界豪华车品牌萨博汽车(SAAB)技术平台生产制造。2013 年,北汽集团旗下首款中高级轿车绅宝正式上市,如图 2-241 所示,它由北京汽车股份有限公司北京分公司生产制造,以北汽集团的商标作为车标。

图 2-241 绅宝轿车

品牌文化：北汽绅宝与凯奇

2009 年，巨亏的美国通用公司再也无暇顾及旗下连续亏损的萨博汽车，只能将它卖掉。而对于发展中的中国汽车企业，豪华的萨博品牌和成熟高端的技术无疑是个"金字招牌"。北汽集团早就计划开发自己的乘用车，此时也盯上了正处于落魄的萨博汽车。但萨博并不想把自己的招牌卖给北汽，退而求其次，萨博同意出售自己的技术，包括 9-3 和 9-5 两个车型的整车平台、发动机和变速箱的技术所有权。虽然有些过时，但对于起点比较低的中国企业，按照北汽集团总经理汪大总的说法，此举至少为北汽集团的自主研发争取五年时间。基于这两个平台，3 年后，北汽推出了乘用车自主品牌，为了与萨博汽车联系在一起，北汽使用了萨博多年来在中国的译音——绅宝。

为了宣传新车，北汽力邀奥斯卡影帝尼古拉斯·凯奇为旗下绅宝品牌代言，凯奇曾为世界顶级的奢侈品牌代言，这不仅符合绅宝品牌的高端定位，更与其"为性能执着"的品牌理念，以及创新、进取、积极的情感诉求有很高的契合度。

2. 北京吉普

北京吉普汽车有限公司是 1984 年成立的中国第一家中外合资公司，当时引进的车型是切诺基。2005 年，重组变更为北京奔驰-戴姆勒·克莱斯勒汽车有限公司，实现了从一个专业生产越野汽车和 SUV 车辆的汽车企业向同时生产越野汽车、SUV 和高档轿车的跨越。随着戴姆勒与克莱斯勒的分手，公司已更名为北京奔驰，目前只生产奔驰品牌的高档轿车，北京吉普已不复存在，但北京吉普这一品牌在国内有着深远的影响。

北京吉普车标是其公司名的缩写，凡生产的吉普车均以 BJC 为标志，如图 2-242 所示，它是我国唯一拥有自主知识产权的越野车品牌。

北京吉普曾经生产的越野车有三菱帕杰罗 SPORT（速跑）、大切诺基、三菱欧蓝德及自主开发的第二代军用轻型越野指挥车勇士，现在这些越野车都交给北汽集团旗下另一家公司北京汽车制造厂有限公司生产。

目前唯一留有北京吉普痕迹的可能就是北汽最新的 BJ40 了，如图 2-243 所示，在 2008

年车展上一经亮相就吸引了大家的眼球,但 6 年后,这款几乎被人遗忘了的车才出现在人们面前。由于北京吉普的越野车平台已移至北京汽车制造厂,为了提升档次,并没有和域胜、陆霸一起,而是与绅宝等一同销售,为了让大家联系到北京吉普,所以型号最终使用了 BJ40。

图 2-242　北京吉普车标

图 2-243　北汽 BJ40 越野车

3. 北京奔驰

北京奔驰是北汽集团与奔驰汽车公司的合资品牌。奔驰品牌有着 120 年的历史,北京奔驰目前生产梅赛德斯-奔驰长轴距 E 级轿车、C 级轿车和 GLK 级豪华中型 SUV。公司的前身是北京吉普。之前曾生产过克莱斯勒 300C、克莱斯勒铂锐轿车,现在只生产奔驰的 E-Class、C-Class 轿车,GLK-Class 豪华中型 SUV,图 2-244 为奔驰 GLK-Class 豪华中型 SUV。目前在售车型:C200L、C260L、A180L、A200L、E260L、GLB、GLC、EQC、GLA、EQA、EQB、新能源 C350eL、E350eL。

图 2-244　北京奔驰 GLK-Class 豪华中型 SUV

4. 北京现代

北京现代是北汽集团与韩国现代汽车公司的合资品牌。

2001 年,中国正式加入世界贸易组织,正值北京申奥成功,北京市下决心要抓住机遇,上轿车项目。当时的北汽集团也不甚景气,已连续几年亏损。韩国现代汽车非常看重中国这个未来最大的汽车市场,但当时的现代品牌相对较弱,在与国内几大汽车集团接洽后没有什么收获。两家公司一拍即合,在北京市政府的大力支持下,2002 年合资公司成立了。当年,北京现代的第一辆车现代索纳塔就下线了。这家当时并不被看好的企业在 10 年后产量竟完成了从 5 万辆到 60 万辆的飞跃,创造了令人瞠目的"现代速度"。

北京现代的主要产品有伊兰特、悦动、菲斯塔、朗动、名图、索纳塔、名驭、御翔、iX35、途胜、iX25、胜达、ENCINO（昂希诺）。图2-245为北京现代伊兰特悦动轿车。

图2-245　北京现代伊兰特悦动

5. 首望

首望是北京现代的自主品牌。首望，寓意传承现代品牌的名望血统，通过对消费者的细致关怀和服务，让所有的消费者都能分享到充满希望的未来。首望的首款车型是以2011款伊兰特为基础打造的电动版车型。图2-246为首望车标。

图2-246　首望车标

6. 北汽福田

北汽福田成立于1996年8月，是一家跨地区、跨行业、跨所有制的国有控股上市公司，总部位于北京市昌平区，主要产品有汽车、发动机、拖拉机、收获机械、农村经济型运输车辆、化学建材及其装备、轻钢建筑等。北汽福田1998年开始生产轻卡，两年之后轻卡销量位居全国第一；农用联合收割机在1998年投入生产之后，又在很短时间内为福田夺取了另一个"第一"。目前北汽福田旗下拥有欧曼、欧辉、欧马可、蒙派克、迷迪、风景、传奇、奥铃、萨普、拓陆者、时代十一大品牌。

北汽福田车标（图2-247）从钻石造型演变而来，给人透明、纯净感，体现企业诚信的价值观，象征福田人对优异质量和完美境界的追求。三条边象征福田所涉及的行、住和金融产业，代表突破、超越和领先的竞争策略；三角形体现稳固的结构，象征团结、合作。

欧曼是北汽福田、潍柴、德国BOSCH、奥地利AVL国际化战略联盟联合打造的全新一代节能减排重卡，图2-248为欧曼智能版。

图2-247　北汽福田车标

图2-248　欧曼智能版

7. 北汽制造

北京汽车制造厂有限公司成立于 1951 年，前身是中国人民解放军第六汽车制配厂，具有 40 余年的专业越野车生产历史，被誉为中国越野车的摇篮。目前生产战旗、陆霸、速威（原雷驰）、旋风二代、旗铃、陆铃等越野车。图 2-249 为北汽制造车标。北汽陆霸的外形威猛，它脱胎于丰田的陆地巡洋舰，如图 2-250 所示。

图 2-249 北汽制造车标

图 2-250 北汽陆霸

8. 昌河

昌河汽车曾经是我国微型车的代名词，它由坐落于瓷都景德镇的江西昌河汽车股份有限公司生产。2004 年 11 月 19 日，昌河汽车与昌飞集团分立成为两个独立企业，昌河汽车拥有景德镇、合肥、九江三个整车生产基地和九江一个发动机生产基地。2013 年 11 月，北汽集团收购昌河除合肥基地外的所有资产，实施"北京"和"昌河"双品牌战略，两个品牌实现相对独立的运行。公司生产爱迪尔、浪迪、利亚纳系列、北斗星系列、福瑞达、昌河 Q25 和 Q35。图 2-251 为昌河车标，图 2-252 为昌河爱迪尔两厢型轿车。

图 2-251 昌河车标

图 2-252 昌河爱迪尔两厢型轿车

五、中国长安汽车集团有限公司品牌

中国长安汽车集团有限公司（简称长安汽车集团）创建于 1995 年，由原长安机器制造厂和江陵机器厂合并而成，总部位于重庆，下辖重庆长安汽车股份有限公司、长安铃木汽车有限公司、长安福特马自达汽车有限公司、长安福特马自达发动机公司、江西江铃控股有限公司等十余家公司。

长安汽车集团的前身是1862年由清朝大臣李鸿章创办的上海洋炮局,先后经上海、苏州、南京再迁移至重庆,距今已有150余年的历史,是中国近代史上第一家工业企业,也是中国最早的兵工厂,现在仍然为国家常规兵器重点科研、试制、生产基地。

图2-253为长安汽车集团谱系图。

长安轿车	长安商用	长安标致雪铁龙	长安铃木	长安福特	长安马自达	哈飞	江铃控股	合肥昌河	东安三菱	南方迪马

图2-253 长安汽车集团谱系图

长安汽车集团体系及所属公司拥有的品牌和生产的车型见图2-254。

1. 长安

重庆长安汽车股份有限公司于1984年引进日本铃木微型汽车技术,开发生产微型汽车及微型车发动机,是全国最大的微型汽车及发动机生产厂家。经过多年的发展,创立了一代名车长安牌微型汽车和名机江陵牌发动机。图2-255为长安商用车商标,商用车主要产品有长安欧力威、欧诺、金牛星、长安之星系列、长安星光、长安星卡等。图2-256为长安乘用车商标,乘用车主要产品有睿骋、CS35、致尚XT、逸动、悦翔V5、悦翔V3、CX20、奔奔MINI轿车,图2-257为长安的第一款自主品牌轿车长安奔奔。

2. 长安铃木

长安铃木是长安铃木汽车有限公司生产的合资品牌,是1993年5月在重庆市注册成立的中外合资公司,由重庆长安汽车股份有限公司与日本铃木株式会社、日商岩井株式会社共同投资。重庆长安汽车股份有限公司在长安铃木汽车公司占有50%的权益,主要制造和销售长安奥拓、羚羊、雨燕和天语轿车,图2-258为2009年推出的新长安奥拓轿车。

3. 长安福特

长安福特是长安福特汽车有限公司生产的合资品牌。2001年4月,长安汽车集团和福特汽车公司共同出资成立了长安福特汽车有限公司,总部设在重庆市。公司主要产品有福特蒙迪欧、嘉年华、福克斯、S-MAX、翼博、翼虎、锐界、锐际、探险者等,图2-259为具有德、美、日三国技术的第三代福特蒙迪欧致胜。

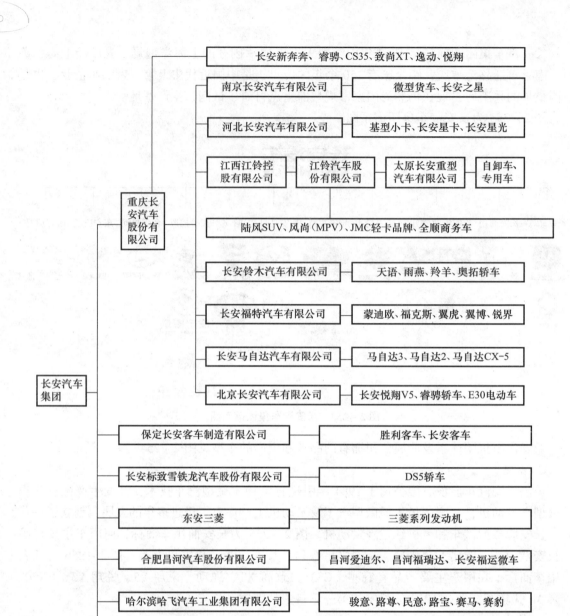

图 2-254 长安汽车公司体系及所属公司拥有的品牌和生产的车型

图 2-255 长安商用车商标

图 2-256 长安乘用车商标

图 2-257　长安奔奔　　　　　　　　图 2-258　新长安奥拓轿车

图 2-259　第三代福特蒙迪欧致胜

4. 长安马自达

长安马自达是长安马自达汽车有限公司生产的合资品牌，是 2007 年由长安汽车集团与日本马自达汽车公司共同出资成立的。公司主要产品有马自达 2、马自达 3，以及马自达 CX-5、CX-4、CX-8、CX-30。图 2-260 为马自达 CX-5 轿车。

图 2-260　马自达 CX-5 轿车

5. 江铃

江铃控股有限公司是 2004 年 10 月由重庆长安汽车股份有限公司和江铃汽车集团公司共同出资组建的合资企业。江铃控股旗下有三大国内知名品牌：陆风牌、JMC 和全顺，产品包括乘用车及江铃汽车股份有限公司的商用车等多系列、多品种，其中陆风基地主要生产陆风 X6、陆风 X9 和陆风新饰界三大系列，近 20 个品种。图 2-261 为江铃车标，图 2-262 为陆风车标。

图 2-261　江铃车标　　　　　　　图 2-262　陆风车标

江铃汽车股份有限公司目前主导产品有福特全顺商用车、JMC 轻卡、宝典皮卡、宝威多功能车四大类产品，500 多个品种，图 2-263 为福特全顺商用车。

图 2-263　福特全顺商用车

6. 哈飞

哈飞汽车股份有限公司于 1994 年 9 月 20 日创建，是经国家批准成立的中外合资企业。

2006 年 3 月 7 日哈尔滨哈飞汽车工业集团有限公司成立。它是中国汽车及汽车发动机骨干生产企业和研发基地，下属企业包括哈飞汽车厂、东安动力厂、东安三菱等企业。

公司目前的主要产品有轿车、微型客车、厢式货车、单排座及双排座微型货车等共计五大系列，七十多个品种；可分为与意大利联合设计开发的哈飞中意、路宝、赛豹系列，引进日本三菱公司技术联合开发的哈飞赛马系列和哈飞自行设计开发的哈飞民意、哈飞锐意、哈飞百利、普通微型客车与货车系列三大类别。图 2-264 为哈飞车标，图 2-265 为赛豹车标，图 2-266 为公司与意大利宾尼法瑞那（Pininfarina）公司联合设计开发的哈飞路宝两厢轿车。

图 2-264　哈飞车标

图 2-265　赛豹车标

图 2-266　哈飞路宝两厢轿车

六、广州汽车工业集团有限公司品牌

广州汽车工业集团有限公司（简称广汽集团）于2000年成立，旗下拥有广汽乘用车、广汽本田、广汽丰田、本田（中国）、广汽客车、广汽日野、广汽部件、广汽丰田发动机、广汽汽研院等数十家知名企业。

图2-267为广汽集团谱系图。

图2-267 广汽集团谱系图

广汽集团体系及所属公司拥有的品牌和生产的车型见图2-268。

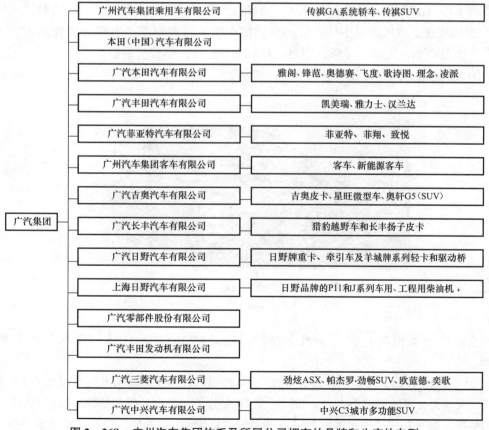

图2-268 广州汽车集团体系及所属公司拥有的品牌和生产的车型

1. 传祺

传祺是广汽集团的自主品牌，由广汽集团旗下的广汽乘用车公司生产。

广汽集团企业品牌标识"G"，是广汽集团英文缩写"GAC"的首字母，代表着广汽集团的精湛品质与全球视野，是对"至精·志广"企业精神的全新演绎；意味着广汽集团将立足国内、放眼全球，创造更大的成就与辉煌，成为卓越的国际化企业集团。它也作为广汽乘用车的产品标识，如图 2-269 所示。

公司现生产传祺 GA3S、GA4、影豹、GA3、GA5、GA6、GS3、GS4、GS8。图 2-270 为传祺轿车。

图 2-269 广汽集团与传祺汽车标识

图 2-270 传祺轿车

2. 广州本田

广州本田汽车有限公司是 1998 年由广汽集团和本田汽车公司按 50∶50 的股比合资成立的，2005 年增建了增城第二工厂。公司目前的车型有雅阁轿车、奥德赛多功能车、飞度两厢轿车、锋范轿车、凌派、绎乐、型格、皓影、VE-1、缤智、冠道。图 2-271 为 2013 年下线的第九代雅阁轿车。

图 2-271 广州本田第九代雅阁轿车

3. 理念

理念是广州本田拥有的自主汽车品牌，也是继 HONDA 之后广州本田经营的第二个品牌。

理念（Everus）寓意"我们永远的理念"，车标以具备科技感与未来感的银色为主色调，图形为正反大写英文字母 E 螺旋上升，如同一个 DNA 分子，表达了理念品牌追求领先科技、永不停步的精神，如图 2-272 所示。图 2-273 为有着"低价位，高品质"口碑的理念 S1 轿车。

图 2-272 理念车标

图 2-273 理念 S1 轿车

4. 广州丰田

广州丰田汽车有限公司成立于 2004 年 9 月 1 日,是由广汽集团和丰田汽车公司按 50∶50 的股比合资建设、经营的整车项目。公司生产丰田凯美瑞、雅力士、雷凌、凌尚、致炫、致享轿车,以及汉兰达、威兰达、C-HR 越野车。图 2-274 为广州丰田引入的丰田佳美第五代车型凯美瑞轿车。

图 2-274 广州丰田凯美瑞

5. 长丰

长丰是国产越野车品牌,由广汽长丰汽车有限公司生产。其前身长丰集团是一家有着 50 多年历史的国有大型企业,是国家定点的汽车生产厂家,于 1995 年引进日本三菱 Pajero 轻型越野汽车制造技术,开发出猎豹汽车系列产品,图 2-275 为猎豹车标。2009 年 5 月广汽集团与长丰集团重组,成立广汽长丰汽车有限公司。

公司生产的车型有猎豹、帕杰罗 V77 旗舰、猎豹奇兵、猎豹飞腾、黑金刚、帕杰罗 V73 等。图 2-276 为 2004 年首辆国产长丰三菱帕杰罗。

图 2-275 猎豹车标

图 2-276 国产长丰三菱帕杰罗

6. 中兴

中兴是中国自主越野车和皮卡车品牌。河北中兴汽车公司的前身是田野汽车集团，始建于 1949 年的中国人民解放军冀中大队修理厂。作为中国汽车工业发展的缩影，中兴汽车公司在计划经济时代经历了自己的辉煌，20 世纪 50 年代成功自主研发我国第一款三轮载重汽车，80 年代初又开发出中国第一台拥有自主知识产权的皮卡和 SUV。1999 年华晨汽车和田野汽车集团合资组建新的河北中兴汽车公司，但受老国企体制的桎梏，河北中兴汽车公司历经坎坷，在中国汽车市场井喷发展、自主品牌高歌猛进的 10 年中，河北中兴汽车却纠结了 10 年，徘徊了 10 年，直到 2009 年，才终于摆脱体制的桎梏，丢掉历史包袱，走上了快速发展之路。

2012 年 12 月，河北中兴汽车公司与广汽集团正式合作，更名为广汽中兴汽车有限公司。图 2-277 为中兴车标，其寓意为：恒志，永远胸怀激情和理想；求索，永不停息创新的脚步。

公司主要产品有威虎皮卡、旗舰 A9 皮卡、无限 SUV 和都市方舟多功能运动车（图 2-278）。

图 2-277 中兴车标

图 2-278 中兴都市方舟多功能运动车

7. 吉奥

吉奥是中国微型车、皮卡自主品牌。吉奥汽车有限公司是一家集汽车整车及零部件生产企业的综合性集团，是目前中国规模最大的皮卡车专业生产基地。其前身为吉奥集团，创建于 2003 年 9 月 27 日。

在国家多重优惠的刺激下，微型车市场迎来了前所未有的发展机遇，国内各大汽车厂商纷纷涉足微型车领域，提升产销量，但是广汽集团在微型车领域还是空白。为了填补在微型车领域的空白，2010 年广汽集团与吉奥集团合资设立广州吉奥汽车有限公司，创造了国企民企合作的典范。新公司除了保持原有 SUV、皮卡等车型优势，重点将发展微型客车等产品。图 2-279 为吉奥车标。

公司主要产品有奥轩 G5、奥轩 G3、帅舰 SUV、财运系列皮卡、星旺微型车等，图 2-280 为吉奥财运 500 皮卡车。

8. 广汽三菱

广汽三菱是广汽集团与日本三菱汽车公司的合资品牌。2012 年，广汽集团基于与长丰集团的深入合作，与三菱自动车株式会社、三菱商事株式会社三方在长沙共同组建了中外合资的广汽三菱汽车有限公司，主要生产三菱著名的越野车帕杰罗、帕杰罗·劲畅、劲炫 ASX（图 2-281）。

图 2-279　吉奥车标

图 2-280　吉奥财运 500 皮卡车

图 2-281　广汽三菱劲炫 ASX

9. 广汽菲亚特

广汽菲亚特是广汽集团与意大利菲亚特汽车公司的合资品牌。随着上海汽车与南京汽车的合作，菲亚特黯然离开南京汽车，面对潮水般汹涌发展的中国汽车市场，菲亚特一刻不停地又选择了新的合作对象。2010 年，菲亚特与广汽集团在长沙合资成立了广汽菲亚特汽车有限公司。2013 年引进生产了融汇菲亚特 – 克莱斯勒全球最新科技的中级车型菲翔，如图 2-282 所示。

图 2-282　广汽菲亚特菲翔轿车

七、吉利

吉利是我国知名汽车品牌，是民族汽车品牌的代表。吉利集团总部设在浙江省省会城市杭州，是一家大型民营企业集团，始建于 1986 年，最初生产摩托车，1997 年进入汽车制造领域。吉利集团的发展有着坎坷的传奇经历，它由一家私营小厂发展成为今天的年销量 150 万辆、自主品牌中排名第一的大型汽车企业集团。

2004 年，吉利集团通过一系列成功的资本运作在香港上市；2007 年，收购英国有 80 多年历史的锰铜汽车公司；2009 年，收购了澳大利亚的自动变速器公司 DSI，使其在核心零部件上的竞争力有了更大的话语权；2010 年，收购了世界豪华车沃尔沃公司，上演了"农村小伙迎娶欧洲公主"的惊世之举。

吉利集团利用收购品牌的技术优势提升吉利的品牌价值和汽车质量，逐步摆脱低档车的大众印象。在占领国内市场的同时，集团也积极向国外扩张，到 2014 年，已在世界十余个国家建厂，吉利也是 2013 年汽车出口销量最高的自主品牌。2013 年，吉利收购了英国伦敦出租车公司，2017 年改名为伦敦电动汽车公司。2017 年收购了马来西亚宝腾汽车，从而拥有了著名的莲花品牌。2018 年吉利收购德国戴姆勒 9.69% 股份，成为其第一大股东。2019 年，发布吉利新能源品牌"几何"。2020 年吉利与梅赛德斯奔驰成立 Smart 品牌全球合资公司。

吉利集团的核心是其 8 个整车工厂。2003 年吉利生产出我国拥有自主知识产权的第一款跑车"美人豹"，如 2-283 所示。

图 2-283　中国第一款拥有自主知识产权的跑车吉利"美人豹"

汽车人物：吉利与李书福

李书福，浙江台州人，浙江草根经济的代表人物之一。1982 年高中毕业李书福就开始做照相馆生意，赚取了人生的第一桶金。1984 年，刚刚开放的中国物资极度贫乏，家用电器十分抢手，李书福敏锐地捕捉到商机，成立浙江台州石曲冰箱配件厂，1986 年又组建了台州北极花电冰箱厂。随着冰箱行业的整顿，他开始寻找新的投资渠道，在深圳意外发现生产建材利润十分丰厚，于是在 1989 年成立台州吉利装潢材料厂，迄今为止，装饰材料仍是吉利集团的主要业务之一。

20 世纪 90 年代初，摩托车风靡全国，特别是台湾"光阳"踏板摩托最受市场青睐，1994 年，李书福生产出大陆第一辆踏板式摩托车，销售异常火爆。就在摩托车生意做得风生水起的时候，李书福以其敏锐的眼光瞄准了汽车行业。他买回奔驰、宝马、丰田、夏利等汽车拆开来，潜心研究汽车结构，分析市场，确定生产大厂不愿生产的低档车，最后选择模仿夏利生产了吉利第一辆两厢豪情轿车，成为国内第一家能生产轿车的民营企业。最初生产的一批吉利豪情质量差、毛病多，为了挽回市场形象，李书福当众将这批车全部砸毁。他以一句"汽车不过就是四个轮子加沙发"震惊四座，赢得了"汽车狂人"的"美名"。为了网罗人才，他创建了北京吉利大学，涵盖了中专、大专、本科、硕士和博士所有层次。后来，吉利收购了英国锰铜汽车公司和世界著名的沃尔沃汽车公司，

使全世界都认识了中国吉利。他的执着追求和进取精神获得了业界的普遍赞誉，赢得了"有浙商就有市场"的声誉。李书福荣获了"十大杰出明星企业家""新长征突击手""经营管理大师""中国汽车工业50年50位最具影响的人物"和"中国汽车界风云人物"等荣誉。

吉利车标为椭圆形，如图2-284所示。椭圆象征地球，表示面向世界，走向国际化；椭圆在动态中是最稳定的，喻示及祝愿吉利集团的事业稳如磐石。"六个六"有多重含义：象征太阳的光芒，"六六大顺"祝愿如意、吉祥，吉利一步一个台阶，不断超越。内圈蔚蓝象征广阔的天空，超越无止境，发展无止境；外圈深蓝象征无垠的宇宙，空间无限，超越无限。

图2-284 吉利车标

吉利集团发展至今经历了三大阶段：1998年至2007年的价格竞争阶段，2007年至2010年的技术完善阶段，2011年至今的品质提升阶段。2009年，吉利集团发布了三大产品系列，采用全新命名规则，图2-285为吉利三代品牌和车型。

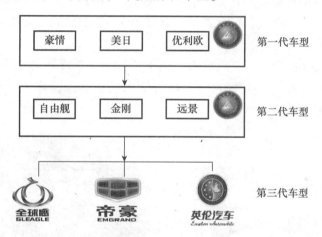

图2-285 吉利汽车产品演变

全球鹰汽车定位时尚、激情、梦想，以低端经济型小车为主，图2-286为全球鹰熊猫轿车。帝豪汽车定位稳健、力量、豪华，以高端商务用车和家用轿车为主，图2-287为帝豪EC718轿车。英伦汽车是由吉利集团跟英国锰铜汽车公司的合资公司生产的，现在生产英国有着80年历史的TX4伦敦出租车，它的定位就是经典、英伦气质、亲切，主要是高端汽车。

图2-286 全球鹰熊猫轿车

图2-287 帝豪EC718轿车

然而，在分品牌运营 5 年后，吉利集团的 3 个品牌发展得很不均衡，全球鹰和英伦定位重复，互为竞争，品牌差异不大，消费者区分困难，很难体现吉利汽车的团队和品牌效应。各品牌之间的协同效应并不显著，最终让吉利集团痛下决心开始整合。由于有全资收购的沃尔沃的技术支持，吉利集团决定从上至下全面推广"Geely"品牌。

八、奇瑞

奇瑞汽车是国内自主品牌汽车的先驱，由成立于 1997 年的奇瑞汽车有限公司生产。奇瑞汽车有限公司的前身是安徽汽车零部件公司，其最初创业的技术人员主要来自一汽集团。

奇瑞公司在全球共有 1 000 余家海外网点，进入 80 多个国家和地区，拥有 14 家海外工厂。2012 年，奇瑞汽车海外出口 18 万辆，连续 10 年位居国内出口第一。

奇瑞的英文名称是"Chery"，该词来源于英语单词"Cheery"。至于"奇瑞"，"奇"在中文里有"特别的"之意，"瑞"有"吉祥如意"之意，合起来是"特别吉祥如意"的意思。

奇瑞车标的整体是英文字母"CAC"的一种艺术化变形，"CAC"即英文 Chery Automobile Corporation Limited 的缩写，中文意思是奇瑞汽车有限公司，其老车标如图 2-288 所示。

奇瑞汽车拥有风云、旗云、东方之子、奇瑞 QQ、奇瑞瑞虎、奇瑞 A1、奇瑞 A5、奇瑞 A3、奇瑞 E5 等系列车型。

2003 年，奇瑞 QQ 微型轿车一鸣惊人，创下了月销 1.7 万辆的佳绩，并且在 2006 年以高达 15 万辆的销量，帮助奇瑞汽车突破 30 万辆的销量大关，成为奇瑞当之无愧的功臣，图 2-289 为奇瑞 QQ 轿车。

图 2-288 奇瑞老车标

图 2-289 奇瑞 QQ 轿车

奇瑞 A3 轿车是奇瑞经过多年研发的心血之作，其底盘设计制造尤为出色，如图 2-290 所示。

图 2-290 奇瑞 A3 轿车

奇瑞QQ的成功，让奇瑞公司信心大增，公司不再满足于低端车型的骄人战绩，开始进军中高端汽车市场。2009年，公司推出多品牌体系，将单一品牌奇瑞扩张为奇瑞、开瑞、瑞麒、威麟四大品牌，其中瑞麒、威麟为奇瑞的高端品牌，开瑞为商用车品牌。2010年，为了做大做强经济车型，又将旗云车型擢升为旗云品牌。图2-291所示为当时奇瑞汽车品牌组成。

图2-291 2010年奇瑞汽车品牌组成

奇瑞公司试图以四大品牌体系快速提升销量，但这一战略并未实现预期的目标，瑞麒与威麟品牌销量低于预期，并拖累公司整体业绩致使营业亏损。

多品牌战略并未奏效，反而弱化了奇瑞的整体品牌形象，名目繁多使消费者产生了品牌辨识错乱感。2012年年底，奇瑞公司终止多品牌战略，实施品牌和产品收缩，策略上"回归一个奇瑞"。2013年4月，奇瑞公司发布了全新LOGO以及全新品牌战略，这标志着公司明确了着力打造一个品牌的发展战略。

奇瑞的全新车标并没有经过全新的设计，而是在原有的基础上进行了改进，这也是为了能够让国内消费者重新认识奇瑞品牌而做的努力。奇瑞新车标以一个循环椭圆为主题，由三个字母"C""A""C"组成；中间镶有钻石状立体三角形，代表了奇瑞汽车对品质的苛求，以打造钻石般的品质为企业坚持的目标；蓬勃向上的人字形支撑，则代表了奇瑞汽车执着创新、积极乐观、乐于分享的向上能量，支撑起品质、技术、国际化的奇瑞汽车不断前行，同时人字形代表字母A，喻示奇瑞汽车追求卓越和领先的决心和激情。图2-292为奇瑞新车标。

图2-292 奇瑞新车标

企业文化："八大金刚"与奇瑞汽车

奇瑞"八大金刚"是指最初筹建汽车项目的八名班子成员。1995年1月计划筹建汽车项目的安徽芜湖领导在考察欧洲汽车工业期间，得知英国福特的一条发动机生产线要出售，于是想抓住这个机会把项目干起来。在芜湖这样一个经济落后的地区找到生产轿车的人才不是件容易事。1995年，芜湖代表团在参观一汽集团时发现了一个老乡尹同耀，他1983年毕业于合肥工业大学汽车工程专业，此后在一汽集团工作了12年多，曾任一汽大众的车间主任，当选过一汽集团的"十大杰出青年"，在一汽集团小有名气。发现这个

有地缘关系的人才后,芜湖方面"死缠烂打",力邀尹同耀回芜湖主持汽车项目。由于被对方的真诚所感动,尹同耀最终接受了邀请。为了组成自己的团队,他千方百计地找到自己在合肥工业大学的同学,并利用自己多年在一汽集团的关系,挖来一些原来的同事、一汽集团的安徽老乡等。经过多年的打拼,他们为奇瑞集团的创建、成长立下了汗马功劳。尹同耀现为奇瑞集团董事长、总经理,其余七人任奇瑞副总经理,同时还分别兼任奇瑞首席设计师、研究院院长、发动机公司总经理、销售公司总经理、办公室主任等重要职务。

九、观致

观致是由观致汽车有限公司打造的全新汽车品牌。2007 年,奇瑞与以色列集团旗下美国量子公司按照 50∶50 的股比投资成立了独立合资汽车企业——观致汽车有限公司。观致汽车从最初就努力从奇瑞汽车中独立出来,采用全新的模式,打造全新的品牌。观致汽车拥有豪华的国际化核心团队,首席设计师是原德国宝马的设计总监,其平台是与国际顶级供应商麦格纳斯太尔合作开发的,品牌定位于高品质乘用车。

观致汽车的"观"是学习,是洞察,是博采众长;"致"是完美,是极限,是与众不同。英文名"Qoros"是为新公司量身打造的新词汇,其中 Q 代表了品质。

观致车标采用独特的方形,主要构成是观致英文名"Qoros"的首字母,代表了观致汽车对品质精益求精的品牌愿景。同时,它也象征了观致品牌的创新精神和积极的态度。图 2-293 为观致车标,图 2-294 为推出的首款轿车观致 3。

图 2-293 观致车标

图 2-294 观致 3 轿车

十、比亚迪汽车有限公司品牌

1. 比亚迪

比亚迪是中国自主品牌汽车,由比亚迪汽车有限公司生产。

公司创立于 1995 年,从 20 多名员工的规模起步生产电池,到 2003 年发展成为全球第二大充电电池制造商。2003 年 1 月比亚迪公司以 2.7 亿元的价格收购西安秦川汽车有限责任公司 77%的股份,组建比亚迪汽车,成为继吉利之后国内第二家民营轿车生产企业。

比亚迪车标(图 2-295)来源于比亚迪电子公司名称,由三个字母和一个椭圆组成,BYD 的意思是"Build Your Dreams",即成就梦想,椭圆间镶嵌"BYD"展现比亚迪立足科技的理念。整体的椭圆形结构,彰显比亚迪是勇立潮头的大船,突出了比亚迪汽车的创新、科技和企业文化精髓。

比亚迪车型有比亚迪 F0、比亚迪 F3、比亚迪 F6、F3R、跑车 S8、比亚迪 G3、比亚迪 G3R、比亚迪 G6、轿跑车比亚迪 L3、多功能商务车型比亚迪 M6、SUV 车型比亚迪 S6、双模式汽车 F3DM 和电动汽车 E6、秦、唐、宋等。图 2-296 是中国第一款具有硬顶敞篷结构的跑车比亚迪 S8。

图 2-295　比亚迪车标　　　　　　图 2-296　比亚迪 S8

2. 腾势

腾势是比亚迪公司与德国奔驰公司的合资品牌。

电动汽车是汽车的未来。在德国，奔驰的老对手宝马在新能源汽车方面已经走到了奔驰的前面，鉴于比亚迪生产电池的特殊背景与近年来在电动汽车技术方面取得的成就，奔驰选择了在新能源领域与比亚迪合作。2010 年 5 月，双方成立合资公司，命名为深圳比亚迪·戴姆勒新技术有限公司，并开创我国第一个电动汽车品牌 DENZA（腾势）。

DENZA 源自中文名腾势的音译，寓有"腾势而起，电动未来"之意。其标志由中央的水滴和外围的双手合拢造型构成，具有鲜明的新能源汽车风格内涵，如图 2-297 所示。

腾势第一款电动汽车的内部代号为高尔夫"GOLF"由 G（Green，绿色）、O（Oxygen，氧气）、L（Light，阳光）和 F（Friendship，友谊）组成。

图 2-297　腾势车标

十一、华晨汽车集团品牌

1. 金杯

金杯汽车是国内知名的轻型客车，诞生于 1989 年，由沈阳华晨金杯汽车有限公司生产，公司的前身是沈阳金杯客车制造有限公司。华晨汽车集团旗下有"中华"和"金杯"两个整车品牌，金杯是其商用车品牌。金杯是国内轻型客车市场占有量最高的第一品牌，也是第一个走出国门并累计出口排名第一的轻型客车品牌。公司采用丰田技术、模具和管理方式，拥有金杯海狮 H1、H2 和阁瑞斯三大整车平台、百余款车型，主要产品有金杯海狮轻型客车、金杯 SUV、引进丰田高端技术生产的金杯阁瑞斯多功能商务车及其他特种车辆。图 2-298 为金杯车标，图 2-299 为金杯阁瑞斯。

图 2-298　金杯车标

图 2-299　金杯阁瑞斯

2. 中华

中华为华晨汽车集团自主生产的乘用车品牌。

2002 年 8 月中华汽车正式上市销售，目前产品有中华 V5、中华 H530、中华骏捷、骏捷 CROSS、骏捷 FSV、骏捷 FRV、中华尊驰，轿跑车中华酷宝。图 2-300 为与宝马共线生产的被誉为"小宝马"的中华骏捷轿车。

中华车标是在圆圈中有一个篆体的"中"字，上面大，下面小，造型有点像金杯，切合了制造厂家是华晨汽车集团，如图 2-301 所示。

图 2-300　中华骏捷轿车

图 2-301　中华车标

2006 年，华晨汽车与德国 HSO 汽车贸易公司签署了为期 5 年、共 15.8 万辆中华轿车的出口协议，这是中国自主品牌轿车单笔出口量最大的一次，也是中国汽车首次大规模进入发达国家市场。

3. 华晨宝马

华晨宝马是华晨汽车集团与德国宝马公司的合资品牌。2003 年 5 月，华晨宝马汽车有限公司在沈阳成立。目前，华晨宝马汽车有限公司生产 BMW 3 系（含标准轴距和长轴距）、BMW 5 系和 BMW X1 三个系列。图 2-302 为 2012 年 3 月在中国上市的华晨宝马 BMW X1。

4. 之诺

2013 年 12 月，华晨宝马汽车有限公司发布了其首款高档电动汽车之诺 1E，以租赁方式投入市场运营。该车基于华晨宝马 X1 进行开发，能实现最大 150 km 的续航里程。

之诺品牌名称源自品牌的核心理念：承诺，言出必行。之，作为独特的中国传统文字沿用至今，体现了中国文化属性；诺，代表了信守承诺的价值观。

车标的视觉核心如两只紧握的双手，象征承诺、合作与信任。传递着企业创新与追求可持续发展的理念，如图 2-303 所示。

图 2-302 华晨宝马 BMW X1

图 2-303 之诺车标

十二、江淮

安徽江淮汽车股份有限公司（简称江淮汽车，JAC），是一家集商用车、乘用车及动力总成研发、制造、销售和服务于一体的综合型汽车厂商，其主要产品有江淮宾悦、同悦、和悦、悦悦轿车、SUV 车型瑞鹰、多功能商用车瑞风、小型货车帅铃。图 2-304 为 2008 年上市的经济型轿车江淮同悦。

江淮车标如图 2-299 所示，由椭圆形和圆内的五针组合而成。椭圆象征着地球，表明江淮汽车通过"整合全球资源，造世界车"，实现全球化经营；椭圆有迫于外力向内收缩之势，警示江淮人在发展过程中始终清醒认识来自外部环境的持续压力与挑战，时刻保持危机意识。五针体现江淮汽车自强不息、艰苦奋斗、令行禁止、学习创新的新红军精神，象征顾客、员工、股东、上下游合作伙伴及相关方的紧密协作，和谐共赢，表达了江淮汽车系统思考、团队学习、协调平衡、追求卓越的企业理念。整个标志辉映着江淮汽车"制造更好的产品，创造更美好的社会"的企业愿景！

图 2-304 江淮同悦

图 2-305 江淮车标

十三、长城

长城汽车股份有限公司位于河北保定，是中国规模最大的民营汽车制造企业，也是中国首家在香港上市的民营汽车企业。其前身长城工业公司，是一家集体所有制企业，成立于 1984 年，主要从事改装汽车业务。长城人以"每天进步一点点"的精神，艰苦创业。公司以生产轻型客货车为主，1996年开始生产皮卡，迅速成为国内排名第一的专业皮卡生产企业。2008年大举进军轿车市场，近年来取得不俗的成绩，特别是城市多功能车长城哈弗CUV（City Utility Vehicle），如图2-306所示，多次取得年度SUV车型销售冠军。

长城车标（图2-307）由两个对放字母"G"组成"W"造型，"GW"是长城汽车的英文缩写。椭圆外形是地球的形状，象征着长城汽车不仅要立足于中国，铸造牢不可破的汽车长城的企业目标，更蕴含着长城汽车走向世界、屹立于全球的产业梦想。长城汽车是中国的长城，更是融入世界的长城！椭圆形内置盾形长城烽火台，整体外观形似汉字"中"。中间凸起的造型是仰视古老烽火台90度夹角的象形，被正中边棱平均分割，挺立的姿态酷似强有力的剑锋和箭头，象征着长城汽车蒸蒸日上的活力，寓意着长城汽车敢于亮剑，无坚不摧；凸起部分也象征着立体的"1"，表明长城汽车勇于抢占制高点，永远争第一的企业精神。

图2-306　长城哈弗汽车

图2-307　长城车标

长城旗下有哈弗、魏牌（WEY）、欧拉、坦克和长城皮卡五个品牌。2013年，哈弗品牌实现独立，连续10余年蝉联中国SUV销售冠军。2016年，创立魏牌，定位中国豪华SUV品牌。2018年，创建了独立新能源品牌欧拉。

十四、力帆

重庆力帆实业（集团）有限公司成立于1992年，已发展成为以发动机、摩托车、汽车的生产和销售为主业的大型民营公司，同时成立了汽车研究院。在海外，公司已在俄罗斯和埃塞俄比亚建厂。公司生产的车型有力帆520、620、320轿车及微型面包车，图2-308为力帆620轿车。图2-309为力帆车标，三个大写的L像三个鼓起的风帆，寓意力帆汽车在激烈竞争的汽车工业之林，不畏惊涛骇浪，直达彼岸，体现力帆为中国汽车打天下、为民族争品牌的造车精神。

图2-308　力帆620轿车

图2-309　力帆车标

十五、东南

1995年11月23日东南汽车在福建省福州市成立,由台湾最大的汽车企业——裕隆企业集团所属的中华汽车公司与福建省汽车工业集团公司福州汽车厂合资组建而成,是迄今为止经国家正式批准成立的最大的海峡两岸合资汽车企业。东南汽车以三菱整车技术为基准,采用当今世界先进设备与现代化的管理模式。

东南汽车具有"鹏起东南,行诸四海"的企业理念与雄心。其车标(图2-310)"鹏鸟"造型代表着王者的高贵,带给消费者高品位及尊荣感的视觉印象。头部的造型设计,由东南方向昂首朝上,表现出振翅欲飞的态势,展现出企业强烈的进取心;椭圆造型,象征源源不断的能量感,更如一颗永远追求进步和卓越的心灵。刚中带柔的线条,凸显东南汽车是"稳固、实用、高质量"的好车,整体展现出前瞻的、跃动的、深具能量的企业风格。

东南汽车产品主要有东南品牌东南得利卡、东南富利卡、富利卡菱动、菱帅轿车、东南V3轿车、多功能商务车菱绅,三菱品牌三菱蓝瑟LANCER、三菱轿车旗舰车型戈蓝等。图2-311为东南汽车生产的著名的运动型轿车三菱蓝瑟。

图2-310 东南车标

图2-311 三菱蓝瑟轿车

十六、宇通

宇通是中国客车著名的自主品牌。郑州宇通客车有限公司的前身是郑州客车厂,1993年在该厂基础上成立了郑州宇通客车股份公司,发展至今拥有世界最大的客车生产基地,是中国企业集团500强之一。它率先在汽车行业实现出口免验,并连续12年行业销量第一,平均国内每销售10台客车,就有4辆是宇通。如今,宇通客车已远销古巴、委内瑞拉、俄罗斯、伊朗等国家,并取得欧盟WVTA整车认证,开始在法国、挪威、以色列、马其顿、美国等市场销售。

宇通公司产品是从5米至25米的客车,覆盖公路客运、旅游、公交、团体、校车、专用客车等各个细分市场,包括普档、中档、高档等各个档次。

2002年,宇通公司与德国MAN股份公司合资成立猛狮客车有限公司,生产中高档的大中型客车专用底盘及零部件。

2003年10月,宇通公司重组郑州郑工科技有限公司,成立郑州宇通重工有限公司,生产各类宇通装载机、推土机、铲运机、起重机、混凝土搅拌运输车、打桩机、自卸卡车等工程机械。

图2-312 宇通车标

宇通车标（图2-312）以圆为基本元素，通过三个半圆组成，形象表现正在滚动的车轮，突出体现企业的行业特性。通过图形由小到大的造型，好似一轮红日缓缓升起，象征企业脚踏实地、稳定发展、稳步前进、不断壮大。

思考与讨论

案例1：

作为国内已经上市的四大合资自主品牌之一，东风本田自主品牌思铭的上市曾经吸引了不少目光。但据《国际金融报》记者此前调查，思铭的销售一直难以打开局面，为了卖出思铭，北京一些4S店已经光明正大地把思铭换标为东风本田摆在店内出售。

对部分经销商将"思铭"换标"本田"销售的行为，东风本田将出重拳。在东风本田CR-V第70万辆交车仪式上，东风本田销售部副部长黎鹏向记者表示，针对东风本田自主品牌"思铭"被换标成"本田"车标进行出售的情况，东风本田将出台一些强制措施，遏制这种行为。"关于思铭被换标本田卖，我们也有所耳闻。这种行为我们是不能纵容的。"黎鹏向记者表示，为保证思铭的前期发展，东风本田将采取强制措施来制止思铭被换标卖的行为。

据其介绍，关于思铭被换标卖的行为，东风本田不仅要明文规定禁止，之后还将不定期进行抽查，对违反规定的销售商将给予处罚。"我们绝不允许这种行为发生，做好思铭这个品牌是我们的长期规划，我们正考虑将其与思域在一个平台进行打包宣传和销售，后面会有一系列的措施。"黎鹏表示。

你如何看待国内合资企业推出自主品牌？针对思铭被换标这一事件，谈谈你自己的看法。

案例2：

据中汽协统计，2013年国产汽车产销2 211.68万辆和2 198.41万辆，2013年中国汽车销量位居前十的企业分别是上汽、东风、一汽、长安、北汽、广汽、华晨、长城、吉利和江淮。最近，世界各国也纷纷公布了2013年度的汽车销量排行。

美国：福特F系列的皮卡，2013年依然高居美国最畅销车型冠军宝座，从1982年至今，这已是福特F连续32年拿下年度销售冠军。雪佛兰Silverado排名第二。

德国：大众、奔驰、奥迪、宝马四大本土品牌四马当先，总共占据了德国车市47.5%的市场份额。现代是德国市场销量最大的非本土品牌。大众高尔夫系列（包括高尔夫Plus和捷达）毫无悬念地拿下德国2013年度的车型销售冠军，这是自1981年以来连续第33年获此成绩。大众途观是市场上最畅销的SUV。

法国：雷诺依旧是在法国市场最受欢迎的汽车品牌，品牌销量排名第二的是标致，第三位是雪铁龙。

日本：丰田、本田和日产占据了销量前十名，分别拥有5个、3个和2个席位。销量最大的非日系车型是大众高尔夫，位居第29位。销量最好的SUV车型是排名第18的马自达CX-5。

韩国：销量品牌第一是现代，第二是起亚。车型方面现代朗动夺得冠军，第二名是起亚Morning。销量前十的车型中，现代占据5个，起亚占据3个。

而中国轿车销量排名第一位的是新朗逸，属于上海大众；第二位是凯越，属于上海通用；第三位是速腾，属于一汽大众……一直数到第12位，才看到吉利帝豪EC7。

中汽协认为，2013年国内汽车产业呈现几大特点：一是产销再创新高，增速大幅提升；二是乘用车产销增长较快，自主品牌乘用车市场份额继续下降。

韩国十大畅销车只有一款非韩系，日本卖得最好的非本土车型排到第29名，欧洲市场前十强中只有日产逍客是外来的……，而在中国的大路上，中国车的身影形单势孤。

问题1：国外都是本国汽车品牌占有绝对优势，而中国市场自主品牌乘用车市场却逐渐萎缩，你如何看待这个问题？

问题2：如果你或你的家人、朋友购车，你推荐什么品牌？为什么？

第三章 汽车技术

学习目标

1. 理解汽车的定义。
2. 掌握国内汽车的编号规则，能区分汽车的类型。
3. 识别车辆代号（VIN）的组成。
4. 了解车辆识别代号（VIN）的意义和作用。
5. 能够描述汽车各组成部件的名称。
6. 能够区分不同汽车的布置型式。
7. 了解汽车结构与性能参数。
8. 了解汽车技术的发展演变。
9. 了解汽车外形的演变。
10. 了解汽车应用的现代科技。
11. 了解汽车的设计与制造过程。

第一节 汽车分类与编号

我国国家标准 GB/T 3730.1—88《汽车和挂车的术语和定义车辆类型》中对汽车的定义是：由动力装置驱动，具有四个或四个以上车轮的非轨道无架线车辆。

一、汽车分类

1. 按 GB/T 3730.1—2001 分类

（1）乘用车

乘用车（Passenger Car）指在其设计和技术特性上主要用于载运乘客及其随身行李或临时物品的汽车，包括驾驶员座位在内最多不超过 9 个座位。它也可以牵引一辆挂车。乘用车具体划分为普通乘用车、活顶乘用车、高级乘用车、小型乘用车、敞篷车、仓背乘用车、旅行车、多用途乘用车、短头乘用车、越野乘用车、专用乘用车，共11种。

①普通乘用车（Saloon, or Sedan）：封闭式车身，固定式车顶（顶盖），有的顶盖一部分可开启，如图3-1所示。

②活顶乘用车（Convertible Saloon）：具有固定侧围框架可开启式车身，车顶为硬顶或软顶，如图3-2所示。

图3-1　普通乘用车

图3-2　活顶乘用车

③高级乘用车（Pullman Saloon）：封闭式车身，前后座之间可以设隔板；固定式硬车顶，有的顶盖一部分可开启；4个或4个以上座位，至少两排。如图3-3所示。

图3-3　高级乘用车

④小型乘用车（Coupe）：封闭式车身，通常后部空间较小；固定式硬车顶，有的顶盖一部分可开启；2个或2个以上的座位，至少一排；2个侧门，也可有一个后开启门。如图3-4所示。

⑤敞篷车（Convertible or Open Tourer）：可开启式车身，车顶可为软顶或硬顶。车顶至少有两个位置：第一个位置遮覆车身，第二个位置车顶卷收或可拆除。如图3-5所示。

⑥仓背乘用车（Hatchback）：封闭式车身；固定式硬车顶，有的顶盖一部分可以开启；4个或4个以上的座位，至少两排；后座椅可折叠或可移动，以形成一个装载空间；2个或4个侧门，车身后部有一个仓门。如图3-6所示。

图 3-4 小型乘用车

图 3-5 敞篷车

图 3-6 仓背乘用车

⑦旅行车（Station Wagon）：封闭式车身，车尾可提供较大的内部空间，固定式硬车顶；座椅的一排或多排可拆除，或装有向前翻倒的座椅靠背，以提供装载平台；2 个或 4 个侧门，并有一个后开启门。如图 3-7 所示。

图 3-7 旅行车

⑧多用途乘用车（Multi-Purpose Passenger Car）：上述①~⑦乘用车类型以外的，只有单一车室载运乘客及其行李或物品的乘用车，如图 3-8 所示。

图 3-8 多用途乘用车

⑨短头乘用车（Forward Control Passenger Car）：一半以上的发动机长度位于车辆前风窗玻璃最前点以后，并且方向盘的中心位于车辆总长的前1/4部分内，如图3-9所示。

图3-9 短头乘用车

⑩越野乘用车（Off-Road Passenger Car）：所有车轮同时驱动，或其几何特性、技术特性和性能允许在非道路上行驶的一种乘用车，如图3-10所示。

图3-10 越野乘用车

⑪专用乘用车（Special Purpose Passenger Car）：运载乘员或物品并完成特定功能的乘用车，它具备完成特定功能所需的特殊车身或装备。例如旅居车、防弹车、救护车、殡仪车等。图3-11为国产旅居车。

图3-11 国产旅居车

（2）商用车

商用车（Commercial Vehicle）是指在设计和技术特性上用于运送人员和货物的汽车，并可以牵引挂车。商用车包括客车、半挂牵引车、货车、挂车和汽车列车等。

①客车（Bus）：在设计和技术特性上用于载运乘客及其随身行李的商用车辆，包括驾驶员座位在内的座位数超过9座。客车有单层的或双层的，也可牵引一挂车。客车分为小型客车、城市客车、长途客车、旅游客车、铰接客车、无轨电车、越野客车、专用客车等。图3-12为城市客车。

图3-12 城市客车

②半挂牵引车（Semitrailer Towing Vehicle）：装备有特殊装置用于牵引半挂车的商用车辆，如图3-13所示。

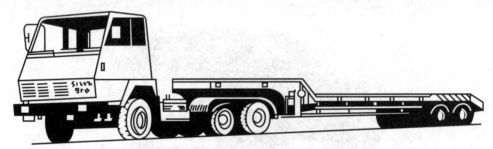

图3-13 半挂牵引车

③货车（Goods Vehicle）：一种主要为载运货物而设计和装备的商用车辆。货车分为普通货车、多用途货车、全挂牵引车、越野货车、专用作业车、专用货车等。图3-14为越野货车。

图3-14 越野货车

④挂车（Trailer）：就其设计和技术特性而言须由汽车牵引才能正常使用的一种无动力的道路车辆，用于载运人员或货物。挂车分为牵引杆挂车、半挂车、中置轴挂车等。

⑤汽车列车（Combination Vehicles）：一辆汽车与一辆或多辆挂车的组合。汽车列车分为乘用车列车、客车列车、货车列车、牵引杆挂车列车、铰接列车、双挂列车、双半挂列车

和平板列车等。图 3–15 为汽车列车。

图 3–15　汽车列车

1989 年颁布的国标 GB 9417—1989 将汽车分为八类：载货汽车、越野汽车、自卸汽车、牵引汽车、专用汽车、客车、轿车和半挂车。

另有一类专为汽车比赛而设计生产的专用车辆，称为竞赛汽车，它是按照特定的竞赛规范而设计的汽车。著名的竞赛有一级方程式竞赛、拉力赛等。竞赛汽车的结构和设计原理虽然与其他汽车大致相同，但其用途却很特殊。由于竞赛过程中汽车的各种零部件及其性能都需经受极其严峻的考验，往往在竞赛汽车上集中使用大量尖端科技成就。各厂商为了争夺锦标也不惜大量投资进行代价昂贵的研制工作。图 3–16 为 F1 赛车。

图 3–16　F1 赛车

举办汽车竞赛对促进汽车科技发展具有重要作用，也是各厂商及其赞助者相互竞争和进行广告宣传的好时机。

2. 根据汽车动力装置型式分类

（1）活塞式内燃机汽车

根据使用的燃料不同，活塞式内燃机汽车通常分为汽油车和柴油车。汽油和柴油在近期内仍将是活塞式内燃机的主要燃料，而各种代用燃料的研究工作也在大力开展，例如以丙烷和丁烷为主的液化石油气（LPG）、压缩天然气（CNG），还有甲醇和乙醇以及它们的衍生产品等。活塞式内燃机还可按其活塞的运动方式分为往复活塞式和旋转活塞式内燃机等类型。

（2）电动汽车

电动汽车动力装置是直流电动机。电动汽车的优点是无废气排出、不产生污染、噪声小、能量转换效率高、易实现操纵自动化。电动机的供能装置通常是化学蓄电池。传统式的铅蓄电池在重量、充电间隔时间、寿命、放电能力等方面还不完全令人满意，从而限制了电动汽车的大量普及。目前，碱性蓄电池（镍–镉电池、镍–铁电池）和锂电池的研究取得了较大的进展，这两种电池性能好、重量轻，但是其制造工艺较复杂，致使价格过高。此外，电动机的供能装置也可以是太阳能电池。

(3) 混合动力汽车

混合动力汽车是指车上装有两个以上动力源，车载动力源有多种：蓄电池、燃料电池、太阳能电池、内燃机车的发电机组。当前混合动力汽车一般是指内燃机再加上蓄电池的汽车，它由计算机管理系统精确控制，按照不同工况安排使用不同动力，使其始终在油耗低、污染少的最优工况下工作。当需要大功率而内燃机功率不足时，由电池来补充；当负荷小时，富余的功率可发电给电池充电。因为有了电池，可以十分方便地回收制动时、下坡时、怠速时的能量。在繁华市区，还可关停内燃机，由电池单独驱动，从而降低能量消耗，实现零排放。

(4) 燃气轮机汽车

与活塞式内燃机相比，燃气轮机功率大、质量小、转矩特性好，所使用的燃油无严格限制，但其耗油量大、噪声较大，制造成本也较高。

3. 根据汽车行驶机构的特征分类

(1) 轮式汽车

轮式汽车是通过车轮承载车重，并传递驱动和制动力矩的。轮式汽车通常可分为非全轮驱动和全轮驱动两种型式。汽车的驱动型式一般用符号"n×m"表示，其中n为车轮总数（在1个轮毂上安装双轮辋和轮胎仍算1个车轮），m为驱动轮数。例如：普通轿车和普通货车属于4×2型，越野汽车属于4×4型，东风EQ2080越野汽车属于6×6型等。

(2) 其他型式的汽车

其他型式的汽车有：履带式（图3-17）、雪橇式、螺旋推进式、气垫式、步行机构式的汽车等。

图3-17 履带式汽车

4. 根据汽车类型按行驶道路条件分类

(1) 公路用车

公路用车指主要行驶于道路和等级公路。公路用车的长度、宽度、高度、单轴负荷等均受交通法规的限制。

(2) 非公路用车

非公路用车主要有两类：一类是本身的外廓尺寸、单轴负荷等参数超出了法规限制而不适于公路行驶，只能在矿山、机场和工地内的无路地区或专用道路上行驶的汽车，如大吨位矿用自卸车、大型挖掘机等；另一类是既能在非公路地区，又可在公路上行驶的越野汽车。

5. 按轿车车身结构分类

(1) 三厢式

轿车车身结构由三个相互封闭、用途各异的厢所组成，分别是前部发动机舱、车身中部的乘员舱和后部的行李舱，如图3-18所示。

图3-18 三厢轿车

早期的发动机舱只是用来安置轿车发动机、变速器及转向机构等总成。现代轿车发动机舱还具有被动安全的作用。当轿车发生意外正面碰撞时，发动机舱会折皱变形以吸收碰撞产生的巨大能量，减少碰撞对车内乘员的猛烈冲击，起到保护车内乘员的作用。车身中部乘员舱设计坚固、刚性大，遇到碰撞和翻滚的冲击时车厢变形小，有利于车祸后顺利地打开车门逃生。后行李舱除用于放置行李外，还起到降低后车追尾所致伤害的功能。三厢轿车中间高、两头低，从侧面看前后对称，造型美观大方。其缺点是车身长，在交通拥挤的大城市里行驶及停泊都不方便。

(2) 两厢式

两厢轿车前部与三厢式没有区别，作用也一样。不同之处在于这种轿车将乘员舱近似等高向后延伸，把后行李舱和乘员舱合为一体，使其减少为发动机和乘员两厢。两厢轿车也有独立的前发动机舱，与三厢轿车一样，具有良好的正面碰撞保护性能。

两厢轿车尾部有宽大的后车门，使这种轿车具备了使用灵活、用途广泛的特点，放倒（平）后排座位，就可以获得比三厢轿车大得多的载物空间。图3-19为两厢轿车。

图3-19 两厢轿车

(3) 单厢式

单厢车其实就是面包车（厢式车）的变种。面包车空间较大，既可载客，又可拉货，但单厢车没有单独的发动机舱，在发生正面撞击时没有缓冲。由于严格的安全法规，北美和欧洲已禁止生产这种原始形态的单厢车，但受该车型的启发，结合两厢车和面包车的特点，生产出了新型的单厢车。与典型的两厢车相比，这种单厢车的高度更高（约为1.6m）。单厢车虽然也有突出的前鼻，但发动机舱和乘员舱的构架是连贯一体的。单厢车的好处是内部空间增大，脚部和头部空间更充裕。世界上最成功的单厢车是雷诺的风景和雪铁龙的毕加索（图 3 – 20）。

图 3 – 20　单厢车雪铁龙毕加索

二、汽车编号与标示

1. 国产汽车型号

汽车产品型号一般标在汽车车辆信息铭牌上。国产或者通过正规渠道进口的汽车车辆信息铭牌一般在副驾驶车门下部，上面标注了车辆的生产日期、发动机型号与参数以及车架号、车辆识别代号等重要信息。图 3 – 21 为东风悦达起亚汽车车辆信息铭牌。

图 3 – 21　东风悦达起亚汽车车辆信息铭牌

根据 1988 年国家颁布的 GB 9417—88《汽车产品型号编制规则》，汽车型号应能表明汽车的厂牌、类型和主要特征参数等，汽车型号由汉语拼音字母和阿拉伯数字组成。

汽车型号包括三部分（图 3 – 22）。

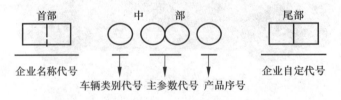

图 3 – 22　汽车型号的组成

①首部：由 2 个或 3 个汉语拼音字母组成，是识别企业名称的代号。如 CA、EQ、SH、NJ、JN、JL、SP、CQ、SX、LZW、CAF 等。CA 代表第一汽车制造厂，EQ 代表第二汽车制造厂，CAF 表示长安福特等。

②中部：由4位阿拉伯数字组成，左起首位数字表示车辆类别代号，中间两位数字表示汽车的主要特征参数，末位是由企业自定的产品序号，其含义见表3-1。

表3-1 汽车型号中4位阿拉伯数字代号的含义

首位数字表示车辆类别	代号	中间两位数字表示汽车的主要特征参数	末位数字
载货汽车	1	表示汽车的总质量（t）*数值	表示企业自定的产品序号
越野汽车	2	表示汽车的总质量（t）*数值	表示企业自定的产品序号
自卸汽车	3	表示汽车的总质量（t）*数值	表示企业自定的产品序号
牵引汽车	4	表示汽车的总质量（t）*数值	表示企业自定的产品序号
专用汽车	5	表示汽车的总长度（0.1 m）**数值	表示企业自定的产品序号
客车	6	表示发动机的工作容积（0.1 L）数值	表示企业自定的产品序号
轿车	7	表示汽车的总质量（t）*数值	表示企业自定的产品序号
半挂车及专用半挂车	9		表示企业自定的产品序号

* 当汽车总质量大于100 t时，允许用3位数字。
** 当汽车总长度大于10 m时，计算单位为m。

③尾部：分为两部分，前部由汉语拼音字母组成，表示专用汽车分类代号，例如X表示厢式汽车，G表示罐式汽车等；后部是企业自定代号，可用汉语拼音字母或阿拉伯数字表示。如：CA7200表示一汽集团生产的轿车，发动机排量为2.0L，第一代产品；BJ2020SJ表示北汽集团生产的越野汽车，厂定总质量为2t，第一代产品；EQ1092表示东风汽车公司生产的载货汽车，厂定总质量为9t，第三代产品。

2. 国外汽车型号

（1）奥迪汽车型号

打头的第一个字母为A，如奥迪A2、A3、A4、A6、A8系列等，后面的数字越大表示等级越高：A2、A3系列是小型轿车，A4系列是中级轿车，A6系列是高级轿车，A8系列是豪华轿车。

除了以A字打头的轿车，奥迪还有S系列和TT系列，S系列多是高性能车型，但并非越野车，主要有S3、S6及S8等，TT系列则全部是跑车。

（2）奔驰汽车型号

奔驰汽车前面的字母表示类型和级别：A为小型单厢车，C为小型轿车，E为中级轿车，S为高级轿车，M为SUV，G为越野车，V为多功能厢式车，SLK为小型跑车，CLK为中型跑车，SL为高级跑车，CL为高级轿跑车，SLR为超级跑车。

型号中间的数字，如280、300及500代表发动机排量，分别表示发动机排量为2.8 L、3 L及5 L。

型号尾部的字母L表示为加长车型，Diesel表示为柴油。如S600L表示高级、排量6 L、加长型轿车。

（3）宝马汽车型号

宝马汽车主要有轿车、跑车、越野车三大车种。

轿车有3、5、7和8四个系列，轿车型号的第一个数字即为系列号，第2和第3个数字表示排量，最后的字母i表示燃油喷射，A表示自动挡、C表示双座位，S表示超级豪华。比如，318iA表示3系列轿车，排量为1 800 CC，燃油喷射，自动挡；850Si表示8系列轿车，排量为5 000 CC，超级豪华型，燃油喷射。

跑车型号用 Z 打头，主打车型有 Z3、Z4、Z8 等，后面的数字越大表示越高级。

越野车用 X 打头，代表车型是 X5。

3. 车辆识别代号（VIN）

VIN 的全称是 Vehicle Identification Number，一串数字包括了车厂代号、产地、出厂年月等信息，可以说是汽车的一张身份证。

VIN 一般出现在前挡风玻璃司机侧一方（图 3-23）、副驾驶地毯下面和发动机舱内车辆铭牌上，在 B 柱下方也有 VIN，此处的一个用意是防范车辆被盗后被解体或者倒卖。

图 3-23 汽车车窗上的 VIN

（1）车辆识别代号的意义和作用

现在国内外各汽车公司生产的汽车大都使用了 VIN，它由一组字母和阿拉伯数字组成，共 17 位，是识别一辆汽车不可缺少的工具。

VIN 的每位字码代表着汽车的某一方面信息参数，按照编码顺序，从 VIN 中可以识别出该车的生产国家、制造公司或生产厂家、车的类型、品牌名称、车型系列、车身形式、发动机型号、车型年款（属哪年生产的哪款车型）、安全防护装置型号、检验数字、装配工厂名称和出厂顺序号码等。VIN 具有很强的唯一性、通用性、可读性以及最大限度的信息载量和可检索性。VIN 一般以标牌的形式，装贴在汽车的不同部位。

VIN 可用于：

①车辆管理：登记注册、信息化管理；

②车辆检测：年检和排放检测；

③车辆防盗：识别车辆和零部件、盗抢数据库；

④车辆维修：故障诊断、电脑匹配、配件订购、客户关系管理；

⑤二手车交易：查询车辆历史信息；

⑥汽车召回：年代、车型、批次和数量；

⑦车辆保险：保险登记、理赔、浮动费率的信息查询。

另外，利用 VIN 还可以鉴别出拼装车、走私车，因为拼装的进口汽车一般不按 VIN 规定进行组装。

（2）VIN 的组成

VIN 的组成（国际标准 ISO 3779—1983《道路车辆—车辆识别代号—内容与构成》规定）如图 3-24 所示。

①世界制造厂识别代号（WMI）：国际标准化组织按地理区域分配给各国，各国再分配给本国的制造厂，所有的 WMI 由美国汽车工程师学会（SAE）保存并核对。

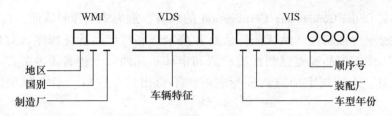

图3-24 VIN的组成

注：□—代表字母或数字；○—代表数字。数字为0~9共10个阿拉伯数字，字母为A~Z共23个大写罗马字母（I、O及Q不能使用）。

②车辆描述部分（VDS）：第4~9位，车辆的类型和配置。若其中的一位或几位字码不用，必须用选定的字母或数字占位。一般包含以下信息：车系、动力系统（包括发动机型号、变速器型式）、车身型式、约束系统配置（气囊、安全带等）和校验位（第9位，0~9或X）。

③车辆指示部分（VIS）：第10~17位，是制造厂为了区别每辆车而指定的一组字码，最后四位字码应是数字。一般包含以下信息：车型年代（第10位，字母或数字，不能为数字0或字母O、Q、I、Z）装配厂（第11位，字母或数字）、生产顺序号（最后6位，一般为数字）。

如果制造厂生产的某种类型的车辆产量不小于500辆，VIS的第3~8位表示生产顺序号；如果制造厂的产量小于500辆，则此部分的第3~5位与WMI中的第3位字码一起来表示一个车辆制造厂。

（3）VIN标牌的位置

各大汽车厂VIN标牌的位置不完全一样，一般在左风挡仪表盘、门柱、发动机车架等大部件上，也可放在其他部位，如：左侧轮罩内、转向柱上、散热器支架上、发动机前部的加工垫上、质保和保养手册上、车主手册上。

（4）VIN实例

例：风神蓝鸟车辆识别代号 L G B C 1 A E 0 6 3 R 0 0 0 8 1 4 。

其中：

①L G B 代表东风汽车公司；

②C 表示品牌系列，其中 C 代表风神蓝鸟 EQ7200 系列，E 代表 NISSAN SUNNY 2.0 系列；

③1 表示车身类型，其中：1—四门三厢，2—四门二厢，3—五门二厢，4—三门二厢；

④A 表示发动机特征，其中：A—2.0L，B—待定；

⑤E 表示约束系统类型；

⑥0 表示变速箱形式，其中：0—AT，2—MT；

⑦6 为检验位；

⑧3 表示年份；

⑨R 表示装配厂，其中：R—风神一厂（襄阳），Y—风神二厂（花都）；

⑩000814 表示生产序号。

4. 玻璃认证

（1）CCC认证

CCC 为英文 China Compulsory Certification 的缩写，意为中国强制认证，也可简称为 3C。

国家通过制定《强制性产品认证目录》和规定强制性产品认证程序，对列入《强制性产品认证目录》中的产品实施强制性的检测和审核。凡列入上述目录内的产品未获得指定机构的认证证书、未按规定加施认证标志的，不得出厂、进口、销售和在经营服务场所使用。

认证标志是准许产品出厂销售、进口和使用的证明标记。图 3-25 所示为汽车玻璃上标出的 3C 标志，3C 下面的一串数字代表了玻璃的生产厂家。

（2）欧盟 E 认证

2002 年 10 月起，根据欧盟指令，凡是进入欧盟市场进行销售的汽车电子电器类产品，必须通过 E-Mark 相关测试认证，标贴 E 标志，欧盟各国海关才会予以放行，准许进入当地市场。E 标志涉及的产品是零部件及系统部件，没有整车认证的相应法规。国内常见的 E 标志认证产品有汽车灯泡、安全玻璃、轮胎、三角警示牌、车用电子产品等。

图 3-26 所示为汽车玻璃上标示的欧盟 E 认证标志。圆圈内的数字表示发证机构：E1—德国，E2—法国，E3—意大利，E4—荷兰，E5—瑞典，E6—比利时，E7—匈牙利，E8—捷克，E9—西班牙，E10—南斯拉夫，E11—英国，E12—奥地利，E13—卢森堡，E14—瑞士，E16—挪威，E17—芬兰，E18—丹麦，E19—罗马尼亚，E20—波兰，E21—葡萄牙，E22—俄罗斯，E23—希腊，E25—克罗地亚，E26—斯洛文尼亚，E27—斯洛伐克，E28—白俄罗斯，E29—爱沙尼亚，E31—波黑，E37—土耳其。43R 为欧盟认证的钢化玻璃标准号，000071 为具体编号。

图 3-25 3C 标志

（3）美国 DOT 认证

DOT 是美国交通部的缩写。DOT 详细规定了机动车辆及零部件产品每一项规范的实验室检测程序、实验室检测设备、测试公差、产品标准要求、具体检测步骤和检测报告要求等。所有将机动车辆及零部件产品出口到美国的生产商，都必须保证其产品符合 DOT 要求的实验室检测程序。

图 3-27 所示为汽车玻璃上标示的美国 DOT 认证标志。DOT 后面有 AS2 的字样，它代表光线传输率不小于 70% 的玻璃，可用范围是"可用于除前风挡外的任何部位"，而 AS1 是这块玻璃的透光率大于 70%，即清楚的玻璃，可用于前风挡。772 表示玻璃生产厂家。

图 3-26 欧盟 E 认证标志 　　　　　　　图 3-27 美国 DOT 认证标志

小知识：汽车玻璃编号的含义

"··1"表示生产日期，1就代表2011年生产。黑点在数字之前代表上半年生产，用"7－黑点数"可以得出玻璃的生产月份为5月；若是黑点在数字之后，则代表玻璃为下半年生产，具体月份的计算公式为"13－黑点数"。通过这个公式可以判断出汽车玻璃的生产日期，可看出汽车上的车窗玻璃是原厂产品，还是经过换装的副厂产品。

分析与思考

问题：欧洲大街小巷跑的多是两厢车，而在美国，销量排行榜的前10名很难找到两厢车的影子。在我国，有人说"只有三厢车才真正有个轿车的样子"，三厢车更漂亮、更协调；在被追尾时，三厢车由于多了一截"尾巴"，对后座乘员的保护会更有效一些；日本和欧洲人多地少，城市拥挤，两厢车是无奈选择，如果价格差不多，我们自然选择空间更大的车型。另外一些人说，两厢车在相同乘坐空间的情况下，车身更短、自重更轻，油耗更低，操控也更灵活；在道路和停车位越来越紧张、油价居高不下的情况下，两厢车的优势很突出；此外，尽管行李厢较小，但是将后排座椅折叠后，行李空间会大出许多，一些大型三厢车都无法容纳的大件，两厢车也能轻松应付；美国汽油便宜又地广人稀，大车自然受人欢迎，我国现在城市这么拥堵，自然选择两厢车。

以上两种看法，你更倾向于哪一种？为什么？谈谈你的观点。

第二节 汽车结构与性能

一、汽车的总体结构

现代汽车是由多个装置和机构组成的。不同型号、不同类型及不同厂家生产的汽车其基本构造都是由发动机、底盘、电器设备和车身四大部分组成，如图3-28所示。

1. 发动机

发动机是为汽车行驶提供动力的装置。现代汽车广泛采用往复活塞式内燃发动机，它是通过可燃混合体在气缸内燃烧膨胀产生压力，推动活塞运动并通过连杆使曲轴旋转来对外输出功率的。汽油发动机主要包括两大机构和五大系统，它们分别是：曲柄连杆机构、配气机构，燃料供给系统、冷却系统、润滑系统、点火系统和启动系统，如图3-29所示。

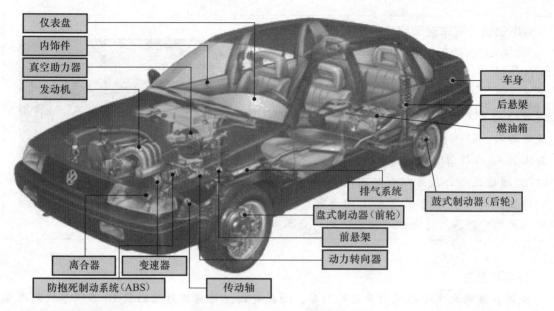

图3-28 汽车的总体结构

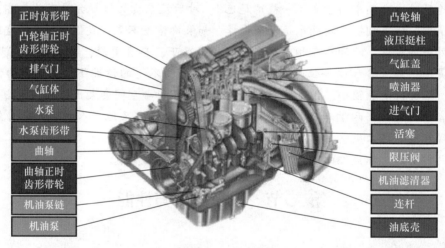

图3-29 汽油发动机结构

小知识：马自达与汪克尔发动机

汪克尔于1902年出生在德国。1924年，汪克尔在德国海德堡建立了自己的公司，开始研制转子发动机，终于在1957年生产出第一辆装配了转子发动机的小跑车。1958年汪克尔对其进行了改进，制成新型高效旋转活塞发动机。该发动机无曲轴连杆和配气机构，可将三角活塞运动直接转换为旋转运动；它的零件数比往复活塞式汽油机少40%，质量轻、体积小、转速高、功率大；它直接将可燃气的燃烧膨胀力转化为驱动扭矩。与往复式发动机相比，转子发动机取

消了无用的直线运动,因而同样功率的转子发动机尺寸较小,重量较轻,而且振动和噪声较低,具有较大优势。当时很多业内人士认为这种发动机会取替传统的活塞式发动机。

一向对新技术情有独钟的马自达公司投巨资从汪克尔公司买下了这项技术,1967年,将转子发动机装在马自达轿车上开始成批生产。由于这是一项高新技术,懂得这项技术的人寥寥无几,发动机坏了无人会修,而且耗油大。能源危机爆发后,汽车界对这种发动机的市场前景产生了怀疑,唯有马自达公司仍然深信转子发动机的潜力,独自研究和生产转子发动机,并为此付出了惨重的代价。终于,他们逐步克服了转子发动机的缺陷,成功地由试验性生产过渡到商业性生产,并将安装了转子发动机的RX-7型跑车打入了美国市场,令人刮目相看。但是,目前世界的主流趋势是"节能、环保",转子式发动机虽然在结构和动力上有优势,但油耗高、排放差的缺点使其最终遭到市场的淘汰。

为满足不同使用要求,汽车的总体构造和布置型式可以是不同的。按发动机和各个总成相对位置的不同,现代汽车的布置型式通常有如下几种(图3-30):

①发动机前置后轮驱动(FR);
②发动机前置前轮驱动(FF);
③发动机后置后轮驱动(RR);
④发动机中置后轮驱动(MR);
⑤全轮驱动(NWD);

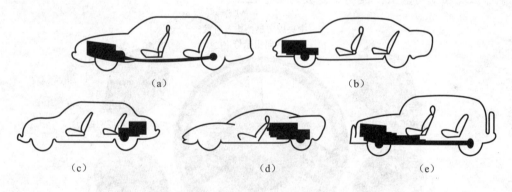

图3-30 现代汽车的布置型式
(a) FR式;(b) FF式;(c) RR式;(d) MR式;(e) NWD式

2. 汽车底盘

底盘接受发动机的动力,使汽车产生运动,并保证汽车按照驾驶员的操纵正常行驶。底盘由传动系、行驶系、转向系和制动系组成,如图3-31所示。

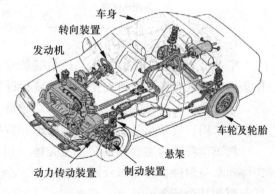

图3-31 汽车底盘结构

小知识：方向盘的诞生与演变

最初的汽车与轮船一样，都是靠舵控制转向的。直到 1894 年，方向盘才首次出现，但直到 1903 年，才得到普遍认可，完全取代舵应用在汽车上。

早期的方向盘是装在垂直的转向柱上的，其缺陷是妨碍驾驶员的视线。1887 年，德国戴姆勒公司修理工在对一辆菲顿牌汽车进行大修吊装时，吊钩滑脱，砸落在转向柱上，使垂直的转向柱弯曲了，修理工维修时意外地发现碰歪的角度使方向盘操纵更方便，也不妨碍驾驶员的视线了。由此戴姆勒公司立即着手改进方向盘与转向柱的设计，1890 年戴姆勒的"派立生"汽车第一次装上了倾斜式的转向柱和方向盘。以后各国汽车公司纷纷效仿，使之日渐完善。

最初设计的方向盘是直接固定在不可升降的转向杆上的，在发生严重碰撞的情况下，转向杆很容易对驾驶员的生命造成致命威胁。1934 年，首个可伸缩的转向杆被发明出来。1968 年，美国将其立入法案，可调节方向盘从此成为汽车上的标配。

1994 年德国宝马第一次把音响控制和一些辅助控制从中控区域挪到了方向盘上，于是诞生了多功能方向盘。此后，巡航控制、音响控制、电话控制、安全气囊以及换挡拨片等都出现在方向盘上，提高了驾驶的安全性。

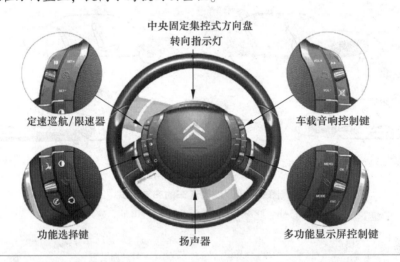

3. 汽车车身

车身是驾驶员工作的场所，也是装载乘客和货物的场所。车身应为驾驶员提供方便的操作条件，为乘客提供舒适安全的环境或保证货物完好无损。

车身安装在底盘的车架上，用以驾驶员、旅客乘坐或装载货物。轿车、客车的车身一般是整体结构，货车车身一般是由驾驶室和货厢两部分组成。

汽车车身结构主要包括：车身壳体（白车身）、车门、车窗、车身钣制件、车身内外装饰件和车身附件、座椅以及通风、暖气、冷气、空气调节装置等。在货车和专用汽车上还包括车厢和其他装备。

(1) 车身壳体（白车身）

车身壳体是一切车身部件的安装基础，通常是指纵、横梁和支柱等主要承力元件以及与它们相连接的钣件共同组成的刚性空间结构。客车车身多数具有明显的骨架，而轿车车身和货车驾驶室则没有明显的骨架。车身壳体通常还包括在其上敷设的隔音、隔热、防振、防腐、密封等材料及涂层。图3-32为奥迪A6轿车白车身。

图3-32 奥迪轿车白车身

(2) 车身钣制件

这些钣制件形成了容纳发动机、车轮等部件的空间，如图3-33所示。

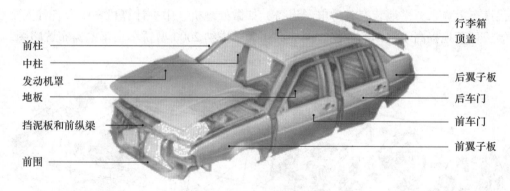

图3-33 汽车车身钣制件

(3) 车门

车门通过铰链安装在车身壳体上，其结构较复杂，是保证车身使用性能的重要部件。

(4) 车身外部装饰件

车身外部装饰件主要是指装饰条、车轮装饰罩、标志、浮雕式文字等。散热器面罩、保险杠、灯具以及后视镜等附件亦有明显的装饰性。

(5) 车身内部装饰件

车身内部装饰件包括仪表板、顶篷、侧壁、座椅等表面覆饰物以及窗帘和地毯。在轿车上广泛采用天然纤维或合成纤维的纺织品、人造革或多层复合材料、连皮泡沫塑料等表面覆饰材料；在客车上则大量采用纤维板、纸板、工程塑料板、铝板、花纹橡胶板以及复合装饰板等覆饰材料。

(6) 车身附件

车身附件有门锁、门铰链、玻璃升降器、各种密封件、风窗刮水器、风窗洗涤器、遮阳板、后视镜、拉手、点烟器、烟灰盒等。在现代汽车上常常装有无线电收、放音机和杆式天线，在有的汽车车身上还装有无线电话机、电视机、加热食品的微小炉和小型电冰箱等附属设备。

（7）座椅

座椅也是车身内部重要装置之一。座椅由骨架、坐垫、靠背和调节机构等组成。坐垫和靠背应具有一定的弹性，调节机构可使座位前后或上下移动以及调节坐垫和靠背的倾斜角度。某些座椅还有弹性悬架和减振器，可对其弹性悬架加以调节，以便在驾驶员们不同体重的作用下仍能保证坐垫离汽车地板的高度适当。在某些货车驾驶室和客车车厢中还设置适应夜间长途行车需要的卧铺。

（8）车身内部的通风、暖气、冷气以及空气调节装置

这些装置是维持车内正常环境，保证驾驶员和乘客安全舒适的重要装置。

（9）安全防护装置

为保证行车安全，在现代汽车上广泛采用对乘员施加约束的安全带、头枕、气囊以及当汽车碰撞时防止乘员受伤的各种缓冲和包垫装置。

4. 电气设备

电气设备由电源组、发动机起动系和点火系、汽车照明和信号装置等部分组成。此外，在现代汽车上愈来愈多地装有各种电子设备，如微处理机、中央计算机系统及各种人工智能装置等，显著地提高了汽车的性能。图3-34为桑塔纳2000型轿车全车电器布置略图。

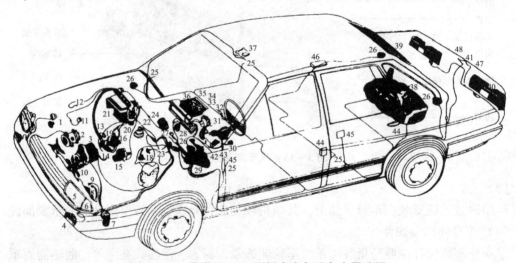

图3-34 桑塔纳2000型轿车电气设备布置略图

1—双音喇叭；2—空调压缩机；3—交流发电机；4—雾灯；5—前照灯；6—转向指示灯；7—空调储液干燥器；8—中间继电器；9—电动风扇双速热敏开关；10—风扇电动机；13—进气预热器；12—化油器怠速截止电磁阀；13—热敏开关；14—机油油压开关；15—起动机；16—火花塞；17—风窗清洗液电动泵；18—冷却液液面传感器；19—分电器；20—点火线圈；23—蓄电池；22—制动液液面传感器；23—倒车灯开关；24—空调、暖风用鼓风机；25—车门接触开关；26—扬声器；27—点火控制器；28—风窗刮水器电动机；29—中央接线盒；30—前照灯变光开关；33—组合开关；32—空调及风量旋钮；33—雾灯开关；34—后窗电加热器开关；35—危急报警灯开关；36—收放机；37—顶灯；38—油箱油面传感器；39—后窗电加热器；40—组合后灯；43—牌照灯；42—电动天线；43—电动后视镜；44—中央集控门锁；45—电动摇窗机；46—顶灯；47—后盖集控锁；48—行李箱灯

> **小知识：汽车起动机的由来**
>
> 在汽车未安装起动装置之前，汽车发动机都必须靠摇动手柄起动，既费力又危险，起动机是在一次偶然的事故中产生的。
>
> 1910 年，利兰德的好友卡顿帮助一辆抛锚的凯迪拉克轿车女车主摇起动手柄，发动机产生回火，卡顿被手柄打伤额部，随后因并发症而死。由此利兰德邀请凯特林研究发动机的起动装置。1912 年凯迪拉克轿车开始使用起动装置。

二、汽车的主要参数

1. 质量参数

整备质量：汽车完全装备好（但不包括货物、驾驶员及乘客）的质量。除了发动机、底盘和车身的质量，还包括燃料、润滑油、冷却水、随车工具和备用轮胎等的质量。

载质量：货车在硬质、良好的路面上行驶时所允许的最大额定装载质量。客车和轿车的载质量一般以乘坐人数表示，其额定客人数即为车上的额定座位数。

总质量：汽车在满载时的总质量，即汽车整备质量与载质量之和。

2. 尺寸参数

汽车的主要尺寸参数有车长、车宽、车高、轴距、轮距、前悬、后悬、接近角、离去角和离地间隙等。

①车长是指汽车长度方向两极端点间的距离，如图 3-35 所示。车长是对汽车的用途、功能、使用方便性等影响最大的参数。

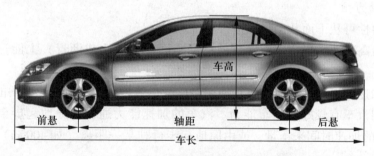

图 3-35　汽车常见尺寸参数

②车宽是指汽车宽度方向两极端点间的距离。车宽主要影响乘坐空间和灵活性。

③车高是指汽车最高点至地面间的距离。车高直接影响重心（操控性）和空间。轿车主要是出于降低全车重心的考虑，车高较低，以确保高速拐弯时不会翻车。MPV、面包车等为了营造宽阔的乘坐（头部空间）和载货空间，车身一般比较高。

④轴距是指汽车前轴中心至后轴中心的距离。在车长被确定后，轴距是影响乘坐空间最重要的因素，长轴距使乘员的纵向空间增大，还能提高直路巡航的稳定性，但转向灵活性下降，回旋半径增大。

⑤轮距是指同一车轴左右轮胎胎面中心线间的距离。一般轿车的前轮距比后轮距略大（相差 10~50 mm），即车身前半部比后半部略宽，这与气流动力学有关。轮距越大，转向极限和稳定性也会越高。

⑥前悬是指汽车最前端至前轴中心的距离，后悬是指汽车最后端至后轴中心的距离。

⑦接近角是指汽车前端突出点向前轮引切线与地面的夹角。离去角是指汽车后端突出点向后轮引切线与地面的夹角。接近角和离去角越大，表示汽车的通过性越好。如图3-36所示。

图3-36 接近角与离去角

（8）最小离地间隙是指满载时车体最低点与地面的距离。离地间隙高则汽车的通过性好，但离地间隙高也意味着重心高，影响操控性。越野车都有较大的离地间隙，而跑车离地间隙都很小。

三、汽车的使用性能

汽车的使用性能是指汽车满足使用要求的程度，也是衡量汽车性能好坏的重要指标。汽车的使用性能包括：动力性、燃料经济性、制动性、操纵稳定性、行驶平顺性、乘坐舒适性、通过性、安全性、可靠性、耐久性、操作方便性和排放性等。

1. 汽车的动力性

汽车的动力性可从下面几个指标进行评价。

①汽车的最高车速：指汽车在水平的良好路面（混凝土或沥青）上能达到的最高行驶速度。

②汽车的加速能力：指汽车在各种使用条件下迅速增加汽车行驶速度的能力。汽车的加速能力强，表明汽车有较好的超车能力。汽车的加速能力通常用原地起步至某一速度（如$100 \text{ km} \cdot \text{h}^{-1}$）的加速时间来衡量，或由原地起步行驶某一距离（如400 m）的加速时间来衡量。

③汽车的爬坡能力：用汽车满载时以最低挡位在坚硬路面上等速行驶所能克服的最大坡度来表示，称为最大爬坡度。它表示汽车最大牵引力的大小。

不同类型的汽车对上述三项指标要求各有不同。轿车与客车偏重于最高车速和加速能力，载重汽车和越野汽车对最大爬坡度要求较严。

④最大功率：即最高输出功率，一般用马力或千瓦（kW）来表示。发动机的输出功率同转速关系很大，随着转速的增加，发动机的功率也相应提高，但是到了一定的转速以后，功率反而呈下降趋势。一般在汽车使用说明书中，最高输出功率也用每分钟转速($r \cdot \text{min}^{-1}$)来表示，如100 PS/5 000 ($r \cdot \text{min}^{-1}$)，即在每分钟5 000转时最高输出功率为100马力。

⑤最大扭矩：指发动机从曲轴端输出的力矩。扭矩的表示方法是$\text{N} \cdot \text{m}/(r \cdot \text{min}^{-1})$。最大扭矩一般出现在发动机的中、低转速范围，随着转速的提高，扭矩反而会下降。

2. 汽车的燃料经济性

为降低汽车运输成本，要求汽车以最少的燃料消耗，完成尽量多的运输量。汽车以最少的燃料消耗量完成单位运输工作量的能力，称为燃料经济性。燃料经济性的衡量指标是给定行驶里程的汽车燃料消耗量，或给定燃料消耗量能使汽车行驶的里程。例如，我国采用的指标是汽车行驶 100 公里消耗多少升燃料（L/100 km）。

3. 汽车的制动性

汽车具有良好的制动性是安全行驶的保证，也是汽车动力性得以很好发挥的前提。汽车制动性有下述三方面的内容：

①制动效能：汽车迅速减速直至停车的能力。常用制动过程中的制动时间、制动减速度和制动距离来评价。

②制动效能的恒定性：在短时间内连续制动后，制动器温度升高导致制动效能下降，称之为制动器的热衰退。连续制动后制动效能的稳定程度为制动效能的恒定性。

③制动时方向的稳定性：指汽车在制动过程中不发生跑偏、侧滑和失去转向的能力。当左右侧制动动力不一样时，容易发生跑偏；当车轮抱死时，易发生侧滑或者失去转向能力。前轮抱死后，汽车将失去转向操纵能力；后轮抱死后，汽车后部很可能发生侧滑甩尾。可见在车轮抱死时，会影响汽车制动的方向稳定性。

4. 汽车的操纵性和稳定性

汽车的操纵性是指汽车对驾驶员转向指令的响应能力，它直接影响到行车安全。轮胎的气压和弹性、悬挂装置的刚度以及汽车重心的位置都对该性能有重要影响。

汽车的稳定性是指汽车在受到外界扰动后恢复原来运动状态的能力，以及抵御发生倾覆和侧滑的能力。对于汽车来说，侧向稳定性尤为重要，当汽车在横向坡道上行驶、转弯以及受其他侧向力时，容易发生侧滑或者侧翻。汽车重心的高度越低，稳定性越好。合适的前轮定位角度使汽车具有自动回正和保持直线行驶的能力，提高了汽车直线行驶的稳定性。

5. 汽车的行驶平顺性

汽车在行驶过程中由于路面不平的冲击，会造成汽车的振动，使乘客感到疲劳和不舒适以及货物损坏，为防止上述现象的发生，不得不降低车速。同时振动还会影响汽车的使用寿命。汽车在行驶中对路面不平的降震程度，称为汽车的行驶平顺性。

6. 汽车的通过性

汽车在一定的载重量下以较高的平均速度通过各种坏路及无路地带和克服各种障碍物（陡坡、台阶、壕沟等）的能力，称为汽车的通过性。各种汽车的通过能力是不一样的，轿车和客车由于经常在市内行驶，通过能力就差，而越野汽车、军用车辆、自卸汽车和载货汽车，就必须有较强的通过能力。

7. 汽车的安全性

安全性是指汽车在行驶时避免发生碰撞事故以及碰撞后可减轻损失或伤亡的性能。

汽车的安全性又可分为主动安全性和被动安全性两项。主动安全性是指汽车对操纵稳定性和制动性能等事故的预防能力。像汽车制动防抱死系统、电子稳定系统等都可提高汽车主动安全性。

被动安全性是指汽车发生不可避免的碰撞事故时，对驾驶员和乘员进行保护，尽可能减少其所受的伤害，即提高汽车碰撞对人员的保护能力，如保险杠性能、防撞车身结构、安全带效能、安全气囊效能、安全玻璃性能等。图 3-37 为汽车安全气囊工作情况。

8. 汽车的可靠性和耐久性

可靠性是指汽车在正常条件下、规定的时间内完成必要的工作的能力。如果汽车的零部件在规定的使用期限内不能保证性能要求，就称为故障或不可靠。零部件从开始正常工作直至不能正常工作进而报废的整个过程称为使用寿命，可用零部件的工作时间或汽车的行驶里程去衡量。可靠性和耐久性的含义有相似之处，但可靠性是针对故障而言，而耐久性是指使用寿命的长短。

图 3-37　汽车安全气囊工作情况

分析与思考

在汽车厂商的吹嘘之下，"新技术"已经深入人心。连最不懂车的人都能把"T+D"挂在嘴边，汽车技术发展的潮流，他们听也听会了，他们认为 4 速变速箱甚至"AT"都是过时的东西，自然吸气发动机技术已经落后。有些人甚至以为，自然吸气发动机和"AT"变速箱即将被扔进汽车历史的垃圾堆，为了避免买到手的车迅速被淘汰，最好买"T+D"。

厂商为了卖车，会拿"新技术"作为卖点，媒体为了显得专业，一台"买菜车"也要煞有介事地拿来讨论一下"性能"。广告和测评报告看多了，老百姓也会动不动就拿"技术"和"性能"说事儿，张嘴就是一堆新词儿，至于一台"买菜车"最重要的品质——可靠性和耐用性，反倒成不了一个重要的话题。

你如何看待这个问题？

第三节　汽车外形的发展

1886 年，德国工程师卡尔·本茨在曼海姆制造出一辆装有 0.85 马力汽油机的三轮车，拉开了汽车现代史的帷幕。在此后的 100 多年内，汽车车身造型发生了翻天覆地的变化。汽车的形状经历了从粗糙的马车到火柴盒般的箱型汽车，再到卡通般的甲壳虫汽车，还有船型、鱼型、楔型，汽车的身材越来越好看，线条也越来越靓丽。

一、马车型汽车

从 19 世纪末到 20 世纪初，世界上相继出现了一批汽车制造公司，除戴姆勒和奔驰各自成立了以自己名字命名的汽车公司外，还有美国的福特公司、英国的劳斯莱斯公司等。因为最初的汽车都是将发动机装在马车上，而当时欧洲的马车制造技术已相当成熟，因此当时的汽车外形基本上沿用了马车的造型，被人们称为无马的"马车"。图 3-38 为 1901 年至 1905 年在美国最畅销的奥兹莫比尔弯挡板汽车。1900 年，金属车身获得专利，但主体结构仍是木材和连接它的钢材。

二、箱型汽车

马车型汽车很难抵挡风雨的侵袭，考虑到乘坐的舒适性，19 世纪末开放式车身向封闭式车身过渡。美国福特汽车公司在 1915 年生产出一种新型的福特 T 型车，这种车的乘员舱很像一只大箱子，并装有门和窗，被称为"箱型汽车"。如图 3-39 所示。T 型车以其结构紧凑、坚固耐用、容易驾驶、价格低廉而受到欢迎，年产量达到 30 万辆，在世界车坛上风靡一时。当时汽车都采用这种造型。

图 3-38　1901 年至 1905 年在美国最畅销的奥兹莫比尔弯挡板汽车　　图 3-39　福特 T 型车是典型的箱型汽车

我国古代早有"轿车"一词，是指用骡马拉的轿子。当西方汽车大量进入中国时，正是封闭式箱型汽车在西方流行之时。那时汽车的形状与我国古代的"轿车"相似，于是人们就将当时的汽车称为轿车，这种对汽车的称呼一直延续至今。

作为高速车，箱型汽车并不够理想，因为它的阻力大大妨碍了汽车前进的速度，所以人们又开始研究一种新的车型——流线型。

三、流线型汽车

随着生活节奏的加快，人们对车速的要求也越来越高。箱型汽车是不够理想的，因为它的阻力大，妨碍了汽车前进的速度。人们开始注意车身的造型，车身高度降低到 1.39~1.4 m，车宽逐渐增大，以适应高速转弯时的侧向稳定性。同时车身横截面由原来的方形变成椭圆形，以减少空气阻力。但这种车型在横向力作用下不稳定，因而乘坐舒适性较差。

1934 年美国的克莱斯勒公司生产的气流牌轿车，如图 3-40 所示，首先采用了流线型的车身外形。车头变宽，将轮胎包入，前大灯陷入车头，挂在车尾的独立式行李箱也与车尾融为一体，奠定了现代轿车的雏形，完全摆脱了马车的影子。它采用了更轻的承载式车身，操控性能大大提高。流线型在 20 世纪 30 年代几乎就是时尚的代名词。流线型车身的大量生产从德国大众汽车开始。

图 3-40　1934 年克莱斯勒气流牌轿车

1933年德国的波尔舍博士设计了一种类似甲壳虫外形的汽车,如图3-41所示。波尔舍最大限度地发挥了甲壳虫外形的长处,使其成为同类车中之王,"甲壳虫"也成为该车的代名词。

由于第二次世界大战的原因,甲壳虫型汽车直到1949年才真正大批量生产,并以一种车型累计生产超过2 000万辆的记录畅销世界各地。

图3-41 大众甲壳虫汽车

四、船型(三厢型)汽车

美国福特公司经过几年的努力,于1949年推出具有历史意义的新型福特V8轿车,如图3-42所示。这种车型改变了以往汽车造型的模式,使前翼子板和发动机罩、后翼子板和行李舱融于一体,大灯和散热器罩也形成一个平滑的面,乘员舱位于车的中部,整个造型很像一只小船,所以人们把这类车称为"船型汽车"。

图3-42 1949年的福特V8轿车

福特V8轿车的成功,不仅由于它在外形上有所突破,还在于它首先把人体工程学应用在汽车的设计上,强调以人为主体来设计便于操纵、乘坐舒服的汽车。

船型汽车不论从外形上还是从性能上来看都优于甲壳虫型汽车,并且还解决了甲壳虫型汽车对横风不稳定的问题。这是因为船型车发动机前置,汽车重心相对前移,而且加大了行李舱,使风压中心位于汽车重心之后的缘故,所以遇到横风就不会摇头摆尾。从20世纪50年代开始一直到现在,不论是美国还是欧亚大陆,不管是大型车还是中、小型车都采用了船型车身,从而使船型成为世界上数量最多的一种车型。图3-43为1956年的雪佛兰轿车。

图 3-43　1956 年的雪佛兰轿车

五、鱼型汽车

船型汽车尾部过分向后伸出，形成阶梯状，在高速时会产生较强的空气涡流。为了克服这一缺陷，人们把船型车的后窗玻璃逐渐倾斜，倾斜的极限即成为斜背式，这类车被称为鱼型汽车。

与甲壳虫型汽车相比，鱼型汽车的背部和地面的角度较小，尾部较长，围绕车身的气流也比较平顺，涡流阻力较小。另外鱼型汽车基本上保留了船型汽车的长处，乘员舱宽大，视野开阔，舒适性也好，并增大了行李舱的容积。

最初的鱼型车是美国 1952 年生产的别克牌轿车，如图 3-44 所示。

图 3-44　1952 年的别克轿车

1964 年美国的克莱斯勒顺风牌汽车和 1965 年的福特野马牌汽车都采用了鱼型造型。图 3-45 为1965 年的福特野马车。自顺风牌汽车以后，世界各国逐渐生产鱼型汽车。

图 3-45　1965 年的福特野马车

鱼型汽车由于车后窗玻璃倾斜太甚，面积增加两倍，强度下降，产生结构上的缺陷。

鱼型车还有一个潜在的重大缺点就是对横风的不稳定性。鱼型车发动机前置，车身重心相对前移，一般来讲横风的风压中心和车身重心接近，但由于鱼型车的造型关系在高速时会产生一种升力使车轮附着力减小，从而抵挡不住横风的吹袭，有发生偏离的危险。

鱼型车的这一缺点，人们想了许多方法加以克服，例如在鱼型车的尾部安上一只翘翘的"鸭尾"，以克服一部分升力，这便是鱼型鸭尾式车型。

六、楔型汽车

为了从根本上解决因采用鱼型结构而带来的升力问题，人们进行了反复的探索，最后终于找到了楔形造型。20 世纪 70 年代，兰博基尼推出楔形设计的跑车"米拉"，在法兰克福车展上引起了轰动，短尾设计的楔形车身的运动汽车开始普及，楔形造型得以在赛车上广泛应用。20 世纪 60—70 年代的中置发动机跑车兰博基尼、法拉利、玛莎拉蒂，以及福特野马、道奇蝰蛇等都采用了长车头（放置排量巨大的前置发动机）、短而宽阔的车尾（容纳巨大的车轮）这种设计，逐渐成为当今跑车外形设计的主流，如 20 世纪 80 年代的意大利法拉利跑车，就是典型的楔形造型。楔形造型对于目前的高速汽车来说，无论是从其造型的简练、动感方面，还是从其对空气动力学的体现方面，都比较符合现代人们的主观要求，给人以美的享受和速度的快感。图 3-46 为兰博基尼康塔什跑车，楔型对高速汽车来说已接近理想造型。

图 3-46　兰博基尼康塔什跑车

20 世纪 80 年代以来，由于风洞试验技术的应用，船型和鱼型轿车的车身得到了进一步完善，船型车身由于具有人体工程方面的优越性，其生命力非常强大，以致成为世界轿车车身的基本造型。

思考与分析

问题：1999 年奥迪 A6 作为中国首款国产的合资中大型轿车，引进之时就毫不犹豫地进行了加长，国产版奥迪 A6 比代号 C5 的 Audi A6 车身加长 90 mm，轴距加长了 91 mm。2005 年全新换代的奥迪 A6L 在国内上市，这款轿车这一次名正言顺地被冠以加长车后缀，其比代号 C6 的国外原版 Audi A6 车身加长 96 mm，轴距加长了 102 mm。这两代奥迪 A6 的加长不但销量极佳（几乎呈现垄断地位），而且凭借先入为主的优势，使中国奥迪在豪华轿车市场独占鳌头，把老牌豪华轿车品牌宝马和奔驰挤到了第二和第三的位置。如今奥迪 A6L 的月销量高达 1 万辆，奥迪在中国能有如此业绩，奥迪 A6 的两代加长版功不可没。此后国际厂商为国内推出的加长版车型也逐渐盛行，包括一汽—大众奥迪 A4L、沃尔沃 S80 L、上海通用凯迪拉克赛威 SLS、华晨宝马 5 系 Li、北京奔驰 E 级 L、一汽大众新迈腾 B7L、新宝马 3 系、新奔驰 C 级加长版等。

试分析国外车型在中国上市为什么大多选择加长，车身加长后会产生什么影响。

第四节　汽车设计与制造

一、汽车设计过程

汽车设计是一个复杂的过程，它不仅要有漂亮的外表和吸引人的个性特征，同时还得安全可靠地行驶，这就需要整个设计过程融入各种相关的知识，如车身结构、制造工艺、空气动力学、人机工程学、工程材料学、机械制图学、声学和光学知识，当然更少不了诸如绘画、雕塑、色彩感等基本艺术功底。从构思到制成产品，大概需要十几个步骤。

1. 绘制草图

用简洁的线条记录脑海中一个个一闪而过的构思，在随手勾画中得到新的灵感，是汽车设计的重要环节之一。图 3-47 为设计师绘制草图。

图 3-47　设计师绘制草图

2. 绘制效果图

效果图是把设计师的思路和理念用更细腻的手法表现出来，加入细节描绘和色彩，通过精致的绘画表达这款车的直观感受和立体效果。

与汽车外观效果图同时出来的是内饰效果图，详细地描绘车内的各种细节和布局，加上必要的说明，这是未来制作模型的基础。如图 3-48 所示。

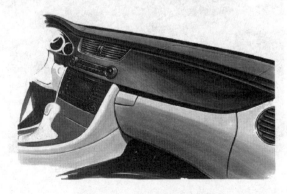

图 3-48　汽车内饰效果图

3. 制作油泥模型

根据图纸制造油泥模型，一般模型比例为1∶5。这种方法虽然历经数十年却依然是汽车设计生产中的必要环节，它是使用一种类似橡皮泥的黏土，但比橡皮泥更加坚硬，成型后的细节需要用刀刮削才能完成，通常由设计师亲自操刀，反复推敲，精工细雕，大约两三个月才能最后完工。如图3-49所示。

4. 观感评估

由设计师提供若干个方案的效果图和缩小模型，召集相关人员从审美、结构、制造工艺等各个方面评测，发表意见，确定一个或几个方案，如图3-50所示。

图3-49　制作1∶5油泥模型

图3-50　观感评估

5. 讨论改进

经过对提案模型的评估，决策层会选择一个方案制作1∶1的油泥模型。因为对尺寸、细节等方面要求非常严谨，这种全尺寸模型会有专业的模型师来制作。这个模型是在一个带有车轮的构架上涂敷造型泥雕塑成的，由于要用数以吨计的造型泥，并雕塑得细致、平整、光顺，所以制造一个1∶1外部模型的时间很长，通常需要几个星期不断地讨论和修改。与此同时进行的还有1∶1内部模型，包括内饰、发动机等部件和线路的布置等。之后就进入定案阶段。如图3-51、图3-52、图3-53所示。

图3-51　制作车身1∶1的油泥模型

图 3-52 制作仪表板 1:1 模型

图 3-53 进行发动机布置

6. 审批定型

1:1 外部模型、内部模型、效果图完成后,需要交付企业最高领导审批,使汽车最终定型。

7. 测量阶段

设计方案通过定型后,开始产品的技术设计阶段。首先使用三维坐标测量仪,将模型放在测量台上,如图 3-54 所示。在模型表面设置足够多的测量坐标点,测出它们的空间三维坐标,将这些数据输入电脑,就可以在电脑中建立三维模型。

8. 电脑设计

把测量出的数据输入电脑,就可以开始进行三维模型的制作,如图 3-55 所示。同时按照有关法规和标准设计和细化汽车整车、部件和零件的结构,制作出能进行加工制造的技术资料。

图 3-54 模型的测量

图 3-55 电脑设计

9. 制作样车

依据技术资料制作出样车。

10. 试验与改进

从设计到批量制造,车辆还要经历重重考验,有风洞试验、模拟碰撞试验、各种残酷路况的艰苦路试、实车碰撞试验等,在试验中积累数据,不断改进,完善设计和技术资料。

汽车风洞就是用来研究汽车空气动力学的一种大型试验设施,其实风洞不是个洞,而是一条大型隧道或管道,里面有一个巨型扇叶,能产生一股强劲气流,气流经过格栅,进入试验室。其最大作用是用来测量汽车的风阻,风阻的大小用风阻系数表示,风阻系数越小,说明它受空气阻力影响越小。此外,风洞还可以用来研究气流绕过车身时所产生的效应,如升力、下压力,还可以模拟不同的气候环境,如炎热、寒冷、下雨或下雪等情况。这样,工程师们便可以知道汽车在不同环境下的工作情况,特别是冷却水箱散热、制动器散热等问题。新车在造型设计阶段,必须进行风洞试验,如图 3-56 所示。

碰撞安全试验包括正面撞车试验和侧面撞车试验。可以进行实车撞车试验,也可以进行模拟试验或撞车模拟计算,但不少国家规定新车型必须经过实车撞车试验,以验证其撞车安全性。在撞车试验中需用假人(又称人体模型)进行试验,当进行车内装置(如安全带、座椅、方向盘、仪表板等)抗冲撞能力试验时,常以平台车模拟以一定初速运动的汽车撞击来研究冲击能量的吸收情况。图 3-57 为计算机模拟碰撞实验,图 3-58 为实车碰撞试验。

图 3-56　汽车风洞试验

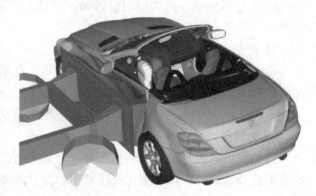

图 3-57　计算机模拟碰撞实验

图 3-58　实车碰撞试验

11. 技术资料的定型与模具制作

经过试验改进、车辆定型、制定生产工艺、修改完善技术资料，再进行设计、制作锻造、冲压模具及生产装配机器人工作程序等。

12. 整车的批量制造

二、汽车制造过程

汽车的制造过程包括零件的制造、部件与总成的装配、汽车整车的总装配、检查试验和调试等几个过程，如图 3-59 所示。

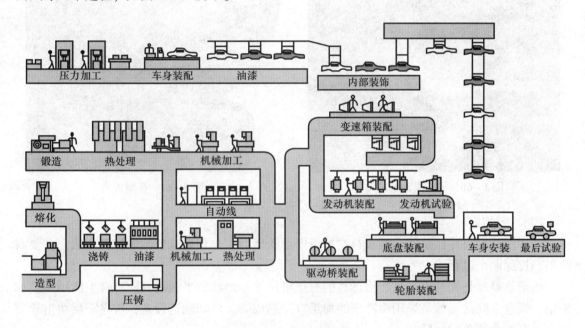

图 3-59　汽车制造过程

1. 零件的制造

汽车零件的制造通常通过铸造、锻造、冲压、焊接、切削加工和热处理等工艺和方法制成。

（1）铸造

铸造是将熔化的金属浇灌入铸型空腔中，冷却凝固后而获得产品的生产方法。

在汽车制造过程中，采用铸铁制成毛坯的零件很多，约占全车重量的10%，如气缸体、变速器箱体、转向器壳体、后桥壳体、制动鼓、各种支架等。

制造铸铁件通常采用砂型。砂型的原料以砂子为主，并与黏结剂、水等混合而成。为了在砂型内塑成与铸件形状相符的空腔，必须先用木材制成模型，称为木模。炽热的铁水冷却后体积会缩小，因此，木模的尺寸需要在铸件原尺寸的基础上按收缩率加大，需要切削加工的表面相应加厚。空心的铸件需要制成砂芯子和相应的芯子木模（芯盒）。有了木模，就可以翻制空腔砂型（铸造也称为翻砂）。在制造砂型时，要考虑上下砂箱怎样分开才能把木模取出，还要考虑铁水从什么地方流入，怎样灌满空腔以便得到优质的铸件。砂型制成后，就可以浇注，也就是将铁水灌入砂型的空腔中。图 3-60 为浇注发动机缸体。

(2) 锻造

在汽车制造过程中，广泛地采用锻造的加工方法。锻造分为自由锻造和模型锻造。自由锻造是将金属坯料放在铁砧上承受冲击或压力而成型的加工方法（俗称"打铁"）。汽车的齿轮和轴等的毛坯就是用自由锻造的方法加工的。

模型锻造是将金属坯料放在锻模的模膛内，承受冲击或压力而成型的加工方法，如图3-61所示。与自由锻造相比，模型锻造所制造的工件形状更复杂，尺寸更精确。汽车模锻件的典型零件是发动机连杆和曲轴、汽车前轴、转向节等。

图3-60 浇注发动机缸体

图3-61 模型锻造

(3) 冷冲压

冷冲压或板料冲压是使金属板料在冲模中承受压力而被切离或成型的加工方法，主要有落料和拉深两个过程。

所谓落料就是先冲出经过严格计算的有严格尺寸和形状的平板坯料。日常生活用品，如铝锅、饭盒、脸盆等就是采用冷冲压的加工方法制成的。例如制造饭盒，首先需要切出长方形并带有4个圆角的坯料。

拉深就是用凸模将这块坯料压入凹模而成型的工艺过程。在拉深工序中，平面的板料变为盒状，其4边向上垂直弯曲，4个拐角的材料产生堆聚并可看到皱褶。

汽车制造厂的冲压设备往往是进口的，自动化程度非常高，坯料的送入和取出都由机械手臂自动完成，工人往往只做检查分类工作。图3-62为汽车制造冲压工位。

图3-62 汽车制造冲压工位

采用冷冲压加工的汽车零件有发动机油底壳、制动器底板、汽车车架以及大多数车身零件，这些零件一般都经过落料、冲孔、拉深、弯曲、翻边、修整等工序而成型。

为了制造冷冲压零件，必须制备冲模。冲模通常分为两块，其中一块安装在压床上方并可上下滑动，另一块安装在压床下方并固定不动。生产时，坯料放在两块冲模之间，当上下模合拢时，冷冲压工序就完成了。冷冲压加工的生产率很高，并可制造形状复杂而且精度较高的零件。

（4）焊接

焊接是将两片金属局部加热或同时加热、加压而接合在一起的加工方法。

在汽车车身制造中应用最广的是点焊。点焊适用于焊接薄钢板，操作时两个电极向两块钢板加压力使之贴合，通电流加热熔化从而牢固接合。两块车身零件焊接时，其边缘每隔一段距离焊接一个点，使两零件形成不连续的多点连接。焊好整个轿车车身，通常需要上千个焊点。焊点的强度要求很高，每个焊点可承受 5 kN 的拉力，甚至将钢板撕裂，仍不能将焊点部位分离。在修理车间常见的气焊，是用乙炔燃烧并用氧气助燃而产生高温火焰，使焊条和焊件熔化并接合的方法。还可以采用这种高温火焰将金属割开，称为气割。气焊和气割应用较灵活，但气焊的热影响区较大，会使焊件产生变形和金相组织变化，性能下降，因此，气焊在汽车制造中应用极少。图 3-63 为焊接机器人在焊接车身。

图 3-63 焊接机器人在焊接车身

（5）金属切削加工

金属切削加工是用刀具将金属毛坯逐层切削，使工件得到所需要的形状、尺寸和表面粗糙度的加工方法。

金属切削加工包括钳工和机械加工两种方法。钳工是工人用手工工具进行切削的加工方法，操作灵活方便，在装配和修理中广泛应用。机械加工是借助于机床来完成切削的，包括车、刨、铣、钻和磨等方法。现在很多厂家都大量使用计算机控制的数控机床，甚至使用集多种加工方法于一身的加工中心，能大大提高生产效率和加工精度。图 3-64 为加工中心使用不同刀具加工气缸盖不同部位示意图。图 3-65 为在机床上切削加工气缸体。

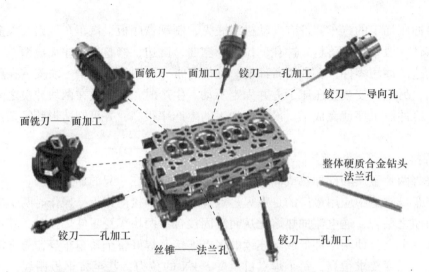

图 3-64 加工中心使用不同刀具加工气缸盖不同部位示意图

图 3-65 在机床上切削加工气缸体

(6) 热处理

热处理是通过对固态的钢重新加热、保温或冷却改变其组织结构，以满足零件的使用要求或工艺要求的方法。如有的零件要求耐磨、耐高温，有的零件要求尺寸精确稳定，有些零件要求有韧性不易断裂等，这些性能都可通过热处理来获得。

(7) 涂装

汽车涂装主要有底漆、中涂和面漆三层。涂装工艺一般首先进行前处理，包括脱脂槽浸渍、表面调整槽浸渍、磷化液槽浸渍、水洗；接着进行电泳底漆，包括电泳喷涂、纯水浸渍喷淋、底漆烘干；再进行中涂，包括打磨底漆、除尘、喷中涂漆、烘干；然后进行上涂，包括打磨、除尘、喷面漆、烘烤；最后进行检验。图 3-66 为汽车涂装工艺示意图，图 3-67 为喷涂机器人在工作。

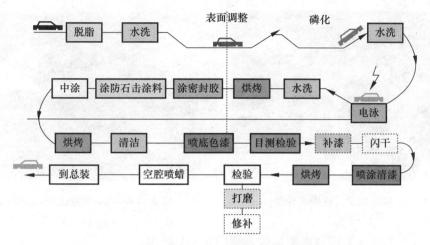

图 3-66 汽车涂装工艺示意图

图 3-67 汽车喷涂机器人在工作

2. 装配

装配是按一定的要求,用连接零件把各种零件相互连接组合成部件,再把各种部件相互连接组合成整车。自福特发明流水线生产后,汽车制造效率大幅提高,从此后汽车制造都采用这种生产方式,通常看到的汽车制造厂,最吸引人的就是汽车总装配线。

在这条总装配线上,每隔几分钟就驶下一辆汽车。装配中的汽车随着传送链移动至各个工位并逐步装成,四周还有输送悬链把发动机总成、驾驶室总成、车轮总成等源源不断地从各个车间输送到总装配线上的相应工位。图 3-68 为装配线工人在安装轮胎。

装配线上有很多专用设备,如车身打号机、螺纹紧固设备、车轮装配专用设备、自动涂胶机、液压桥装小车等;还有很多油液加注设备,包括燃油、润滑油、清洁剂、冷却液、制动液、制冷剂等。

装配线的后端是汽车检测设备,通常有前束试验台、侧滑试验台、转向试验台、前照灯检测仪、制动试验台、车速表试验台、排气分析仪等,每台车出厂前都要经过检测设备的检测和调整。图 3-69 为在装配线上进行制动试验。

图 3-68 装配线工人在安装轮胎

图 3-69 在装配线上进行制动试验

除此之外,汽车还要进行淋雨试验,如图 3-70 所示。

最后,出厂前的汽车由试车员开到车间外的试车场进行道路测试,如图 3-71 所示,测试通过的汽车才能最后出厂。

图 3-70 汽车进行淋雨试验

图 3-71 汽车进行道路测试

分析与思考

问题:跟海外版车型相比,目前国内在售的诸多车型都存在明显的减配行为,如现代 ix35 没有金属后防撞梁,而是采用了树脂材质的横梁。

掀开上海大众途观的顶棚之后，发现其内部只是应用了大面积的纸质复合材料粘贴，但是常见于其他车型上的顶部加强筋毫无踪迹。由于车身高度较高，SUV车型在高速过弯时翻车的概率要大于普通家轿，所以车顶加强筋对于SUV车型来说显得尤为重要。如若不小心发生了车辆翻滚情况，那么没有安装车顶加强筋的途观靠什么来保护车内驾乘人员的安全？

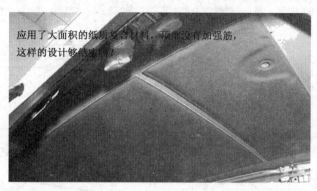

结合本案例，谈一谈你的看法。

第五节 现代汽车科技

一、电子化汽车

1. 电子化汽车

汽车电子化是用来开发新车型、改进汽车性能最重要的技术措施，被认为是汽车技术发展进程中的一次革命，汽车电子化的程度被看作衡量现代汽车水平的重要标志。

据统计，从1989年至2000年，平均每辆车上的电子装置在整个汽车制造成本中所占的比例由16%增至23%以上。一些豪华轿车上，使用单片微型计算机的数量已经达到48个，电子产品占到整车成本的50%以上。目前电子技术的应用几乎已经深入到汽车所有的系统。图3-72为新型电子装置在汽车上的分布示意图。

按照对汽车行驶性能作用的影响划分，可以把汽车电子产品归纳为两类：一类是汽车电子控制装置。汽车电子控制装置要和车上机械系统进行配合使用，即所谓机电结合的汽车电子装置；它们包括发动机、底盘、车身电子控制，例如电子燃油喷射系统、防抱死制动控制、防滑控制、牵引力控制、电子控制悬架、电子控制自动变速器、电子动力转向等。另一类是车载汽车电子装置。车载汽车电子装置是在汽车环境下能够独立使用的电子装置，它和汽车本身的性能并无直接关系；它们包括汽车信息系统（行车电脑）、导航系统、汽车音响及电视娱乐系统、车载通信系统、上网设备等。

（1）电子技术在发动机上的应用

①电子控制喷油装置。

在现代汽车上，电子喷油装置可以自动地保证发动机始终工作在最佳状态，使其在输出一定功率的条件下最大限度地节油和净化空气。经过实验并修正得到发动机最佳工况时的供油控制规律，事先把这些客观规律编成程序存在微机的存储器中；当发动机工作时，根据各

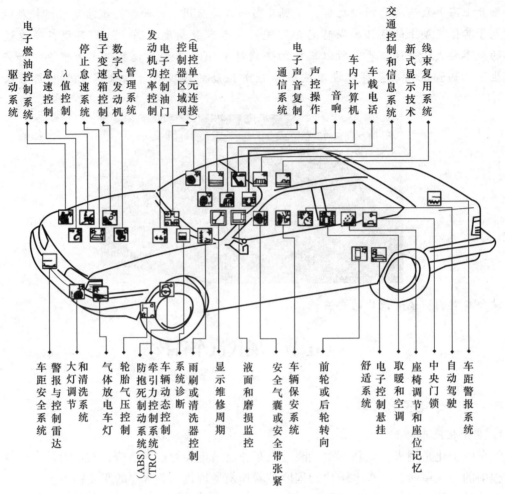

图3-72 新型电子装置在汽车上的分布示意图

传感器测得的空气流量、进气温度、发动机转速及工作温度等参数，按预先编好的运算程序进行运算，然后和内存中的最佳工况参数进行比较和判断再调整供油量。同时，通过对排气管中氧浓度的检测，将数据适时反馈给电脑，及时调整发动机的工作状况，使发动机一直在最优工作条件下运行，从而使发动机的综合性能得到提高。图3-73为电控燃油喷射系统组成。

②电子点火装置（ESA）。

电子点火装置由微机、传感器及其接口、执行机构等几部分构成。该装置可根据传感器送来的发动机各种参数进行运算、判断，然后进行点火时刻的调节，这样可以节约燃料，减少空气污染。

③废气再循环系统（EGR）。

NO_x是空气中的氮气与氧气在高温、高压条件下形成的，发动机排出的NO_x量主要与气缸内的最高温度有关，气缸内最高温度越高，排出的NO_x量越多。

废气再循环系统的作用是将适量的废气引入气缸内进行燃烧，从而降低气缸内的最高温度，以减少NO_x的排放量。为了保证发动机正常工作和性能不受过多的影响，必须根据发

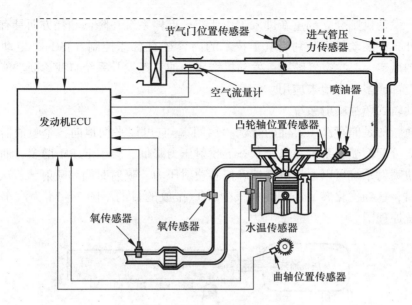

图 3-73 电控燃油喷射系统组成

动机工况的变化,控制废气再循环量。

④计算机精确控制的气缸内直接喷射发动机(FSI)。

传统汽油发动机在进气阀前喷射燃油,而气缸内直接喷射发动机则对着气缸盖内侧直接喷射。后者以高喷射压力(比传统发动机高出 20 倍)往压缩空气中喷射燃油,将其化成细小的微粒,并在活塞盖表面的凹处集中这些微粒进行点火,从而以较少的燃油实现高效的燃烧。

直喷汽油发动机的空气燃油比为 40∶1 ~ 50∶1,这种超稀薄燃烧在不改变燃油供给量的情况下,通过减小进气阻力从而优化燃油经济性。如博世公司开发了 MotronicMED7 汽油直喷系统,奥迪公司开发了 FSI 系统,奔驰开发了 CGI 系统,菲亚特开发了 JTS 系统,虽然名字不同,但它们都代表了汽油缸内直喷。后来,在 FSI 的基础上,又出现了带有涡轮增压器和机械增压器的直喷发动机(TSI)。德国大众公司首先在自己的超级跑车 R8 上采用这种技术,取得了不俗的成绩,目前,大众的多款车型都采用这种技术的发动机。

⑤可变气门正时发动机(VVT)。

可变气门正时发动机是可随着发动机负荷、转速等行驶条件的变化,适当调节气门开闭的时间,使之保持最佳气门正时位置的系统。本田公司这套系统称为 i‐VTEC。

电脑 ECU 根据发动机转速、负荷等参数变化来控制 VTEC 机构工作,改变驱动同一气缸两进气门工作的凸轮,以调整进气门的配气相位及升程,并实现单进气门工作和双进气门工作的切换。

⑥发动机启停系统(Start‐Stop)。

启停系统不仅缩短了发动机起动时间,还可以在车辆停止时关闭发动机,并在车辆起动前感应到离合器和换挡杆的操作,自动起动发动机。例如马自达的智能怠速启停止系统(i‐stop)。

开启中控台上的 ECON 键,也就是进入经济模式,当遇到红灯停车后,驾驶员在松开离合器、制动以及油门踏板时,发动机会自动熄火,停止怠速下产生的排放。而当驾驶员重新下达指令后,发动机则会立刻重新进入工作状态。启停系统在降低油耗方面具有显著效果。

除此之外,在发动机部分利用电子技术的内容还有怠速控制(ISC)、电动油泵、发电机输出、冷却风扇、二次空气喷射、发动机增压、油气蒸发及系统自我诊断功能等,它们在不同的车型上都或多或少地被应用。

⑦柴油共轨式燃油喷射系统。

所谓共轨指的是储存高压燃油的管状"房间"。它可以平均地向各个喷油器提供高喷射压力。传统的分配型喷射系统在怠速状态下喷射压力降低,会引起 PM 增多、油耗增加等问题;但是共轨喷射系统可以通过电控精确控制喷射压力、喷射时间和喷射量,从而在确保输出功率的同时,达到优化燃油经济性并减少 NO_x 排放的目的。图 3-74 为汽车柴油共轨式燃油喷射系统原理图。

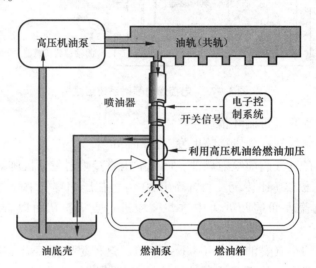

图 3-74 汽车共轨式燃油喷射系统原理图

(2)电子技术在汽车底盘上的应用

①电控自动变速器(ECAT)。

ECAT 可以根据发动机的载荷、转速、车速、制动器工作状态及驾驶员所控制的各种参数,经过计算机的计算、判断后自动地改变变速器的挡位,从而实现变速器换挡的最佳控制,即可得到最佳挡位和最佳换挡时间。它的优点是操作方便、换挡平顺,能准确地反映行驶负荷和道路条件等。传动系统的电子控制装置,能自动适应瞬时工况变化,保持发动机以尽可能低的转速工作。电子换挡装置是利用电子装置取代机械换挡杆及其与变速机构间的连接,并通过电磁阀及液压伺服阀来执行,它不仅能明显地简化汽车操纵,而且能实现最佳的行驶动力性和安全性。图 3-75 为电控自动变速器基本原理示意图。

②无级变速器(CVT)。

把发动机所产生的动力有效地转换成驱动力传递给车轮是变速器的工作。

无级变速器是根据行驶状态进行无级变速的自动变速器。由于实现了无级化,变速平稳、传动损失少,有利于提高燃油经济性。

目前的 CVT 通常由可调节凹槽宽度的两个带轮以及套在两个带轮上的压缩性钢带组成。它通过调节带轮凹槽的宽幅,使带轮和钢带接触的有效半径不断变化,从而实现无级变速。

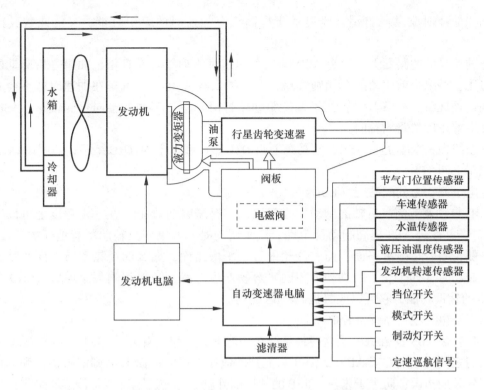

图 3-75 电控自动变速器基本原理示意图

图 3-76 为 CVT 结构。

图 3-76 CVT 结构

③防抱死制动系统（ABS）。

该系统是一种开发时间最长、推广应用最为迅速的重要的安全性部件。它通过控制防止汽车制动时车轮的抱死来保证车轮与地面达到最佳滑动率（15%~20%），从而使汽车在各种路面上制动时，车轮与地面都能达到纵向的峰值附着系数和较大的侧向附着系数，以保证车辆制动时不发生抱死拖滑、失去转向能力等不安全的工况，提高汽车的操纵稳定性和安全性，减小制动距离。

④驱动防滑系统（ASR）。

驱动防滑系统也叫作牵引力控制系统（TCS 或 TRC），是 ABS 的完善和补充。它可以防止起动和加速时驱动轮打滑,既有助于提高汽车加速时的牵引性能,又能改善其操作稳定性。

行驶在易滑的路面上,没有 ASR 的汽车加速时驱动轮容易打滑,如果是后驱动的车辆容易甩尾,如果是前驱动的车辆则容易方向失控;有 ASR 时,汽车在加速时就不会有或能够减轻这种现象。在转弯时,如果发生驱动轮打滑,整个车辆就会向一侧偏移,ASR 则会使车辆沿着正确的路线转向。

此系统在大众车上叫 ASR,宝马车上叫 DTC,日系车上叫 TRC(还有的叫 TRAC),凯迪拉克车上叫 TCS。

⑤电子制动力分配系统(EBD)。

EBD 自动调节前、后轴的制动力分配比例,提高制动效能(在一定程度上可以缩短制动距离),并配合 ABS 提高制动稳定性。汽车制动时,如果四只轮胎附着地面的条件不同,比如左侧轮附着在湿滑路面,而右侧轮附着于干燥路面,那么四个轮子与地面的摩擦力不同,在制动时(四个轮子的制动力相同)容易产生打滑、倾斜和侧翻等现象。EBD 实际上是 ABS 的辅助功能,它可以改善提高 ABS 的功效。

⑥车身电子稳定系统(ESP)。

ESP 包含 ABS 及 ASR,是这两种系统在功能上的延伸。有 ESP 与只有 ABS 及 ASR 的汽车,它们之间的差别在于 ABS 及 ASR 只能被动地作出反应,而 ESP 则能够探测和分析车况并纠正驾驶的错误,防患于未然。ESP 的核心部件就是电脑,电脑能将传感器采集到的数据进行计算,算出车身状态,然后跟存储器里面预先设定的数据进行比对。当电脑计算数据超出存储器预存的数值时,即车身临近失控或者已经失控的时候,则命令四个车轮的刹车系统工作,在驾驶员没踩刹车的时候替驾驶员向某个车轮的制动油管加压,好让这个车轮产生制动力。ESP 还能控制发动机的动力输出扭矩、转速,以保证车身行驶状态能够尽量满足驾驶员的意图。

ESP 是 1992 年由博世公司研制成功的,各厂家也纷纷效仿推出自己的车身稳定系统,例如丰田的 VSC、本田的 VSA、日产的 VDC、宝马的 DSC,其原理和作用与 ESP 都是相同的。

⑦制动辅助系统(BAS)。

在紧急情况下有 90% 的驾驶员踩刹车时缺乏果断,制动辅助系统正是针对这一情况而设计的。它可以从驾驶员踩制动踏板的速度中探测到车辆行驶中遇到的情况,当驾驶员在紧急情况下迅速踩制动踏板,但踩踏力又不足时,此系统便会协助,并在不到 1 s 的时间内把制动力增至最大,缩短在紧急制动情况下的刹车距离。

⑧陡坡缓降系统(HDC)。

陡坡缓降系统最早是由路虎公司发明的,之后被多家汽车公司完善并装配在自己的汽车上,主要是装配在越野车上。

陡坡缓降系统的工作原理其实很简单:越野车在通过很多路况复杂的下坡道路时,驾驶员必须谨慎地同时控制油门、刹车以及方向盘,这对于没有丰富越野经验的驾驶员来说是很难做到的;而陡坡缓降系统在开启后,不用驾驶员控制油门和刹车,车辆会自动以 $6 \sim 8 \; \text{km} \cdot \text{h}^{-1}$ 的速度前进,驾驶员只需控制好方向盘即可。陡坡缓降系统现在一般只配置在高档越野车上,比如路虎的揽胜、奔驰的 GL、奥迪的 Q7、丰田的兰德酷路泽等。

⑨坡道起车控制系统（HAC）。

此系统可以帮助驾驶员提高在坡路驾驶时的安全操作性。霍尔效应式车速传感器既可以感知车速又可以感知转子的旋转方向，并且灵敏度很高（0 km/h 即可感知）。当挡位位于前进挡，而车轮产生后退趋势时（上坡时驱动力不足），此系统自动施加制动力于车轮，当车轮又向前运动时制动力自动释放。

⑩电动助力转向系统（EPS）。

电动助力转向系统是在机械转向机构的基础上，增加了信号传感器、电子控制单元和转向助力机构。EPS 利用电动机作为助力源，根据车速和转向参数等因素，由电子控制单元完成助力控制。当操纵转向盘时，装在转向盘轴上的转矩传感器不断地测出转向轴上的转矩信号，该信号与车速信号同时输入到电子控制单元；电控单元根据这些输入信号，确定助力转矩的大小和方向，即选定电动机的电流和转动方向，调整转向辅助动力的大小。电动机的转矩由电磁离合器通过减速机构减速增矩后，加在汽车的转向机构上，使之得到一个与汽车工况相适应的转向作用力。

⑪自适应悬挂系统。

自适应电控悬挂系统能根据悬挂装置的瞬时负荷，自动地适时调节悬架弹簧的刚度和减震器的阻尼特性，以适应当时的负荷，保持悬挂的既定高度，这样就能够极大地改进车辆行驶的稳定性、操纵性和乘坐的舒适性。

如图 3-77 所示，加速度传感器将检测到的系统运动状态信号反馈到电控单元，电控单元发出指令给伺服驱动器，控制悬架状态。主动悬架除了控制振动还可以控制汽车的姿态和高度。例如，在汽车起步、制动、急转弯和高速（100 km·h^{-1}）时选择运动（硬）状态，以改善操纵稳定性，在汽车低速（40 km·h^{-1}以下）时选择舒适（软）状态以得到好的平顺性，在汽车中速（40~100 km·h^{-1}）时选择正常（中）状态以兼顾平顺性与操纵稳定性。

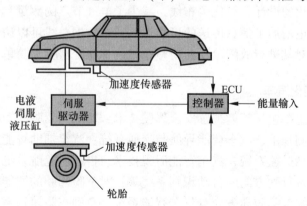

图 3-77 主动电控悬架的组成与控制原理

⑫常速巡航自动控制系统（CCS）。

在高速长途行驶时，可采用常速巡航自动控制系统，恒速行驶装置将根据行车阻力自动调整节气门开度，驾驶员不必经常踏油门以调整车速。若遇爬坡，车速有下降趋势，微机控制系统则自动加大节气门开度；在下坡时，又自动关小节气门开度，以调节发动机功率达到一定的转速。当驾驶员换低速挡或制动时，这种控制系统则会自动断开。

⑬轮胎压力监控系统（TPMS）。

汽车轮胎内充气压力的高低直接影响到整车行驶的舒适性和安全性。如果保持适宜的胎压，则可以减小轮胎的磨损，降低油耗，防止因胎压不足而引起轮胎损坏，并能保证汽车行驶的稳定性和安全性。TPMS（Tire Pressure Monitoring System）通过连续地监测轮胎的压力、温度和车轮转速，能够自动地为驾驶员发出警告，从而保证行车的安全。

美国高速道路交通安全局（NHTSA）已提出相关标准，要求 2007 年 9 月 1 日以后生产的全部车辆均配备 TPMS，这是继安全带、安全气囊之后汽车安全的第三个立法产品。目前，新产车型大多装配了 TPMS。

⑭电控四轮驱动（4WD）。

四轮驱动又称全轮驱动（All Wheel Drive，AWD），20 世纪 70 年代以前用于越野车，现在已发展到应用于轿车，并引入电控系统。由电磁或者液压控制离合器多层叶片，从而改变发动机驱动力在变速器内传递的路径，这样汽车在运行时，能根据汽车行驶状态和路面情况，把驱动扭矩合理地分配给前后轮，以充分发挥各轮胎的驱动力，提高汽车的操纵稳定性。

四轮驱动系统主要分成两大类：半时四驱（Part Time 4WD）和全时四驱（Full Time 4WD）。半时四驱在正常的路面，车辆一般会采用后轮驱动的方式，一旦遇到路面不良或驱动轮打滑的情况，ECU 会自动检测并立即将发动机输出扭矩分配给两个前轮，自然切换到四轮驱动状态。全时四驱是使汽车四个车轮一直保持有驱动力的四驱系统，全时四驱可分成固定扭矩分配（前后 50∶50 比例分配）和变扭矩分配（前后动力分配比例可变）两大类。

⑮汽车总线系统（Can Bus）。

由于汽车上的电子电器装置数量的急剧增多，为了减少连接导线的数量和重量，网络、总线技术有了很大的发展。通信线将各种汽车电子装置连接成为一个网络，通过数据总线发送和接收信息。电子装置除了独立完成各自的控制功能，还可以为其他控制装置提供数据服务。由于使用了网络化的设计，简化了布线，减少了电气节点的数量和导线的用量，使装配工作更为简化，同时也增加了信息传送的可靠性。通过数据总线可以访问任何一个电子控制装置，读取故障码并对其进行故障诊断，使整车维修工作变得更为简单。

二、智能化汽车

汽车智能化技术主要包括智能视感安全驾驶技术、对危险驾驶的智能检控技术、汽车动力与传动系统智能监测技术、汽车智能导航与交通系统、汽车辅助智能技术。智能视感安全驾驶技术包括汽车自动避撞系统、汽车智能后视技术、自适应巡航系统及不停车自动缴费收费系统、对交通标志及行驶方向的自动识别系统等；对危险驾驶的智能检控技术包括监控酒后驾车智能系统、监控双手脱离方向盘驾车智能系统、急刹车防误踩系统、防驾驶员疲劳驾车系统等；汽车动力与传动系统智能监测技术包括汽车动力系统和传动系统自学习能力、异常状况智能识别技术等；汽车智能导航与交通系统包括汽车定位系统、公共交通支援系统、智能导航系统等；汽车辅助智能化技术包括车灯的智能控制（如自动清洗与随动转向等）、智能雨刷、自动泊车系统、夜视系统等。

1. 智能汽车系统

智能交通运输系统是交通运输领域内各种高科技系统的一个统称。凡是运用高新科学技术手段组成旨在改善交通运输状态、缓解交通祸害的各种技术系统都可称为智能交通运输系统（Intelligent Transportation System），简称 ITS。智能汽车系统是智能交通运输系统中的一个部分，是许多高新技术综合集成的载体。智能汽车系统包括以下几个部分：

（1）公共交通支援系统

通过实时收集公共交通部门的运营状况实施必要的优先通行措施，将收集到的信息作为基础数据提供给公共交通运营部门，辅助公共交通部门进行运营管理。

（2）导航系统

将经由路线的堵塞信息、所需时间、交通管制信息、停车场的满空信息等通过导航系统提供给驾驶员，来辅助驾驶汽车。

（3）安全驾驶系统

通过车辆及道路的各种传感器掌握道路、周围车辆的状况等驾驶环境信息，通过车载机、道路信息提供装置等实时地提供给驾驶员，并进行危险警告。

（4）救援系统

当驾驶员需要应急服务（如感觉不适、发生交通事故），启用车载设备呼叫救援中心，为驾驶员员提供救援服务。

（5）行人辅助系统

使用道路引导设备帮助老弱病残以保证其安全。车辆上设置相应设备，可通过检测出车辆前方的行人，警告驾驶员或采取自动刹车，以防止行人交通事故。

2. 导航系统

车辆导航系统就是运用 GPS 或 DR（Dear Reckoning，推算定位）等定位技术，自动确定车辆的实时位置，并运用地图匹配技术，对车辆实际行驶路线与电子地图上道路位置之间的误差进行修正，从而提高定位精度。该系统还可以识别车辆所在道路和每一个临近的交叉口。目前，车辆采用的是 GPS 和 DR 组合的定位技术。

车载导航系统的硬件部分包括 GPS 天线、接收机、陀螺仪等传感器、导航用计算机、CD-ROM 光盘驱动器、可视显示器及扬声器等，如图 3-78 所示。

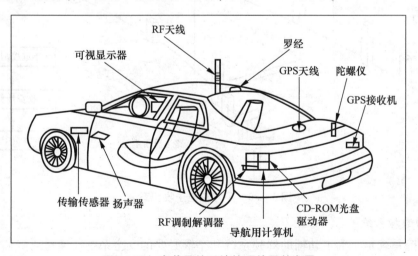

图 3-78 车载导航系统的硬件及其布置

驾驶员可以用无线通信获取当前交通信息，无线通信可以采用 GSM、广播副载波、寻呼系统及短距离信标等实现，如图 3-79 所示。

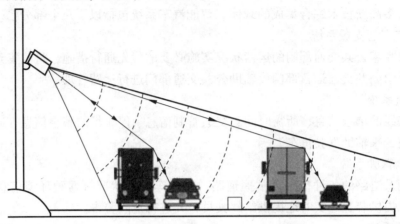

图 3-79 无线通信

3. 不停车电子收费系统

如图 3-80 所示，当汽车接近收费站时，汽车上的车载单元接收到收费站天线发出的信号后，由车载单元反馈一个信号给收费站天线。收费站天线再把这个信号传给车道控制装置，收费计算机收费后把有关信息传到收费中心，完成收费。同时车道控制装置开启栏杆，汽车通过收费站。不停车收费系统可减轻收费时的交通拥挤，提高交通流量并可实现自动收费，方便用户。

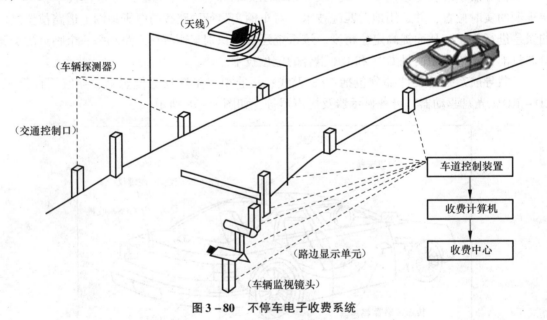

图 3-80 不停车电子收费系统

4. 自动避撞系统

自动避撞系统是车辆主动辅助驾驶系统和车辆必要的安全系统，通过对障碍物、危险姿态的及时检测，为驾驶员或车辆系统获得足够的安全时间，从而阻止或减少危险情况的发生，达到安全行车的目的。它利用安装在车辆上的雷达天线可以探测到车辆前方 100 m 的障碍物，并依靠装于车辆上的传感器及计算机控制器，实时准确判断发生碰撞的可能。从两车速度判断，为避免碰撞事故，测到的自车到目标车辆的距离必须大于安全距离（安全距离与两车的速度、减速度、驾驶员反应时间等有关），在跟车距离小于安全距离或前有转弯等紧急情况时，避撞系统会向驾驶员发出警报，提醒注意并采取减速或制动措施，可有效地预防碰撞事故的发生，提高行车安全和交通效率。该系统的工作原理如图3-81所示。

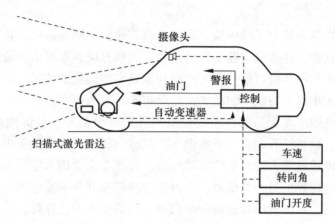

图3-81　自动避撞系统工作原理

5. 车道偏离预警系统

在目前众多的保姆式安全技术里，有一项技术运用得越来越广泛，就是车辆变道与车道偏离预警系统，其中车辆变道预警系统已经非常普及了，这套系统一般在车辆时速超过50 km后启动待命。当驾驶员打开转向灯时，系统自动通过车身两侧向后的雷达监测两侧相邻车道上是否有其他车辆，如果感测到邻近车道有车辆，而驾驶员又打转向灯准备变道时，系统就会通过两侧后视镜上警示灯闪烁和方向盘震动的方式来提醒驾驶员避让。车道偏离预警系统则是一种通过纠正性转向干预，使汽车保持正确的行驶路线，以此避免驾驶员疲劳或错误判断而引起的事故。它通过后视镜上的摄像头来探测道路标记，无论行车线是实线还是虚线都可以识辨。如果汽车非正常偏离了原本的车道，车道偏离预警系统就会干预转向继续，同时驾驶员也可以通过适当增加方向盘的控制力，来否决系统的干预。另外，如果驾驶员在驶过道路标记之前启动转向灯，车道偏离预警系统就不会作出反应。车道偏离预警系统为驾驶员在高速公路和建设很好的主路上的行驶提供了方便，该系统也展示出在特定情况下预防交通事故发生的潜力。

6. 夜视系统

汽车夜间行驶时最大的不安全因素就是光照条件不佳带来的视觉障碍，就算通过灯光的照明辅助，还是会有很多盲区，另外通过大灯照射来获得的视线距离也很有限。在一些道路照明设施较差的环境下，夜间驾驶成了一种非常危险的行为。

而夜视系统就为这个问题带来了解决方案。系统通过红外线大灯或热成像摄像机，在夜间或者视线不明的情况下，帮助驾驶员看清更远处的路面并且辨别道路上的动物、人或树木，甚至它还可以将前方障碍标示以后显示在屏幕上，更直观地提醒驾驶员及时有效地做出避让。

车载夜视系统给驾驶员夜间行车带来了极大的安全感。据实验表明，一般汽车灯只能照射100 m左右，而夜视系统至少可看到450 m以外的路况信息，同时迎面驶来汽车的强烈车灯光也不会使夜视系统致盲。此外，夜视系统是全天候的，在雨雪、浓雾天气也能将公路上的物体及路旁的一切尽收眼底,大大提高了汽车行驶的安全性。当然由于这套系统的价格昂贵,现在还只有豪华品牌会在其旗舰车型上使用,如宝马7系、奔驰S级等。但是随着科技的发展和夜视系统生产成本的降低,相信未来车载夜视系统将会逐渐普及更适合普通消费者的家用车型中。

7. 自动泊车系统

汽车前后保险杠四周装上了感应器、摄像头或雷达来检测障碍物,它们既可以充当发送器,也可以充当接收器。这些感应器会发送信号,当信号碰到车身周边的障碍物时会反射回来;车上的计算机会利用其接收信号所需的时间来确定障碍物的位置,汽车会检测到已停好的车辆、停车位的大小以及与路边的距离,然后将车子驶入停车位。

例如,汽车移动到前车旁边时,系统会给驾驶员一个信号,告诉他此处可以停车。然后,驾驶员换倒挡,稍稍松开刹车,开始倒车,此时,驾驶员完全放手由车上的计算机系统接管方向盘。计算机通过动力转向系统转动车轮,将汽车完全倒入停车位。当汽车向后倒得足够远时,系统会给驾驶员另一个信号,告诉他应该停车并换为前进挡,汽车向前移动,将车轮调整到位,最后,系统再给驾驶员一个信号,告诉他车子已停好。

8. 智能玻璃

智能玻璃即调光玻璃,又叫电致变色玻璃,通过改变电流的大小调节透光率,实现玻璃从透明到不透明的调光作用。调光玻璃主要用于有保密或隐私防护的场所,由其制成的玻璃窗就像电磁控制的窗帘一样,在需要遮蔽视线时断掉电源,使玻璃处于不透明状态;在需要采光或透视时合上电源,玻璃就透明了。

三菱CZ2装的就是调光玻璃,在停车不使用时,汽车玻璃是不透明的。窃贼即使打开车门也无法将汽车开走,因为玻璃不透明,窃贼看不到前方的路,此时这种调光玻璃还能起到防盗作用。

三、新能源汽车

1. 电动汽车

早在19世纪后半叶的1873年,英国人罗伯特·戴维森(Robert Davidsson)就制作了世界上最早的可供实用的电动汽车,使用的是铁、锌、汞合金与硫酸进行反应的一次电池,如图3-82所示。

图3-82 最早的电动汽车

1881年法国工程师Gustave Trouve装配了以铅酸电池为动力的三轮车,应用了可以充放电的二次电池,这是世界上第一辆以可充电池为动力的电动汽车。从一次电池发展到二次电池,对于电动汽车是一次重大的技术变革。之后这种用铅酸电池驱动的电动汽车逐渐开始流行并成为权贵代步的工具。20世纪初蒸汽汽车、电动汽车和内燃机汽车基本是三足鼎立,在汽车保有量中,蒸汽汽车占40%,电动汽车占38%,而内燃机汽车仅占22%。后来,由于石油的发现及大量开采,内燃机的性能迅速提高,电动车在速度和续驶里程等方面愈来愈无法与内燃机汽车竞争,逐渐衰落。

随着世界能源危机,石油价格的不断攀升,大气污染物带来环保问题,电动汽车与其他新能源汽车再次进入人们的视线,发达国家中像美国三大汽车公司纷纷开发电动汽车。以美国为代表的一些国家制定并执行严格的汽车尾气排放标准,极大地刺激并加速了现代电动车的研究和开发。同时,由于新技术和新材料的迅速发展,为电动车发展注入了新的活力。此外,美国等一些国家政府还对新能源汽车进行补贴,这也极大地促进了电动汽车的发展。

(1) 电动汽车特点

电动汽车主要有蓄电池电动汽车、混合动力电动汽车和燃料电池电动汽车,电动汽车有下列突出优点:

①节能:首先电动汽车不需石油类燃料,其次电动汽车还可以充分利用晚间用电低谷时富余的电力充电,使发电设备日夜都能充分利用,大大提高其经济效益。

②污染小:电动汽车行驶时不排放有害废气(称为"零排放")。

③应用范围广:内燃机汽车无法在缺氧的条件下工作,而电动车则最适用于月球、太空、海底、真空等环境。

④操作方便、结构简单:电动车没有离合器,不必换挡,起动容易,行驶噪声小,很容易实现无级变速。

⑤不依赖有限的资源:由于电力可以从多种一次能源获得,如煤、核能、水力、风能、太阳能等,解除了人们对石油资源日见枯竭的担心。

⑥转换效率高:有些研究表明,同样的原油经过粗炼,送至电厂发电,经充入电池,再由电池驱动汽车,其能量利用效率比经过精炼变为汽油,再经汽油机驱动汽车高。电动机的耗能效率高达75%,而内燃机只有15%,因此电动汽车有利于节约能源和减少二氧化碳的排量。正是这些优点,使电动汽车的研究和应用成为汽车工业的一个"热点"。

(2) 电动汽车分类

电动汽车主要有蓄电池电动汽车、混合动力电动汽车和燃料电动汽车。

电动汽车的组成包括:电力驱动及控制系统、驱动力传动等机械系统、完成既定任务的工作装置等。电力驱动及控制系统是电动汽车的核心,也是区别于内燃机汽车的最大不同点,由驱动电动机、电源和电动机的调速控制装置等组成。电动汽车的其他装置基本与内燃机汽车相同。

①蓄电池电动汽车。

蓄电池电动汽车是最早出现的电动汽车,它使用铅酸蓄电池作汽车的动力源,其整车动力性、续驶里程与传统内燃机汽车有较大的差距,而使用高性能镍氢电池或锂电池又会使成本大大增加。蓄电池需要相应的充电设备和充电时间,因而这种电动汽车使用场合受到了限制,仅用于短途代步的运输车、游览车等。但随着电池及充放电技术的提高,很多汽车厂家纷纷开发出具有实用价值的纯电动汽车,如图 3-83 所示的日产公司开发的叶子(Leaf)小型电动汽车。

中国新兴的汽车厂家比亚迪公司,本身就是世界第二大电池生产商,依托其电池技术的领先优势,2009 年比亚迪公司推出纯电动汽车 E6,如图 3-84 所示。它采用比亚迪自主研发的"ET-POWER"的铁动力电池,在国内外共申请了 700 多项专利,安全性能出色,续驶里程超过 400 km,完全能满足大多数消费者的日常使用;它除了能用专业充电站快速充电,还可使用 220 V 民用电源慢充;它可以像用手机一样用,白天用车,晚上充电;同时,它动力十足,加速时间在 10 s 以内,最高车速可达 160 km·h^{-1} 以上,而百公里能耗为 18kW·h 以内,只相当于燃油车 1/4~1/3 的消费价格。

图 3-83　日产小型电动汽车

图 3-84　比亚迪 E6 电动汽车

②混合动力汽车。

由于当前电动汽车用的电池性能还不理想,一次充电后汽车续驶里程尚未达到传统汽车的水平,同时充电、维修等基础设施的建设需要资金,于是出现了混合动力汽车,即利用两种不同动力驱动的汽车。具体说混合动力汽车是指车上装有两个以上动力源,由电机或发动机驱动,符合汽车道路交通、安全法规的汽车。车载动力源有多种:蓄电池、燃料电池、太阳能电池、内燃机等。混合动力汽车既可以减少汽车的污染,又可以提高纯电动汽车的行驶里程。

混合动力汽车有串联式和并联式两种结构形式。其组成包括电动机、辅助动力及蓄能装置等。电动机可以是交流的或直流的,辅助动力可以是内燃机、外燃机、其他形式的热机以及燃料电池;蓄能装置可以是蓄电池、超级电容、液压、气动或飞轮等储能装置;辅助动力可以直接驱动汽车,也可以带动发动机发电,或者如燃料电池直接发电,将电能储存在蓄能装置中;汽车在减速或制动时,可以将回收的能量储存在蓄能装置中,蓄能装置是能量汇集处。图 3-85 为串联式混合动力汽车结构图。

在混合动力汽车方面,日本超越其他国家,稳居世界领先地位。日本丰田汽车公司是世界上最早实现混合动力汽车产业化的企业,在混合动力汽车的技术研发和规模化生产方面积累了大量经验。最畅销的混合动力车普锐斯(图 3-86)自 2000 年登陆北美市场后,截至 2008 年累计销量已经突破百万辆。

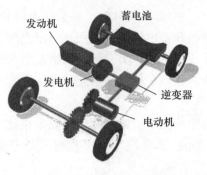

图 3-85 串联式混合动力汽车结构图

图 3-86 丰田混合动力汽车普锐斯

比亚迪 F3DM 开创了混合动力的新模式，它是全球首款不依赖专业充电站的新能源车，是采用纯电动和汽油两种驱动方式的汽车，谓之双模式电动车，如图 3-87 所示。因此它具备了纯电动车和混合动力的优势，用户通过按键，就可以使车辆在纯电动（EV）和混合动力（HEV）这两种模式之间自由切换。这种技术的好处显而易见，纯电动模式下即实现了零排放，混合动力的排放标准也远远优越于欧Ⅳ标准。

图 3-87 比亚迪 F3DM 双模式电动车

③燃料电池电动汽车。

采用燃料电池作为电源的汽车称为燃料电池汽车。

燃料电池是通过电化学反应将燃料的化学能直接转变为电能的高效率发电装置。燃料可以是氢气、甲醇、石油气、甲烷及其他能分解出氢的烃类化合物，目前大多数燃料电池电动汽车使用压缩氢气或液化氢气作为燃料。

氢气中不含碳（C），因此燃烧后不产生 CO_2、CO、HC，是一种清洁能源，其热值和燃烧效率明显高于汽油，节能高。而原来限制燃料电池汽车发展的氢气贮存和携带的难题随着纳米技术的发展也有望突破，等相关技术成熟后，燃料电池汽车就可能被大力推广。

2. 太阳能汽车

太阳能是一种新能源，它取之不尽，用之不竭。太阳能汽车是靠太阳能电池作电源的。太阳辐射到地球表面的能量，每平方米约有一千瓦。从理论上来说，把太阳能转换成电能，效率可达 30%，目前世界上最先进的技术已经能够达到 20% 左右的转换效率。$8m^2$ 大小的太阳能板能提供一辆小型汽车所需的电力。经测算，一辆太阳能轿车一年可省油 500L。当太阳照射到车身上的太阳电池板时，根据光电转换原理，立即能产生直流电，供给直流电动机运转，驱动汽车行驶。但这种只装有太阳电池板的汽车，在无光照射时，就会马上停止。如果要汽车在阴天或夜间也能继续行驶，还要把太阳电池板和蓄电池配合使用。当阳光照射时，太阳电池板就产生电能，一部分提供给电动机，汽车便可奔跑，另一部分供给蓄电池充电，这样，等到没有阳光时，使蓄电池放电供电动机运转，让汽车行驶。因此可以认为太阳能汽车，是太阳能和蓄电池组成的混合动力电动汽车。

现在世界上很多国家都在研制太阳能汽车，并进行交流和比赛。澳大利亚每隔3年就举行一次世界最大规模的太阳能汽车大赛，全程为3 000 km，参赛汽车的平均时速已达到89.76 km。图3-88为比赛中的太阳能赛车。

图3-88　太阳能赛车

太阳能电池车已经开发出的试验车很多，但在进入正式应用阶段前，太阳能电池作为汽车能源还有很多课题有待解决，如性能不够高、转换效率低、价格高、动力密度低以及太阳能电池安装空间难以确保等。太阳能汽车最可能的发展方向是成为使用太阳能、燃油、电力等多种能源的混合动力车。

目前已经具备实力的国际汽车巨头已经形成三大军团，其中，混合动力军团主要以丰田为代表，燃料电池车的代表是通用汽车，研制柴油节能技术的车辆在欧洲的发展最为成熟，其代表是德国的汽车厂家，如大众汽车和戴姆勒-奔驰集团。

3. 燃气汽车

自从1872年发明了奥托循环发动机后就有了天然气发动机。早在第一次世界大战期间天然气就开始用在汽车上，后来由于其储存、携带极不方便才让位于液体燃料中的汽油和柴油。

1973年第一次石油危机之后，人们才认识到使用天然气代替传统的石油产品作为汽车燃料具有经济、清洁的突出优点，于是纷纷加快了天然气汽车的发展。在天然气资源丰富的俄罗斯、意大利、阿根廷、新西兰、巴西等国家和地区，以及受到环保法规和国家政策制约的美国、日本等国，天然气汽车的发展非常迅速，许多国家都制订了研究与发展计划。

根据燃气汽车使用的燃料不同、燃料的使用形态不同和使用方法不同，燃气汽车有如下几种：

①压缩天然气汽车（CNGV）：是指以多级加压压缩到20MPa左右并储存在车载高压气罐中的气态天然气作为燃料的汽车。

②液化天然气汽车（LNGV）：是指以低温液化并储存在车载绝热气瓶中的天然气作为

燃料的汽车。

③吸附天然气汽车（ANGV）：是指以中压状态储存在吸附罐内活性炭中的天然气作为燃料的汽车。

④液化石油气汽车（LPGV）：是指以储存在车载气瓶中的液化石油气作为燃料的汽车。

⑤单燃料燃气汽车：是指仅使用 CNG 或 LPG 中的一种作为燃料的汽车，其发动机的燃料供给系、配气机构等针对 CNG 或 LPG 的物化特性进行专门设计，因此燃烧热效率高、经济性好。

⑥双燃料燃气汽车：是指具有两套燃料供给系统，使用中可以在两种燃料之间灵活切换的汽车。此类汽车在燃用汽油时，不能同时使用 CNG 或 LPG 作为发动机燃料；反之，燃用 CNG 或 LPG 时，也不能混烧汽油。由于要兼顾两种燃料的物化特性，发动机的结构参数几乎不做改造，因此燃烧热效率不高、经济性较差。

图 3-89 为铃木 CNG 微型汽车结构。

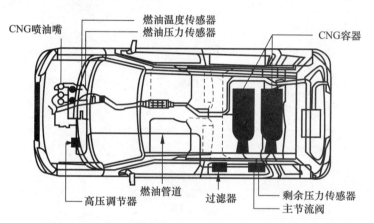

图 3-89　铃木 CNG 微型汽车

4. 醇燃料汽车

醇燃料（主要指甲醇和乙醇）是汽车清洁替代燃料的一种。与汽油和柴油相比，醇类燃料氢碳原子比大，且为含氧燃料（甲醇分子含氧量达 50%、乙醇分子含氧量达 35%），比汽油和柴油更容易完全燃烧；除常规的有害排放较低外，CO_2 的排放量也比燃用汽油和柴油低。此外甲醇和乙醇是可再生资源，可由一些廉价原料，例如家庭垃圾、秸秆、木材、甘蔗、粮食制造，也可以通过煤、煤层气、液化石油气等制造，所以醇类燃料的供应不会枯竭。美、德、加、法、日、瑞典、新西兰等发达国家政府和汽车公司，都大力推动醇燃料的研究试验和示范推广，并由国家议会列为清洁燃料，予以发展。世界各大汽车厂都在积极研究开发，示范了许多不同方案的醇燃料汽车，如专用优化的醇燃料小轿车（曾是巴西汽车的主流）、全醇燃料的大轿车、大载货汽车等，在醇燃料汽车技术上有很大进展。

分析与思考

案例：大众汽车动力系统的王牌组合（TSI + DSG）中的 DSG 7 速变速箱遭遇大量消费者投诉，大众汽车面对消费者的强烈不满，一直表示不召回的态度，欲用软件升级解决此问题。但有不少大众车主反映，在进行软件升级后，故障问题并没有得到根本解决，反而出现了动力明显减弱的现象。类似的投诉不断增加，为抗议大众漠视 DSG 变速器故障的态度，大众车主组织了多起维权抗议活动。

2012 年 12 月 27 日，大众在台湾地区宣布召回部分 DSG 故障车型。

2013 年 1 月 6 日，大众汽车集团再次声明，对中国大陆进一步延长质保。

2013 年 3 月 15 日，央视 3·15 晚会曝光大众汽车 DSG 存在问题。

2013 年 3 月 16 日，质检总局通知大众公司就 DSG 变速器动力中断故障问题实施召回，"大众公司如果不履行法定义务，质检总局将责令召回"。

2013 年 3 月 16 日下午，大众汽车集团（中国）、一汽大众和上海大众随即在官方微博发布联合声明称："大众汽车将实施主动召回以解决 DSG 问题。"

清华大学汽车技术研究院院长宋健认为，DSG 问题属于设计缺陷，即使召回也不能解决问题，此次质检总局的行动具有里程碑式的意义。

针对这一事件，谈谈你的看法。

第四章 汽车运动

学习目标

1. 了解汽车运动的起源与发展历程。
2. 了解我国汽车运动的发展与现状。
3. 了解一级方程式比赛的发展与规则。
4. 了解一级方程式赛车著名的车队和车手。
5. 了解世界著名汽车比赛的类型与规则。

第一节 汽车运动概述

一、汽车运动的起源与发展

汽车运动是伴随着汽车工业的诞生而出现的。19世纪80年代，欧洲大陆出现了最早的汽车，汽车运动也随着汽车工业的发展而兴起。

汽车运动是一项重要的体育运动，是使用汽车在封闭场地道路上或野外比赛驾驶技术和车辆性能的一种运动，更是在极限条件下对车辆整体性能和品质的严峻考验，它与其他时尚运动一样拥有大批爱好者和追求者。

从第一辆汽车被生产出来到第一次汽车比赛的举行只不过十年的时间。起初，汽车比赛的目的只是汽车生产厂家为了检查车辆的性能，宣传使用汽车的安全性和可靠性。由于汽车运动的成绩在一定程度上会影响汽车生产厂家的产品市场占有率，所以各国的大汽车厂商都非常重视参与汽车运动，其中依靠汽车运动发展起来的并成为世界品牌的有"本田""法拉利"等，其中"法拉利"车更是成为汽车品牌中的佼佼者，为世界各地的成功人士所喜爱。

今天，各式各样的现代汽车运动已经不是纯粹的展示汽车产品的舞台，它是科学技术、艺术与人类精神的完美结合，汽车运动的激烈、惊险、浪漫、刺激，不仅仅使成千上万的观

众为之痴迷，而且还使世界汽车技术的发展日新月异。

虽然德国人发明了汽车，而英国当时又是工业强国，但这两个国家对汽车都不感兴趣，甚至在国内禁止汽车比赛。法国人不但重视汽车，而且还建立了当时世界上最大的汽车工业，最早的"赛车"一词就来自法文（Grand Prix），意思是大奖赛。

1894 年，法国组织了世界上第一次汽车比赛，线路由巴黎到鲁昂，共 80 英里①。这次参加比赛的汽车共有 102 辆，包括汽油车、酒精车、蒸汽汽车和电动汽车，最后只有 9 辆汽车跑完了全程，蒸汽汽车轻而易举地获得了第一名，其最高时速仅 24 km。

早期的赛事采取城镇到城镇的比赛形式，和现在的拉力赛一样，赛车依次等时间距发车，最后根据总用时排出成绩，分出胜负。

在 1897 年的赛事上，赛车有别于家用车的特征开始出现。赛车去掉了不必要的挡泥板等以减轻重量与风阻，车座不再采用舒适的软结构，赛车制造商开发出大功率的发动机。图 4-1 为早期的汽车比赛。

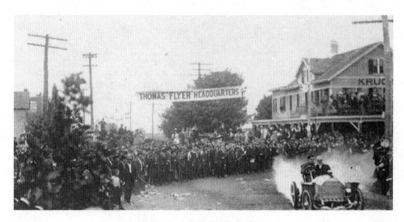

图 4-1　早期的汽车比赛

1900 年，法国的默伦举行了世界首场场地汽车比赛。

随着赛车运动的发展，赛车的性能不断提高，随之也发生了一些意外，使刚刚兴起的汽车运动受到了挫折。

1903 年，在法国汽车俱乐部举办的巴黎—波尔多—马德里的比赛中，有近 300 万观众在赛道两旁观看比赛。赛车在丛林行驶中，扬起的尘土阻挡了车手的视线，赛车撞向观众，很多人被撞。比赛随后被法国、西班牙政府终止。后来，法国政府受到汽车厂家等多方的压力而妥协，最终恢复了比赛，但为比赛制定了一些规则：汽车比赛逐渐改在封闭的赛场和跑道上进行，赛道两旁围上护栏，比赛选在人口稀少的地方举行。这就是汽车场地赛的雏形，它被认为是封闭赛道开始的标志。如图 4-2 所示。

1904 年 6 月 20 日，由法国、英国、德国、比利时等几个欧洲国家成立了国际汽车联合会（Fédération Internationale de L'automobile），简称国际汽联（FIA），图 4-3 为国际汽联标志。

---

① 1 英里（mi）= 1.609 344 km。

图 4-2　加装护栏后的汽车比赛

图 4-3　国际汽联标志

为了吸引更多的人参加汽车比赛，使比赛更加富有刺激性和挑战性，法国的勒芒市在 1905 年举行了第一次真正意义上的场地汽车大奖赛。此时赛车已经职业化，德国、意大利、英国、美国都有了自己的赛车参赛，涌现出一批专业的车手。

1907 年，第一条专为汽车比赛修建的赛道在英国萨里（Surrey）的布鲁克兰（Brooklands）建成。在德国、意大利，汽车运动已悄然兴起。

20 世纪初，汽车运动在美国兴起，最著名的是 1 英里和 2 英里的椭圆形赛道，这样的赛道使比赛更加紧张、快速、危险，比赛的过程往往变幻莫测，更加突显了车手的智慧与勇气，如图 4-4 所示。

1911 年，随着世界经济趋于繁荣，在第一次世界大战前的几年里，欧洲的汽车运动有了短暂的发展。赛道开始重视转弯和曲折的设计。赛车的设计也不再一味追求大功率的发动机，而是更加关注操纵性、机动性和制动性，要求发动机在各种速度时都具有较好的可靠性。赛车构造基本定型，在以后的 40 年中都没有大的改变。

1911 年摩纳哥首次举行了从欧洲 10 个国家的首都到该国蒙特卡洛的长途汽车比赛，由于此次比赛以 RALLY（音"拉力"）命名，所以被称为拉力赛。图 4-5 为描写早期蒙特卡洛拉力赛的绘画作品。

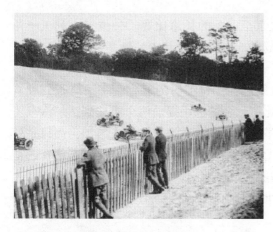

图 4-4　美国兴起的椭圆形赛道汽车比赛

图 4-5　描写早期蒙特卡洛拉力赛的绘画作品

第一次世界大战使欧洲汽车运动受到了沉重的打击，各项赛事基本处于停顿状态，战后相当一段时间才恢复起来。但战争却刺激了汽车技术的发展。此时，欧洲工程师们从战争里学到了很多技术，让欧洲人获得了汽车技术的先机，从而使美欧在赛车上的科技差距开始拉大，意大利也就在这时开始统治欧洲车坛。

意大利的菲亚特研制出高转速顶置凸轮轴发动机，在1922年的法国斯特拉斯堡大奖赛上，采用高速发动机和轻巧底盘的菲亚特汽车轻松夺冠。这次比赛也是赛车史上第一次集中发车。1923年，菲亚特赛车安装了增压器，在设计过程中还首次应用了风洞实验。1925年，另外一家意大利著名跑车公司阿尔法·罗密欧囊括了全年大奖赛的冠军。

1929年至1933年，一场席卷全球的世界性经济危机对欧洲的政治、经济、社会生活产生了很大的冲击，也对蓬勃发展的汽车运动产生了巨大的影响和冲击，赛车的黄金时代宣告结束。由于参赛过于昂贵，就连正处于鼎盛时期的阿尔法·罗密欧也宣布退出车坛。

第二次世界大战后，自20世纪50年代开始，世界汽车工业飞速发展，推动汽车运动的水平不断提高。1950年，首届世界汽车一级方程式汽车大奖赛在英国的银石赛车场举行，这是现代方程式汽车运动的里程碑。

汽车运动和汽车工业是一对天生的孪生儿，汽车运动的起源其实就是新车的试验，层出不穷的新技术通过汽车运动不断得到验证和提升，并最终运用到普通汽车上，为整个汽车工业发展提供科技平台。因此可以说汽车运动归根结底，比的还是车辆的技术和性能。

在汽车运动史上，利用汽车运动而创立品牌形象的成功案例不胜枚举。如今赫赫有名的本田最初不过是一个日本小企业，1955年开始涉足赛车领域，10年之后，本田首次夺得F1世界锦标赛墨西哥站冠军，很快在世界赛场和市场上占有一席之地。

1975年韩国现代因生产"小马"轿车后也在国际汽联注册参加拉力赛，虽然直到现在，它的战绩并不理想，但它通过车赛不断改进技术，终于使该车在1986年成功打入美国市场，连续两年在美国进口小型车市场排名第一。家用轿车尚且如此，更不用说法拉利、保时捷、莲花等专门为赛道而生的名车了。

二、中国的汽车运动

我国最早出现的汽车比赛是在1907年，由北京至巴黎的长途比赛。一位意大利王子博格基斯率领其助手，以及其他一些法国人，分别驾驶5辆汽车（其中一辆是三轮汽车），从北京出发，开始了这项壮举。

经过行程超过15 000 km、历时两个月的艰难跋涉，那位英勇的意大利王子终于驾驶着意大利生产的伊塔拉汽车，率先到达巴黎，他要比第二名的选手提前两个星期到达。汽车当时在国内还是一件稀罕玩意，因此，这次在我国举行的汽车比赛没有中国人参加，而只是殖民者在贫穷的国家玩的一场奢侈的游戏。这以后七十多年，国内再也没有有关汽车比赛的记录了。图4-6为第一次在我国举行的汽车比赛的照片。

中国汽车运动联合会（FASC）于1975年在北京成立，1994年加入国际汽联。图4-7为中国汽车运动联合会标志。

图4-6 第一次在我国举行的汽车比赛的照片

图4-7 中国汽车运动联合会标志

中国汽车运动联合会成立后，在1985年举办第一届香港至北京汽车拉力赛，现在开展的项目已经有拉力赛、越野赛、场地赛、普通汽车竞速赛、驾驶技巧赛、卡丁车赛等。在北京、上海、沈阳、深圳、北海等地建有卡丁车赛场，1996年10月在上海市建成了中国第一个一级方程式汽车赛车场。

虽然中国汽车赛事从20世纪80年代就开始了，但是由于那时中国汽车工业基础的薄弱，汽车赛事面临着"无源之水、无本之木"的尴尬——如果连汽车还是一种稀缺的物资、一种奢侈品，那么怎么会有汽车赛事的群众基础呢？只有汽车不断地走向人们的生活，拥有汽车的人越来越多，才能创造汽车运动的良好氛围，才能造就汽车运动的繁荣。

三、汽车运动的魅力

与通常的体育运动相比，汽车运动不仅是车手个人技艺、意志和胆量的竞争，而且是汽车设计、产品质量的角逐，这项独具特色的双重性运动，更能体现人类精英与高新科技最完美的结合，体现人类对自然的征服能力。有了具有高科技产品的汽车公司做后盾，有了拥有雄厚经济实力的大企业集团的资助，再加之热心汽车运动的人们的积极参与，这就是汽车运动能够经久不衰的关键所在。汽车运动的魅力可以表现为以下几个方面：

（1）汽车比赛有助于改善汽车的性能，尤其是它的动力性

汽车诞生百年来，汽车技术得以不断发展的原因，在很大程度上是因为各式各样车赛所做的大量实验。赛车场是汽车技术的试验场，它能使汽车所有零部件都处于最大应力状态下工作，将正常使用条件下几年之后出现的问题在短短的几个小时之内就能暴露出来，节省了大量的时间。汽车比赛可以作为汽车新构造、新材料等实验的最重要的手段，在比赛中使用的赛车往往就是制造厂日后生产新车型的参考样本。20世纪50年代，当日本汽车厂家决定加快汽车生产步伐时，首先选中的基地就是赛车场。20世纪60年代，他们又将自己的赛车驶向国际赛场，向车坛霸主欧、美赛车宣战，在屡战屡败中吸收了对手的优点，找到了自己的不足。通过改进，他们不仅在赛车场获得了一席之地，而且为日本汽车工业的全面崛起奠定了坚实的基础。

（2）汽车比赛场地遍布全世界

赛车是先进技术的结晶，汽车大赛中的赛车，几乎都代表着一家汽车公司甚至一个国家

在汽车方面的最新技术水平。不仅如此，赛车还体现了普通汽车的发展方向。比较当代新型轿车与20世纪30年代的赛车设计，不难发现它们之间有一些共同点，如较高的发动机转速、较大的压缩比、较小的汽车质量和流线型的车身等。从某种意义来说，赛车是汽车发展的先驱。最能代表赛车技术的一级方程式赛车，主要出自德国保时捷、意大利法拉利、美国福特和日本本田等汽车公司的精心杰作。福特汽车公司形象地把一级方程式汽车大赛称作高科技奥运会。

（3）汽车比赛是生动的广告

组织得好的汽车赛，尤其是国际性高水平大赛能够吸引成千上万的观众。比赛中赛车和车队是汽车制造商和赞助商的最佳广告宣传载体，可以促进产品销售，为企业带来巨大的经济利益。正因为如此，许多车队才高薪争聘优秀的车手，汽车公司才慷慨解囊赞助大型车赛。

（4）汽车比赛促进了汽车大众化

除职业比赛外，世界各地的汽车爱好者们还自行组织进行一些小型的汽车比赛，这对汽车工业的发展有着另外一层意义。许多地方性的汽车俱乐部，联系着千千万万汽车运动爱好者，其广泛性和群众性是汽车大赛所无法比拟的。地方汽车俱乐部组织的汽车赛吸引大量参赛者和现场观众，通过比赛掀起了汽车热，把众多的人吸引到汽车上，传播汽车技术，扩大了汽车爱好者队伍，培育了潜在的汽车制造、使用、维修方面的人才和汽车市场。

（5）汽车比赛是集人与车为一体的综合较量

作为一项群众性体育活动，赛车不仅体现着技术革新的步伐，也体现出人类驾驭自然的能力。它壮观而激烈，充满着冒险的情趣，因而激起越来越多人的狂热，每次大奖赛到来，总有成千上万的爱好者趋之若鹜。英国以每张1 500美元的往返机票组织人们前往巴西观看汽车大赛，葡萄牙人和意大利人则成群结队地乘火车奔赴奥地利观看比赛，德国、英国和南非，是甲级赛车的会聚之地，每次都有不下10万人前往观看。它那丰富而又复杂的内涵超过了世界上任何一项体育运动。

四、汽车比赛的种类

汽车比赛根据比赛距离、场地又可分为长距离比赛、环形场地比赛和无道路比赛等。

①长距离比赛：即从甲地到乙地的长距离比赛，包括拉力赛和越野赛。

②环形场地比赛：即起点和终点都在同一地点的环形场地赛，其中一种是公路赛，分为方程式汽车赛、运动原型汽车赛。

③无道路比赛：在泥土场地进行的无道路的比赛。

随着汽车工业的发展，汽车运动五花八门，汽车比赛越分越细，主要有方程式车赛、拉力赛、越野赛、耐力赛、创纪录赛、冲刺赛、技巧赛、卡丁车赛、太阳能车赛等。大多数赛车运动属于体育运动。

卡丁车比赛开始于1940年，50年代普及，是世界方程式赛车的最初形式。由于许多著名的一级方程式赛车手都是从卡丁车起步的，因此卡丁车被视为一级方程式赛车手的摇篮。

印第车赛是汽车场地赛的一种，设有世界锦标赛。印第车赛起源于美国，是美国汽车协会主办的锦标赛。比赛使用车辆的整体结构类似于一级方程式的四轮外露中座位纯跑道用赛车，但使用8气缸，工作容积为2.6～3.4L，以甲醇为燃料的涡轮增压式发动机，输出功率为 515~625kW。比赛距离依不同的比赛场地有 100 英里至 150 英里不等。

拉力赛又称"多日赛",是汽车道路比赛的项目之一,是在有路基的土路、砂砾路或柏油路上进行的。比赛在规定的日期内分若干阶段进行,每阶段内设置由行驶路段连接的数个测试速度的特殊路段。比赛以每个车组完成全部特殊路段的比赛时间和在行驶路段所受的处罚时间累计计算最终成绩,时间短者名次优先。国际汽车拉力赛每年设有世界拉力锦标赛、欧洲拉力锦标赛、亚洲拉力锦标赛、非洲拉力锦标赛、中东拉力锦标赛等众多大型赛事。

耐久赛简称为"GT赛",是汽车场地赛的一种,为长时间耐久性汽车比赛。比赛车辆分旅行车和运动原型车两类,并根据发动机的工作容积分为若干级别。比赛中每车可设 2~3 名驾驶员,轮流驾驶。每年国际汽车耐力系列赛分为 11 站,在世界各地举行,赛程一般为 8~11 小时,以完成圈数的多少评定成绩,较著名的比赛有:法国勒芒 24 小时耐久赛,日本铃鹿 8 小时耐久赛等。

越野赛是汽车道路比赛项目之一,是在一个国家的公路和自然路上举行的。对需要经过几个国家的领土,总长度超过 10 000 km 或跨洲的比赛称为马拉松越野赛。除国际汽联特别批准外,越野赛的赛程不得超过 15 天,比赛在白天进行,采用单车发车方式。1996年国际汽联首次对越野赛实行世界杯赛制,其中较著名的比赛有巴黎—达喀尔越野赛、突尼斯国际汽车赛、巴黎—莫斯科—北京马拉松越野赛、阿拉伯联合酋长国沙漠挑战赛等。

直线竞速赛是汽车场地赛项目之一。比赛按不同车型及发动机工作容积分为 12~14 个级别,在两条并列长 1 500 m、宽 15 m 的直线柏油跑道上进行,实际比赛距离为 1/4 英里和 1/8 英里。比赛时每 2 辆车为 1 组,实行淘汰赛,一轮一轮进行直至决出冠军。比赛使用特别设计制造的活塞式或喷气式发动机专用赛车,以汽油、甲醇或煤油为燃料,车重 500~1 000 kg。

创纪录赛是在某个场地或路段以单车出发创造最高行驶速度纪录为目的的汽车比赛。按汽车发动机的工作容积分 10 个级别。现今内燃机驱动的汽车的最高速度纪录是 1965 年 11 月由塞默兄弟创造的 660 km·h^{-1}。以喷气式发动机为动力驱动的汽车原最高速度纪录是 1983 年由英国人理查德·诺贝尔(Richard Noble)驾驶他自己设计的推力 2 号车在美国内华达州西北的盐湖上创造的 1 019.89 km·h^{-1},其发动机的输出总功率为 44 118 kW;1997 年 10 月 15 日这一纪录又被英国飞行员安迪·格林在同一地点所打破,他驾驶的"冲刺"号喷气式汽车达到了 1 227.73 km·h^{-1} 的速度,超过了当时环境下声速的 2%,成为第一辆超声速汽车。

第二节 一级方程式锦标赛

一、方程式汽车赛

方程式汽车赛属于汽车场地赛的一种。"方程式"(Formula)本是一个数学名词,既有方程式的意思,也有准则、方案的含义,联系到车赛,应把它理解为规则、级别更为合理。以共同的方程式(规则限制)所造出来的车就称为方程式赛车。最常用的"方程式"规则是限制发动机排量。1950 年，国际汽联出于安全和汽车技术发展的需要，颁布了赛车竞赛规则，对汽车自身质量、车长、车宽、发动机功率和发动机排量等技术参数做出了一系列规定，使车赛趋于公平。

1950 年 5 月 13 日在国际汽联的组织下，在相对统一的规则下，在英国银石赛道这个由"二战"时期机场改建的赛场举行的英国汽车大奖赛被命名为国际汽联一级方程式世界汽车赛，这是一级方程式赛首次登场，标志着现代 F1 的诞生。现在每年一般进行 16 场比赛，所有比赛均由国际汽联安排，赛场遍布全球。每个赛季 F1 的收视率累计超过全球人口数量总和，每年的转播费用收入超过数十亿美元。图 4-8 为 F1 现场。

图 4-8　F1 现场

最初的 F1 赛车都采用前置发动机的布置形式，从 1960 年开始，各个车队为了提高车速和稳定性普遍采用了后置发动机布局。

从 1967 年开始，英国莲花车队在双座 4 气门发动机和在空气动力学方面的不懈努力使他们统治了整个 70 年代的 F1 赛场，从此每个车队都开始特别重视空气动力学的研究应用。

1968 年，金树叶香烟广告印在了莲花赛车上，这是 F1 历史上第一次商业赞助的引入，标志着 F1 现代商业和科技时代的到来。

从 20 世纪 50 年代到 70 年代，F1 赛车引擎从 1.5 L 剧增到 3.0 L。70 年代空气动力学套件加涡轮增压引擎的出现，使得赛车速度的激增超出了人们的想象。但由此安全隐患也越来越多了，20 年间就有 51 位车手失去了宝贵的生命，引发了 F1 赛车的第一次安全革命，在国际汽联的规定下车队在车手安全方面做出了众多改进。

随着 20 世纪 80 年代后期电子计算机技术应用，汽车成了一个高度集成的电脑控制器，油门、刹车等都有了电脑辅助系统，从而使 F1 的技术革新成几何倍数增长。赛车成为一个只是比赛车的科技含量，从而使车手变得不再那么举足轻重了，于是国际汽联又制定种种条例来限制自动化的应用。

1994 年圣马力诺大奖赛，同一场比赛三起事故两人身亡，其中就有巴西车王塞纳。塞纳之死，引发了 F1 历史上的第二次安全革命，国际汽联禁用了轮胎防抱死系统、循迹控制系统、电子控制的悬架系统等这些当时先进的电子辅助系统，并把引擎从 3.5 L 降级到 3.0 L。F1 赛车从此又回到了原来车手实力较量的统一起跑线。

2006 以后，F1 赛车进入了科技和经济主导的环保新时代，特别是进入 2007 年以后，首先采用了统一的轮胎。2008赛季TCS被取消，为了节约资源统一了ECU的使用等。

F1比赛的火爆程度，使它对世界汽车巨头们的吸引力超过了任何一项赛事，尽管参赛的每队要付出4 800万英镑的参赛保证金，但很快福特、雷诺、梅赛德斯、本田和宝马就接二连三地通过买进或买断私人车队的方式加入F1，丰田则是一家独自签约的。

汽车人物：F1帝国的缔造者

管理F1的FOM公司，拥有者就是英国巨富伯尼·埃克莱斯顿。1930年出生的伯尼16岁便辍学进了工厂当学徒，最初的梦想是当一名赛车手，但他连参赛的资格都拿不到。1951年，埃克莱斯顿意识到，他的天分并不在赛车车道上，转而选择做生意。没有赛车天赋的埃克莱斯顿却拥有经商的天赋。"二战"刚结束，他发现机动车零部件十分缺乏，于是便利用午休时间开始倒卖机动车零部件和旧汽车，并与朋友合伙创立了一家机动车销售公司，这家公司一度成为英国最大的汽车经销商。1972年年初，他买下布拉罕姆车队。1974年，他联合各参赛车队，成立协会。经过6年的抗争，伯尼购得了F1赛事100年的商业使用权，确定了车队、国际汽联以及F1管理机构的利益分配原则。在改造F1世界的过程中，他卖掉了车队，而成为负责F1比赛商业经营的F1控股公司老板。之后，比赛的商业模式很快就被打造了起来，收入来源主要有三个部分：广播电视、电子传媒权益，主办费，还有就是出售商业许可权、赛道广告、厂商和商业区域收入等。通过他的努力，F1发展到现在已经成为全世界收视率最高的体育运动项目。他的年薪在1997年就超过8 000万美元，成为世界上薪水最高的经理。1998年，他成为英国第六大富豪。

伯尼的成功在于他敏锐的商业头脑和把握机会的能力。他注意到了F1赛事日渐增多的观众人群，开始充分发掘电视转播权等商业权益，在他的全力运作下，这些权益从三十年前的一文不名到目前每年带来超过十亿英镑的收入。如果不是在F1赛场上有众人簇拥，这位身高1米6、戴着一副有框眼镜的小个子老头看起来毫不起眼，但就是他掌控着F1，他个人名下的财富超过25亿英镑。

二、方程式汽车赛的级别

方程式汽车赛按发动机排量和功率分为3个级别：

①一级方程式锦标赛，简称F1，使用的赛车发动机排量3.5 L，不超过12气缸，功率478 kW，最高时速超过315 km。

②二级方程式锦标赛，简称F2，设有国际大奖赛等比赛。使用的赛车是四轮外露的单座位纯跑道用方程式赛车，装备8气缸、工作容积为2.0 L的自然吸气式汽油发动机，输出功率约为349 kW。

③三级方程式锦标赛，简称F3，使用的赛车是四轮外露的单座位纯跑道用方程式赛车，外形与一级方程式赛车相类似，但体形比较细小，最低质量为455 kg，配备4气缸、工作容积为1.0 L的自然吸气式汽油发动机，输出功率约125 kW。著名赛事有福特、欧宝、雷诺方程式系列赛，大众方程式锦标赛也属于这一系列。

方程式汽车赛等级最高者是F1。

F1 就是 Formula One 的缩写，中文叫作一级方程式比赛，是汽车场地赛项目中最高级别的比赛，也是世界上最为引人注目的运动项目之一。全世界的车手都以能够进入 F1 赛场为终极目标。

Formula One 里面的这个"One"不仅仅代表比赛所用的车辆是世界顶级的技术结晶，也不仅仅代表参赛的车手和技术都是世界赛车界的精英，从另一个角度讲，这个"One"还代表 F1 是世界顶级的"金钱大赛"。十几年前，建一条 F1 赛道的造价是 3 000 万美元，而今，中国上海兴建 F1 赛道总投资已高达 2.75 亿美元。1977 年，办一站 F1 需 17 万美元，一年 16 站下来也不到 300 万美元，到了 1992 年，16 站比赛耗资已达 10 亿美元。著名车手的年薪则超过千万美元。一辆 F1 赛车的发动机造价在 12 万~30 万美元；一条固特异轮胎约 600 美元，F1 每站消耗的轮胎数量高达 1 400 条；资格赛用的汽油每升 240 美元，一辆赛车平均每场大奖赛耗油量约 2 000 L，在测试中平均每天的耗油量为 600 L，百公里平均油耗为 70 L；耗资建一个 1：1 的风洞开销大于 5 000 万欧元。高额的投入，同样提升着广告的价位，世界音响巨头健伍在著名车手的车身上印刷 4 个 10 cm×12 cm 的商标就要花费 400 万美元。F1 在现今赛车领域所代表的地位就有如"奥运会"或是"世界杯足球赛"。

另外属于方程式汽车比赛的项目还有 F-3000、亚洲方程式、无限方程式、福特方程式、雷诺方程式、卡丁车方程式等。

F3000，亦可称三公升方程式（注意：不称二级方程式），它的气缸容积为 3 L，功率 475 马力。著名赛事有国际汽联 F3000 与欧洲 F3000 锦标赛。

亚洲方程式只限于亚洲地区开展，使用的赛车是四轮外露的中座位纯跑道用方程式赛车，车身规格与二级方程式极为相似，配备 1 台 4 气缸、工作容积为 2.0 L 的自然吸气式汽油发动机，输出功率约 117 kW。

三、F1 赛车

F1 使用的四轮外露的单座位纯跑道用方程式赛车，由底盘、发动机、变速系统、轮胎和空气动力装置等构成，底盘用碳化纤维制造。F1 从很大程度上讲比的是赛车的技术，赛车上往往汇集了当代顶尖的造车技术，并不是每个厂家都具备这样的实力，因此 F1 赛车主要出自德国保时捷公司、宝马公司、意大利法拉利公司、美国福特公司和日本丰田公司等几家大公司。图 4-9 为法拉利赛车。

图 4-9 法拉利赛车

制造赛车与制造普通汽车在技术上存在着天壤之别，造价超过百万美元。F1赛车是大量采用现代科学技术，凭借电子计算机对每个总成及零部件进行精心设计制造而成的，具有极好的动力性（含加速性）和可靠性，其价值不亚于一架中、小型飞机。

发动机是F1赛车取胜的关键因素。一辆赛车发动机大约由6 000个零件组成，造价十几万美元，而且每一场比赛用过之后就必须更换。大多车厂都不约而同地使用V10结构，但5个气缸两侧之间的角度却不尽相同，V10可提供大约800马力的动力，相当于一般家庭轿车1.6L发动机的8倍。最强的F1发动机功率记录是1986年由涡轮增压4缸发动机产生的将近1 100马力。大部分普通轿车的发动机每分钟最大转速约为6 000转，但F1赛车发动机的转速可达每分钟18 000转，其活塞加速比子弹还快。同时，F1赛车发动机也设计得非常轻巧，离合器只比成年男子的拳头大一点而已。高科技材料使得发动机变得很轻，重量只有97 kg。发动机使用特殊的汽油，它每跑100km就要用掉60~70L的汽油。

小知识：F1 四大发动机

1. 法拉利发动机

多年的技术沉淀保证了法拉利发动机毋庸置疑的可靠性，并在不断提升输出功率。在同样的输出功率下，法拉利发动机的耗油量明显比其他发动机高。

优点：速度非凡、稳定可靠，经验主义者首选。

缺点：速度高的代价便是油耗大。

2. 雷诺发动机

雷诺发动机的表现可圈可点，其特点便是省油，但真正需要速度的时候，会稍显马力不足。

优点：省油，对赛车的机械方面影响相对较小，调配更加自由。

缺点：极速显劣势，关键时刻可能拖后腿。

3. 梅赛德斯&MIDdot；奔驰发动机

奔驰发动机在耗油量和极速的配比上有很好的调配，既省油又高速，为F1赛车找到一个绝佳的平衡点。

优点：输出马力高，耗油量少，高速冲刺利器，低速省油法宝。

缺点：大品牌相应高消费，不适合小车队使用。

4. 考斯沃斯发动机

考斯沃斯发动机在20世纪60—70年代是王者的代表，虽然在重新回归F1后，考斯沃斯的发动机表现平平，甚至发生爆缸现象，但在速度和油耗上都有较高的水平。

优点：速度不慢，油耗不高。

缺点：稳定性差。

F1禁止使用自动变速箱，挡位位数限制在四挡及七挡之间，而且一定要有倒挡。比赛规则也只规定车手必须自己选择换挡，因此车手们可以使用半自动系统，利用液压操作离合器和换挡拨片，可以帮助车手达到快速换挡的目标，车手只需要0.02 s就可完成全部换挡动作，而一般轿车则至少需要0.5 s才能完成换挡。进入特定弯道时，车手还可以预先设定一连串的定时换挡，免除了在接近弯道时用手操作数次换挡杆的麻烦。目前，半自动的七挡变速系统，是各大车队的不二选择。

F1 的比赛规则规定赛车连人带车及燃料总重不得低于 600 kg。为了使重量保持最小，所有车队都广泛使用碳纤材料，这些材料的强固性足以支撑车子的重量。虽然比赛规则规定了最小重量，但车队还是尽可能削减多余的重量，最后，会再使用压舱物把重量提升到 600 kg。压舱物可以堆放在车上的任何部位，因此车队可以针对不同的车道变更车子的重量平衡，顶级车队使用的压舱物重量甚至高达 80 kg。此外，赛车 0～100 km·h^{-1} 加速时间为 2.3 s，由 0 加速到 200 km·h^{-1} 再减速到 0，所需的时间也不会超过 12 s。这么轻的车子要在这么高的速度下奔驰，要求赛车车身具有特殊的形状。F1 赛车车身酷似火箭倒放于四个轮子之上，发动机位于中后部。它的外形是综合考虑减小车身迎风面积和增加与地面附着力，以及赛车运动规则而设计的。赛车疾驶时，迎面会遇到极大的空气阻力，为了减小空气阻力，赛车外形要尽可能呈流线型，以获得较小的迎风面积。通过减小迎风面积并采用扰流装置，借以减小空气阻力，提高速度。另外，当赛车高速前进时会产生向上的升力，使车轮与地面之间的附着力减小，导致赛车"发飘"，影响加速和制动。在赛车尾部安装后翼板后，巨大的双翼可以产生至关重要的下压力。这种空气动力会使流经汽车上方的气流将车身向下压，使车子紧贴在车道上，增加向下的压力，使赛车行驶时的附着力增大，从而使轮胎获得更大的抓地力。而这种空气动力还要根据不同赛车场的特征而调整；较直的跑道需要较低的下压力设定值，如此可减少阻力，并且有助于赛车提高极速；较曲折的车道需要较高的下压力设定值，如此可令赛车的极速降低。因此对于不同的赛道需对尾翼进行不同的调整。

F1 赛车使用了碳纤制动器（这种装置最先使用在商用飞机上），有着惊人的制动（刹车）能力，可以在 1.7 s 和 26 m 的距离内，从 100 km·h^{-1} 减速到完全停止。制动器工作温度接近 700 ℃，因此在阴天比赛时，转弯减速时不难见到制动器炙热发红的景象。

轮胎也是赛车的关键技术。为了充分发挥发动机的动力，轮胎制作得相当宽大（前轮约为 290 mm，后轮约为 380 mm），用以增加与地面的接触面积。根据天气的不同，赛车选用不同的轮胎：在无雨时选用干地轮胎，这种轮胎表面光滑，无任何花纹，以利于与地面良好贴合；在湿滑条件下则要选用湿地轮胎，这种轮胎具有明显的花纹，以利于排出轮胎与地面之间的积水，保持必要的附着力。每次比赛之前，车手必须从赛车官方的合法轮胎供货商提供的不同轮胎组合中选择轮胎。较硬的组合较耐用，但是抓地力较小，因此使用这种轮胎组合的赛车绕圈速度会稍微慢一些，但是可以用较少的进站维修次数作为弥补。较软的组合较易磨损，但是抓地力较大，可使赛车产生较快的绕圈速度，但是这种轮胎很少能撑过 100 km，比赛中的高速行驶及频繁的强力转向和紧急制动使轮胎磨损极快，经常需要在中途更换轮胎。赛车车轮只有一个紧固螺栓，便于迅速拆装。

F1 的安全问题一直是公众瞩目的焦点。F1 赛车极快，为保障车手的安全，赛车、赛道和赛手的穿着都采取了相应的安全措施。

图 4-10 F1 车手装备

赛车由高强度的材料制成，赛车前后部装有防翻滚装置。车手坐在为他量身定制的一体化驾驶舱中，驾驶舱内配备了无线电系统插头、饮料、特制灭火器及油箱。车手身穿用特殊材料做成的能耐 700 ℃ 高温的连体防护服和头盔，其上印满了赞助商的名称与商标，如图 4-10 所示。为安全起见，赛道两旁一般铺设宽阔的草地或沙地，以便将赛道与观众隔开，同时也可作为赛车出道之后的缓冲区。上海上字型国际赛车场的赛道采取沥青层、绿化缓冲区、沥石缓冲区、轮胎防撞墙、三肋防撞墙和铁丝防护网 5 级防护措施，以增加 F1 大赛的安全系数。

正是因为 F1 赛车具有如此先进的结构和装备，才使它具有了普通汽车所难以达到的良好性能，每辆赛车都是机械、电子、材料等现代高科技的结晶。

四、F1 赛车手

根据国际汽联规定，参加 F1 的选手，必须持有超级驾驶执照。这张车手执照只发给在 F3000、F3 或 CCWS 系列赛事表现杰出的车手，通常一位车手要花 8 年的时间从小型车赛逐步晋级到 F1，但事实上仅有极少数人能够有此能力和机会登上这赛车金字塔的顶端。每年，全世界有资格驾驶 F1 赛车的车手不会超过 100 名。因此，为了跻身 F1 赛场，每名车手必须过五关斩六将，先是小型车赛，然后是三级方程式，接着是二级方程式，这一切都通过了，才能获得超级驾驶执照，成为 F1 车手。

一个车手从开始训练到进入 F1，按照正常程序，得花费好多年，以及好多钱。从学习卡丁车开始，一般要用 5 年时间开卡丁车，而这 5 年，所需费用为 300 万元左右；随后，可以进入雷诺方程式这样的比赛，大概要用 2 年，费用是 200 万~300 万元；随后是进入国际汽联承认的方程式赛事，如 F3、F3000、F2、F1，F3 每年的花费大概需要 400 万元，假如运气好、实力强，可以跳过 F3 开 F3000，而后者每年大概需要 500 万元。在 F3000 里面开上几年，也许就有机会进入 F1 了。但是，假如是自费进入 F1，找到了肯出钱的赞助商，那么每年 800 万美元交给车队是必须保证的。

F1 不仅是车速的比试，同时也是车手体能和意志的较量，所以 F1 车手必须集身体素质、车技、经验和斗志于一身。比赛中，高速行驶的赛车在转弯时产生巨大的离心力，这种离心力使人感到非常恶心，感觉五脏六腑都与身体骨架脱节，因此 F1 的驾驶员必须是世界上最强壮的运动员。一级方程式车手比赛中在高速转弯时的心跳数在 160~170 下，而在大直道上则为 150 下，起步时心跳数为 140 下。通常一场比赛车手必须换挡 2 500 次，平均 2 s 要换挡一次，车手的注意力必须高度集中。过弯时的产生的 4 g 的离心力，让车手的重量变成 4 倍，身体或许还有安全带可固定，但头部就需要极强壮的颈部肌肉才能支撑。而一场比赛下来，车手会脱水 3.5~4 kg，如果换成一般人早已出现休克。这些对车手的体能都是极大的挑战。一场 F1 所花的体力和踢一场世界杯足球赛或打一场 NBA 篮球赛相当。比赛中，车手一直处于神经高度紧张的状态，赛车内温度极高，车手的水分、盐分和矿物质消耗极快，因此，从某种意义上来说 F1 是对车手身体的摧残。

在 F1 中要取得好成绩必须具有娴熟的驾驶技术和丰富的赛车经验。掌握拐弯时的各种战术可以说是车手取胜的法宝，在赛车拐弯前，各车手都会做好超前的准备，比较常用的方法是掌握赛车的制动以超过对方。由于 F1 赛车的车速极高，转向时很容易出现危险。

五、F1 规则简介

1. F1 赛场

F1 必须在专用赛场进行，对专用赛场的长度和宽度、路面情况、安全措施等均有极为严格的要求。国际汽联规则规定：专用赛道均为环形，每圈长度为 3~8 km，每场比赛距离为 300~320 km；赛场不允许有过多过长的直道，目的在于限制高速，以免发生危险。近年来，随着赛车运动的风靡，申请主办 F1 的国家越来越多，分布在全世界各地的赛场地理环境迥然相异：有的建在高原上，那里空气稀薄，用以考验车手的身体素质；有的则是街道串成的赛场，路面相对狭窄曲折，车手弄不好就会撞车；有的赛车场就显得路面宽阔，但也有上下坡考验车手的技术；还有的赛场建在树木葱郁的树林中，那里跑道起伏大，车手很难控制赛车。赛场设有维修站、赞助商接待看台、比赛控制塔、围场。国际汽联还要求各赛场设置医疗站，一般位于维修站的旁边，并且配备直升机，救护人员必须分布在全场的每个角落，争取在出事的一刹那，跑进现场，进行抢救。

2. 排位赛与决赛

每场比赛均分为计时排位赛和决赛两个过程。排位赛在决赛前两天进行，计得每辆赛车 60 min 跑得最快的一圈所用的时间，用时最少的车在决赛中将在赛道上排在前面，其他依次类推。赛车在赛道上的排位相当重要，排在前面的将有抢先拐第一个弯的优势。通常在排位赛时有 28~30 辆赛车参加，最后只取前 26 辆赛车参加决赛。决赛当天，车手先进行 23 圈的自由练习，用以检查车子各部分的工作情况。决赛前半小时各赛车进入排定的起跑位置。赛前 5 min，开始倒计数，当剩下最后 1 min 时，发动机开始起动，绿旗一挥赛车便起步，进行最后一圈热身赛，但中途不准超车，也不准更换赛车。当一圈跑完后仍按原顺序排好，几秒钟后，绿灯一亮，决赛正式开始。

一般情况下，F1 即使在雨天也要进行，如果雨下得实在太大，出于安全考虑，比赛组织者有可能暂停或取消比赛。冒雨进行比赛的最大危险不是来自车手对赛车的控制能力，而是宽阔的车胎甩起的水雾使赛场能见度大为降低。基于这一点，赛车尾部必须安装一只红色信号灯，而且在整个比赛过程中一直亮着。

在赛程之中赛车可以更换轮胎（最少更换四次轮胎），可以加油，出了故障也可修理，但需占用比赛时间，所以车手在赛车发生故障时要用无线电话通知维修站事先做好准备。

3. 维修站

每一支 F1 车队必须配备由高素质人员组成的赛车维修队伍。由于赛车允许中途更换轮胎，这就意味着修理站内维修人员的工作配合必须无懈可击。

在维修站内，发动机技术员的面前有三台电脑屏幕供他使用：第一台用来显示发动机的各种性能数据，第二台用来观察比赛的全部过程，第三台用来显示赛车在各圈所处位置及所用时间。

任何车队的修理站都至少需配备 15 名机械师：拆卸和更换每只车轮 3 人（1 人拆下和拧紧螺母，1 人拆旧轮胎，1 人换新车轮），2 人操作前后快速千斤顶，再加 1 位手持指挥标志的总机械师。除这 15 位机械师以外，有时再加 1 名发动机技术员和 2 位机械师，他们分别负责擦拭车手的遮阳板和清除侧舱进气口内的纸张或杂物，以保证散热器的最佳工作效果。由于训练有素，动作熟练，一次成功的换胎只需 6~8 s（1993 年英国大奖赛期间，迈凯伦车队为塞纳换胎时间为5.11 s）。换台完成后，总机械师将手中一直举着的长柄圆形牌子翻到可以开走的一面（GO），车手松开制动踏板，赛车又如离弦之箭一般重新进入激烈竞争的赛道。由于高速赛车的几乎每一个部位（尤其是发动机排气管、车轮、轮胎、制动钳等处）温度都很高，换胎机械师必须佩戴毛绒手套。另外，为防止意外失火，机械师们均穿着防火的连衣裤，并佩戴头盔。图4-11所示为赛车进入维修站的情景。

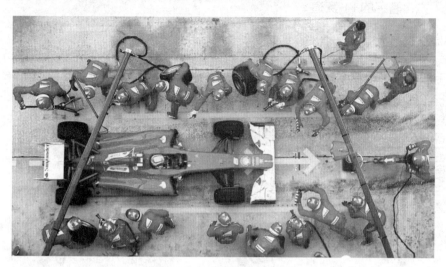

图 4-11　赛车进入维修站

4. 赛场旗语

为有效指挥车手比赛，尽可能防止各种事故的发生，F1采用摇动各种彩色旗帜的办法作为指挥信号。摇动的旗子不仅可以使车手在很远处看到，提前引起注意，同时也可使现场观众了解比赛过程中发生的一切。指挥旗为长方形，由赛道各处的裁判执掌，各种旗语的具体含义如下：

绿旗：比赛开始时出示，表示热身圈比赛开始；比赛中出示表示危险已经消除，赛场一切恢复正常，比赛可以正常进行。

黄红条静止旗：表示路面有水或油，赛车容易打滑，应小心驾驶。

黄红条挥动旗：警告车手路面湿滑程度较重，驾驶应格外小心。

白旗：表示在赛道上有赛会指定的车辆或行驶缓慢的赛车，提醒车手注意避让该类车辆，以免发生危险。

黄色静止旗：表示前面有危险，车手应减速。

黄色挥动旗：表示前面有危险，车手应减速行驶，此时超车视为犯规；如果车手在同一地方再次看见裁判挥动黄旗，应减慢车速并做好停车准备。

蓝色静止旗：表示车后有其他赛车紧随，车手应提高警惕，但不必避让。

蓝色挥动旗：表示紧随其后的赛车准备高速超越，车手应注意安全，但仍可按原路线和速度行驶，无须避让。

黑、白对角旗：表示对车手缺乏体育道德行为的第一次警告，如果车手置之不理，则出黑旗与白旗取消其比赛资格。

黑旗与白色数字旗组合使用：白色旗的数字显示该数字编号的车已被取消比赛资格，车手必须在下一圈进入维修站,并向大赛组委会报告。

红旗:一般不挥动。一旦挥动该旗,意味着比赛暂停或提前结束。停赛原因可能是多方面的,但却不是按原来要求圆满地进行完毕而停止的。

黑、白格旗:表示比赛圆满结束。

六、著名的 F1 赛道

1. 英国大奖赛银石赛道

英格兰大奖赛是最早的现代一级方程式大奖赛,早在 1950 年 F1 就在这里举行了。这条赛道对车手和赛车来说都极具挑战性,这也是世界最著名的赛车场之一,每年都有上百场比赛在此举行,如图 4-12 所示。

图 4-12 英国大奖赛银石赛道

银石赛道也是到目前为止每年都举办过 F1 分站比赛的两条赛道之一。由于年久失修,赛道本身的安全和质量也备受争议,虽然从 1973 年开始起就不断地增加缓冲带改变坡度,但是其安全系数仍然令人怀疑。虽然国际汽联多次以这些问题作为取消在银石赛道举办 F1 的理由,但是没有人会相信国际汽联会真的取消在银石赛道举办 F1,没有银石的 F1 还叫 F1 吗?1991 年和 1994 年赛道又做了两次大规模的重建。银石赛道经过不断的修改,增加了一些提高安全性的措施,在这里的比赛已经变得越来越吸引人。

2. 美国大奖赛印第安纳波利斯赛道

印第安纳波利斯赛车场建造于 1909 年,是世界上历史最悠久的赛道之一。

1959 年,美国开始举办真正由 F1 赛车参加的比赛,为了适合 F1 的要求,印第安纳波利斯赛道进行了大规模改造,在原来椭圆形赛道内部新建了一条包含 13 个弯道的传统赛道,起跑也由逆时针方向改为传统的顺时针,如图 4-13 所示。

图4-13 美国大奖赛印第安纳波利斯赛道

3. 意大利大奖赛蒙扎赛道

意大利大奖赛蒙扎赛道建成于1922年,也是F1历史最悠久的赛道之一,蒙扎是举办F1比赛最多的赛道,如图4-14所示。

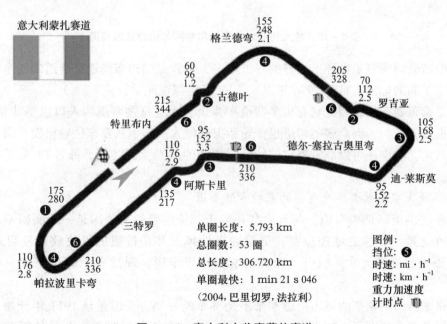

图4-14 意大利大奖赛蒙扎赛道

蒙扎以高速著称，最高时速超过350km，平均时速超过240km，带给观众无可取代的感官刺激。

蒙扎赛道是法拉利车队的主场，更是意大利人的天下，狂热的意大利车迷都会把赛场变成红色的海洋。在这里，有法拉利的辉煌，有意大利车迷的疯狂，更有意大利车手的赫赫战绩和血泪辛酸。

4. 澳大利亚大奖赛墨尔本阿尔伯特公园赛道

澳大利亚大奖赛是在墨尔本的阿尔伯特公园内的临时街道赛车场举行，如图4-15所示。由于阿尔伯特公园赛道位于澳大利亚墨尔本市的市中心，所以每年都吸引着众多车迷前来观战。

图4-15　澳大利亚大奖赛墨尔本阿尔伯特公园赛道

阿尔伯特公园赛道是世界上最好的赛道之一，不管是结构布局还是赛道的安全保障，该赛道都树立了高的标准。自从1996年以来，F1每年都在此举行。

由于是街道赛车场，因此它有很多弯道和弧道，而且这些弯道的入口也是非常的崎岖。这里需要很多下压力，而众多的弯道也令轮胎损耗增大。车手从发车位置出发，沿着墨尔本湖顺时针行走，途中还可以欣赏阿尔伯特公园美丽的风光，所以几乎每名F1车手都喜欢在这里比赛。

5. 摩纳哥大奖赛最具传奇色彩的蒙特卡洛赛道

坐落在法国南部地中海边，与意大利和瑞士相望的摩纳哥公国是一个面积不足一平方英里的弹丸之地。优越的地理位置，美丽的自然风景和最优惠的税收政策使得这里成为全欧洲有钱人的避税天堂，吸引了无数富豪在这里定居，现役车手中几乎有一半住在摩纳哥。

摩纳哥蒙特卡洛狭窄的城市街道本来不是赛车的好地方，但是从1911年开始，当地便存在有组织的赛车比赛了。20世纪二三十年代，摩纳哥天然的吸引力开始使得欧洲各路赛车英雄相聚摩纳哥，在狭窄的街道上孤注一掷。其名气越来越大，以至于1945年美军开进摩纳哥后，第36步兵师用军用吉普和卡车也来了一场较量。

摩纳哥站比赛之所以这么吸引人，除了其巨大的名气和旖旎的风光，毫不妥协的赛道也是因素之一。街道最宽处也不到15 m，最窄的地方只有6 m，赛道边没有任何缓冲区，全是金属护栏，这对于动辄时速300 km·h^{-1}的F1赛车来说，简直就是羊肠小道。

如图4-16所示，赛道基本上没有什么直路，车手除了忙于换挡、加速、刹车之外，还要专心致志地做好方向的精确操控，稍微一个不留神就会落个撞栏退赛。也是由于赛道狭窄，所以排位因素非常重要，因为整条赛道几乎找不到什么地方超车，前方的车手只要有心阻挡，后方的赛车就几乎不可能超越。车手在比赛全程需要换挡2 000次以上，这对于赛车的变速系统来说是最严酷的考验。

图4-16 摩纳哥大奖赛最具传奇色彩的蒙特卡洛赛道

在摩纳哥获胜是F1车手梦寐以求的荣誉之一，因为在这条赛道上，赛车之间的性能差距被最大程限地缩小，要在各路英雄中脱颖而出，必须靠过人的胆识、谋略和技术，当然还要加上那么一点点运气。所以摩纳哥站冠军的含金量也特别高，不过十年来还未曾有人成功在摩纳哥站卫冕成功过。

6. 中国大奖赛设计最先进的上海赛道

自从20世纪90年代开始，赛车逐渐在国内成为一个热门话题，F1与中国的距离也仿佛越来越近。1994年，珠海首次尝试用城市道路串联在一起承办国际GT街道赛。2002年，上海开始在嘉定区安亭镇建造一条F1标准的国际性赛道，并开始积极申办F1。

上海总长5.4km的赛道总体设计呈一个中国象形文字的"上"字形，这也意喻着上海赛车场的未来蓬勃向上，如图4-17所示。2006年10月1日，上海作为世界一级方程式系列赛中一站，舒马赫夺得该站冠军。

相比于许多20世纪五六十年代建设的F1赛道，上海赛道是目前硬件最先进、设施最完备的F1赛道之一。

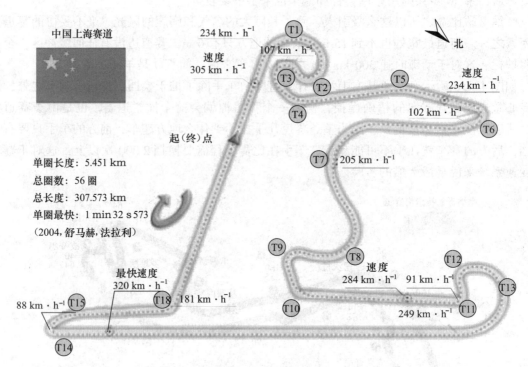

图 4-17 中国大奖赛设计最先进的上海赛道

七、F1 著名车队与传奇车手

F1 的所有活动都是围绕各个车队展开的。在 F1 的历史上,每个赛季都至少有一支车队退出,而他们空出的位置总是立即被补上。实力雄厚的赛车队,如法拉利车队、威廉姆斯车队、雷诺车队和英美车队等,都拥有自己的 F1 赛车设计制造中心,有人专门负责赛车的研发。但一些规模较小的车队只是负责汽车比赛的一些事项,赛车和发动机则由那些实力雄厚的汽车或发动机厂商负责制造。

F1 车队是一个团队,F1 文化的核心之一就是团队文化,团队力量发挥的好坏直接决定着车手的成绩。F1 车队的人员编制,以总部位于英国伦敦近郊的迈凯伦车队为例,车队的工作人员就超过 500 人,这还不包括在德国斯图加特奔驰总部发动机研发部门的员工及其他技术伙伴。

F1 当代著名的车队有:法拉利车队、雷诺车队、迈凯伦车队、印度力量车队、威廉姆斯车队、宝马索伯车队、梅赛德斯 GP 车队、飞箭车队、红牛车队、红牛 2 队等。

1. 法拉利车队

法拉利是具有最好传统的最古老的 F1 车队,成立于 1929 年。

法拉利车队从 1950 年参加 F1,1952 年摘取第一个冠军称号。1956 年、1959 年和 1960 年都取得冠军。之后法拉利沉寂了 15 年,直到 1974 年奥地利籍车手尼克·劳达的加盟,使这匹腾飞的骏马才再次昂首奋蹄,法拉利真正成为一支超级车队,劳达摘取 1975 年的冠军称号。1977 年他又为法拉利车队再次夺冠。从 1975 到 1983 之间的 9 年时间里,他们包揽了 6 届 F1 年度冠军。

传奇车手：F1 史上的"拼命三郎"

出生于奥地利的尼克·劳达（Niki Lauda），22 岁开始参加 F1，1974 年在西班牙夺得第一个分站赛的冠军后，次年赢得他赛车生涯的第一个年度总冠军。

1976 年，在以难和险著称的德国纽柏林赛道上，一场恶性车祸差点夺去劳达的生命。与死神擦肩而过，一脸伤疤的劳达并没有退出他心爱的赛车事业，凭着顽强的毅力，1 个月后，这个有着钢铁般意志的汉子不仅重返回赛场，并夺得当年的世界亚军和第二年的世界冠军。在风驰电掣的赛车场上，竞争永远是残酷激烈的，尽管在随后的 7 年中劳达承受着强劲的挑战，但他并没有放弃和妥协，直到 1984 年实现了自己三冠王的目标，这位赛车史上的拼命三郎才光荣地退出了为之奋斗的赛场，为世界赛车史留下一段佳话。

劳拉退役之后，整整 15 年里，法拉利人没有拿到一个冠军。

老法拉利死于 1988 年，法拉利车队群龙无首，整个 90 年代法拉利都失去了往日的光芒。

1996 年迈克尔·舒马赫加盟了法拉利，经过 3 个赛季的磨合，德国人开始显示出他的王者风范，从 1999 年至 2007 年，舒马赫和他的法拉利垄断了 F1 的几乎所有荣誉。

传奇车手：F1 车王——舒马赫

迈克尔·舒马赫（Michael Schumacher）是当之无愧的当代车王，共得到 7 次年度车手总冠军、90 个分站冠军，成为车坛的传奇。

舒马赫的父亲是一个卡丁车场的负责人，这使家庭并不富裕的舒马赫自幼就有机会从事卡丁车运动，1984 年和 1985 年他连续夺得德国青少年卡丁车赛总冠军。

1991 年他在乔丹车队首次参加了 F1，只参加了一场比赛就被贝纳通车队挖走。第二年他在比利时获得了第一个分站冠军，并获得了总成绩第三名。1994 年他第一次夺得世界冠军，并于次年卫冕成功。1996 年他加盟法拉利车队，虽然赛车问题不断，但他还是获得了第三名。他那种超凡的自信往往被人们认为是傲慢，而那种对胜利的渴望也被人们看成了爱惹麻烦，赛场上他多次与人碰撞，1998 年比利时大奖赛上还差点对库特哈德动拳头。

1999 年赛季舒马赫在英国银石赛道撞断了腿，当时车迷们还纷纷猜测，舒马赫回来的时候能否帮助队友埃尔文夺得世界冠军。在复出后的马来西亚大奖赛上，舒马赫排位赛获得第一，并在正式比赛领先的情况下，非常大度地让队友埃尔文超过自己，夺得冠军。

2000 年，舒马赫为法拉利车队夺得车队与车手双料冠军，成为三届 F1 冠军车手，也是法拉利车队 21 年来的首个冠军车手。2001 年，舒马赫再为法拉利车队夺得车队与车手双料冠军。2002 年、2003 年和 2004 年共获得 7 次年度冠军。

尽管总是成为传媒的争议人物，但舒马赫以其卓越的表现和过人的天分，无可争议地成为世界车坛最优秀的车手之一。他精明的赛车头脑和可怕的驾驶技术，特别是在湿滑天气时的表现，为他赢来应得的赞扬和尊敬。

舒马赫于2006年退役，但2009年不甘寂寞复出，面对人才济济的新人的挑战，"车王"再也没能重现辉煌。2012年，舒马赫宣布再次退役。

舒马赫更具"车王"品质的是其人品。他不仅才华出众，对工作也非常认真地投入，并且不断地挑战着自己的极限。他还经常参加各类慈善活动，在他十几岁时，就将他参加F3比赛所获得的3.2万欧元奖金全部都捐了出去。1995年，他将12.7万欧元捐献给联合国教科文组织，这笔钱是他原本要用来操办婚礼的。2004年年末的印度洋海啸，舒马赫捐出了1 000万美元，是世界上最大的一笔私人捐款。他还在塞内加尔、萨拉热窝建等地修建了学校、医院。

2. 迈凯伦车队

迈凯伦车队是新西兰车手布鲁斯·迈凯伦于1963年创立的，因技术方面出类拔萃赢得了广泛的赞誉。不幸的是迈凯伦于1970年的一次试车中丧生。

20世纪80年代可以说是迈凯伦时代，著名车手劳达、巴西车王塞纳加盟迈凯伦，使迈凯伦成为超级车队，他们囊括了除1987年外的所有1984年到1990年间的全部冠军奖杯。

传奇车手：雨中塞纳

艾尔顿·塞纳（Ayrton Senna）被公认为是世界赛车史上最具天才的车手之一，有"赛车王子"和"雨中塞纳"的美称。

塞纳出生于巴西圣保罗一个富有的汽车制造商家庭，从小就表现出极高的驾车天赋。13岁参加卡丁车赛，17岁夺得南美冠军。1981年进入欧洲方程式赛场，不久便赢得福特1600和福特2000方程式赛的冠军，崭露头角。1983年进入三级方程式后夺得全英F3冠军，成为赛车界关注的对象。1984年塞纳加盟托勒曼车（后来的贝纳通车队）开始涉足F1。

1985年塞纳转入莲花车队，并在前4月的葡萄牙埃斯托利尔赛道上展现了他天才传奇的本领。连日的大雨使本来就很危险的赛道变得更为可怕，在严峻的考验下，夺冠热门车手普罗斯特和两届世界冠军毕奇相继退出了比赛，然而，初出茅庐的塞纳却知难而进，驾车在雨中飞驶，以领先第2名1分零2秒的优势夺得冠军。这是塞纳赢得的第一个分站赛冠军，也是他赢得"雨中塞纳"浪漫声誉和世界影响的成功之役。

1988年塞纳加盟迈凯伦车队赢得他第一年度总冠军的称号，接着他接连在1990年和1991年两度称雄，成为F1历史上第七位"三冠王"。

1994年意大利伊莫拉赛道发生了世界赛车史上惨烈的一幕：当比赛进行到第7圈时，塞纳的车突然失去控制，以每小时300km的速度撞在坦布雷弯道上，一代天才车手塞纳魂归天国。赛车界无不为失去了一个天才车手而惋惜。塞纳的遗体被送回巴西后，巴西政府为他举行了国葬。

之后为迈凯伦提供优质发动机的本田退出，而普罗斯特转投法拉利，塞纳则加入了威廉姆斯车队，使后来几年内的迈凯伦没有什么建树。好在奔驰于1995年返回F1赛场，迈凯伦开始使用梅赛德斯赛车。到1998年，F1赛场再次成为迈凯伦的天下，迈凯伦车队赢得除一个奖项外的全部大奖冠军，这项纪录一直保持到现在还不曾被破。

从1999年开始，法拉利的重新崛起使迈凯伦车队从此失去了王者地位，一直萎靡不振。直到2006年，世界冠军阿隆索的加入使人看到了希望，但2007年因"间谍门"丑闻，迈凯伦被扣除全年车队积分，使前途一片大好的迈凯伦排在最后一名。但2008年，迈凯伦车手汉密尔顿仍技压群雄，获得年度车手总冠军。

传奇车手：F1神话——凡乔

胡安·曼努尔·凡乔是(Juan Manuel Fangio)世界赛车史上的一代元勋与神话。

出生在阿根廷一个工厂主家庭的凡乔1934年进入赛车界就表现出非凡的能力，1940年夺得安第斯远距离耐力赛冠军。

"二战"后凡乔到欧洲发展，效力于阿尔法·罗密欧车队。1950年开始举办F1，38岁的凡乔立即投身其中，代表罗密欧车队夺得首届比赛的总成绩第2名之后次年便成功夺魁，赢得他传奇生涯中的第一个世界冠军。

1954年，凡乔加盟首次参加F1的奔驰车队，并驾驶着奔驰W196赛车接连夺得1954年和1955年的F1年度总冠军，从此，W196成为这位传奇车手最心爱的战车。1956年奔驰车队退出F1，凡乔加入法拉利车队，在驾驶法拉利赛车第四次夺得F1总冠军后，次年离开法拉利，从此以个人身份驾驶玛莎拉蒂赛车参赛。同年8月4日，46岁的凡乔在德国纽柏林这个全世界难度最大、最危险的赛道上9次打破世界赛车单圈速度纪录，并夺得冠军，写下了他赛车生涯最辉煌的一笔。但在这次比赛中，凡乔的膝盖因赛车座椅架折断受伤，翌年他退出赛车运动。凡乔在F1历史上的影响是无人可及的，他的画像不仅印在迈凯伦-奔驰车队车库的墙壁上，更是世界冠军舒马赫最崇拜的偶像。

3. 威廉姆斯车队

该车队的创始人弗兰克·威廉姆斯以前是一位方程式赛车手。该车队成立于1968年，1980年和1981年两度获得年度车队冠军。1984年开始使用本田公司提供的涡轮增压发动机，这使威廉姆斯车队如虎添翼，连续获得1986、1987年度冠军。1988年本田离开威廉姆斯转而支持迈凯伦车队。1989年车队开始与雷诺合作，经过几年的磨合终于在1992年夺回了冠军的桂冠，迎来了威廉姆斯车队的鼎盛时期，相继获得1993、1994、1996、1997年度冠军。但随着1998年雷诺引擎引退后，威廉姆斯车队由于缺少性能良好的发动机开始在赛场上光芒暗淡，退出顶级车队行列。

直到2000年，车队选择初出茅庐的年轻天才——20岁的英国车手巴顿，新宝马发动机的到来也为威廉姆斯带来了起色，为车队保住了车队冠军榜第三的位置。之后的几年，威廉姆斯的主要对手都是迈凯伦。直到2005赛季，宝马宣布他们已经收购了索伯车队，随后不久，威廉姆斯车队宣布2006赛季将使用考斯沃斯引擎，这也宣告了宝马与威廉姆斯车队合作的终结,威廉姆斯从此开始黯淡下去。

值得一提的是,2007赛季上,中国联想集团取代了威廉姆斯车身上以往属于惠普的"地盘"。但2009年,受经济危机的影响,联想黯然退出F1赞助商的行列。

4. Alpine(雷诺车队)

贝纳通车队是雷诺车队的前身,也是一支战果辉煌的F1劲旅。贝纳通车队于1986年正式成立,并在成立之年的墨西哥大奖赛上首次赢得冠军。1986年加入F1比赛后一直处在前三名的位置上。迈克尔·舒马赫在这里发迹,1994年和1995年他两次夺下车手总冠军,1994年车队也夺得历史上唯一一次车队总冠军。但舒马赫加盟法拉利后,车队逐渐陷入低谷。

法国著名的汽车生产商雷诺早在20世纪70年代后期就开始积极参与F1,先后向威廉姆斯和贝纳通车队提供强悍的引擎,并使这两支车队在八九十年代多次登上F1冠军领奖台。进入21世纪后雷诺加强了和贝纳通车队的合作,并于2002年完全收购贝纳通车队,并改名雷诺车队参加世界一级方程式锦标赛。这年车队的成绩有了大幅的提高,年度名次跃到第四名。

2005年,得益于阿隆索的出色发挥而获得了车队年度总冠军,终止了法拉利的六连冠。尽管在20世纪末,雷诺已经多次以引擎提供商的身份获得过冠军,但这是雷诺第一次以厂商车队的身份获得年度冠军。2006年,虽受到法拉利车队的挑战,但最终阿隆索获得了本赛季的车手世界冠军,同时雷诺车队也获得了本年度的车队世界冠军。2007年,由于阿隆索的离开,雷诺车队成绩大幅下滑,之后已经脱离了第一集团的争夺。2021年,车队以雷诺旗下运动品牌Alpine重新命名。

传奇车手:西班牙英雄——阿隆索

费尔南多·阿隆索,西班牙一级方程式头号赛车手,两届F1冠军得主。1981年阿隆索出生于奥维耶多(Oviedo),3岁时开始学习开卡丁车,1988年参加儿童卡丁车比赛成为当地冠军。1995年参加最高级别的青少年卡丁车比赛获得西班牙第一。

当阿隆索参加F3000比赛时,米纳尔迪车队经理杰波拉·罗米就已经注意他了,他告诉阿隆索,如果想成为米纳尔迪的F1车手,要先和车队签一份长期合同——当时米纳尔迪要求签五年的合同。这对一个年轻车手来说,是个很大的机遇,在19岁的年龄就能成为F1车手,而且不用为驾驶F1赛车付1分钱。这是阿隆索的第一份F1合同。

2002年阿隆索加入雷诺F1车队。2003年获得匈牙利大奖赛冠军,使他成为当时获得冠军最年轻的F1车手;2005年他凭借自己的实力提前两站成为当时世界最年轻的年度总冠军;2006赛季在"红蓝大战"中脱颖而出,力克迈克尔·舒马赫,再次成功卫冕;2010年他转会法拉利车队并获得揭幕战冠军。阿隆索是一位十分好胜的车手,正因为他那种不服输的精神使他赢得了比赛。他被西班牙车迷视为"西班牙英雄"。

5. 梅赛德斯GP车队

车队的前身是特利尔车队,由传奇人物肯·特利尔于1960年创建。1970年设计出了第一辆特利尔赛车,这辆赛车于1971年和1973年获得冠军。此后的特利尔车队只能徘徊在车队曾经辉煌的影子中。1997年车队被卖给了英美烟草公司,成为英美车队;从2000年开始,车队与本田合作,名为英美本田车队。这一年,车队取得巨大的进步,车队最终排名第五。之后，本田提高了赛车性能，并终于在2004年获得亚军。2005年本田公司全部收购了车队。2006年，本田首次作为独立车队参赛，并推出了新赛车RA106。巴顿继续为本田车队效力，在匈牙利大奖赛上，巴顿从第14位发车一路过关斩将并最终取得胜利，本田车队也获得了首个F1分站冠军。最后，本田车队总排名第四。由于受到金融风暴的影响，2008年，本田公司本田车队退出F1。

2009年车队经理罗斯·布朗挺身而出以8 000万欧元成功接盘车队，组建了布朗GP车队。令人惊奇的是2009年度的比赛中，布朗GP首次参加F1便拿下年度冠军。2009年德国汽车公司梅赛德斯-奔驰宣布收购布朗GP车队，改名梅赛德斯GP车队。

尽管最初许多的成功来自摩托车运动，但是本田依然是日本参加F1运动的开山鼻祖。在推出第一辆公路汽车还不到两年时，本田于1964年开始了它的首次F1征程，并在1965年获得首次胜利。在公司参加F1的两个阶段里（1964年至1968年，1983年至1992年），本田共获得71次大奖赛胜利。在为迈凯伦车队提供引擎的时期（1983年至1992年），本田获得了连续5届F1车手总冠军和6次车队总冠军。

6. 阿斯顿马丁车队

1982年，埃迪·乔丹夺得了爱尔兰方程式大西洋地区的冠军，在F3赛场光芒四射，此后他组建了自己的车队。1989年乔丹把车队名称更名为乔丹大奖赛车队，并于1991年毅然进军F1赛场，10年间成长为具有坚强实力的英国车队，并且在1998年、1999两年间赢得3次单站冠军。乔丹车队优异的表现在于1998年打破了自1989年以来法拉利、威廉姆斯、迈凯伦三强鼎立的情势，于1999年度赛季取得了第三名的好成绩。之后，乔丹车队成绩一直不理想，使得赞助商纷纷退却。

2005年，55岁的埃迪·乔丹将车队转让给了俄罗斯富商施奈德。但是2006年，施奈德便将车队倒手卖给了荷兰汽车制造商——世爵。两个赛季不到，这家以生产超级跑车的制造商也不堪重负，结果在2007年，世爵又将车队卖给了印度百万富翁Vijay Mallya和荷兰企业家Jan以及Michiel Mol，成立了今天的印度力量车队。车队首款新车VJM01名称中的前三个字母，便是三人名字首字母的组合。

2008年，印度力量使用车队史上的首款F1赛车——VJM01参赛，但因缺乏竞争力，一分未得。从2009年开始，印度力量的赛车开始改用奔驰和迈凯伦提供的动力总成。

2019年赛季改名赛点车队。随着车队老板劳伦斯·斯特罗马收购了阿斯顿马丁，2021赛季车队改名阿斯顿马丁。

7. 红牛车队

红牛车队的前身是著名的捷豹车队。2004年9月，福特公司为自己的F1时代画上了句号，他们宣布将停止所有有关F1的活动，奥地利能量饮料制造商红牛公司购买了捷豹车队。

红牛对车队管理层进行了大换血，对车队进行改造。2006赛季，红牛车队使用法拉利V8引擎；2007赛季，红牛车队使用雷诺V8引擎，并列车队冠军榜第5位；2008赛季，由于红牛2队小将维特尔的出色发挥，红牛甚至没有战胜红牛2队第6名的成绩，只以年度第7结束了这个赛季。

2009赛季，维特尔转到红牛车队，加之红牛赛车出色的空气动力学设计，力压法拉利、迈凯伦等老牌劲旅，以年度亚军的成绩经历了光辉的一个赛季，维特尔也取得了车手年度亚军的成绩，一颗新星冉冉升起。

2010赛季，红牛车队由于赛车出色的设计，领先优势巨大，加上红牛车手维特尔、韦伯的出色发挥，红牛车队获得了 F1 2010 赛季的车队总冠军。同时，维特尔获得了 2010 赛季车手总冠军，成为 F1 历史上最年轻的世界冠军。红牛取得了车队、车手的双冠王，红牛车队的成长堪称车队进步的典范。

传奇车手：少年天才——维特尔

塞巴斯蒂安·维特尔（Sebastian Vettel），是德国一级方程式赛车手，1987 年出生于德国黑森州，现效力于红牛车队，是一级方程式中各种最年轻纪录保持者。

维特尔出生在一个普通的德国家庭，在他两岁的时候，父亲第一次把他带去了卡丁车场，还给他买了辆车，让他在家中的后园里自由奔驰。7 岁时，维特尔便开始参加儿童组的比赛。2001 年，参加德国和欧洲初级卡丁车赛，获欧洲少年卡丁车锦标赛总冠军、德国少年卡丁车锦标赛总冠军、摩纳哥青年卡丁车杯冠军、巴黎—贝西卡丁车赛冠军。2004 年，他参加德国宝马方程式全年 20 站比赛，并且赢得了 18 站胜利，获宝马方程式 ADAC 年度冠军。2005 年，他出战 F3 欧洲系列赛，获得年度第五名的成绩。作为其在宝马方程式比赛中取得成功的奖励，随后他开始为宝马索伯车队试车，并在 2006 赛季的土耳其大奖赛上，成为宝马索伯车队的三号车手。2007 年，维特尔加盟红牛车队，在 2007 赛季的中国大奖赛上，取得了第 4 名。

在 2007 年的日本大奖赛正赛上，维特尔成为 F1 历史上最年轻的领跑者。他也是最快接到 F1 罚单的车手，在开始他的 F1 生涯仅仅 9 秒之后，他便收到了一张 1 000 美元的罚单，因为他在维修间超速了。

2008 年 F1 意大利站，维特尔在 21 岁时拿下了首个分站赛冠军，改写了阿隆索的骄傲纪录，成为 F1 历史上最年轻的分站赛冠军。2010 年又获得年度车手总冠军，成为 F1 最年轻的车手冠军。紧接着在 2011 年、2012 年、2013 年毫无悬念地获得年度总冠军，成为 F1 有史以来第三个"四冠王"。

然而，一些人似乎对维特尔的成功颇为不满，用他们的话说，维特尔只是在对的时间对的地点取得了如此成就。维特尔的胜利究竟归功于他高超的技术，还是归功于红牛车队？红牛车队每年的预算高达 2.3 亿欧元，任何一家车队都难以望其项背，凭其宽绰的预算，红牛可以不断革新技术。汉密尔顿曾明确表示，阿隆索才是当今最好的车手，言下之意认为维特尔靠赛车才取得胜利。阿隆索也曾说过，维特尔开的不是赛车，而是一架"飞机"。但无论怎样，维特尔集能力、技术、速度、信心于一身，他的成功得益于车队的团结一致，而他又是车队不可或缺的一部分。

2012 年红牛车队冠名合作伙伴英菲尼迪推出了英菲尼迪维特尔特别版车型。2012 年，维特尔被授予德国最高体育奖，这个奖项用来表彰他所获得的多个世界冠军以及他的模范形象。

8. 阿尔法托利（Scuderia Alpha Tauri Honda）

该队的前身是意大利米纳尔迪车队（Minardi），于 2005 年被红牛收购。

米纳尔迪车队成立于 1979 年，最初是参加欧洲 F2 的。后来 Giancarlo Minardi 在 1985 年买下了车队并加入了 F1 的行列里。当时米纳尔迪引擎的耐用度非常差，车队的成绩就自然谈不上了。1989年米纳尔迪回到车队中，其成熟的技巧吸引了法拉利的注意，所以在1991年时，法拉利就成为米纳尔迪车队的引擎供应商。一直以来，米纳尔迪车队在空气动力学的研发上无所进展，在技术与资金匮乏的情况下，车队更是无法吸引有实力的车手，所以成绩一直是排名垫底。

2005年红牛集团收购了米纳尔迪车队。因为红牛集团此前已经收购了捷豹车队组成了红牛车队，所以本次收购的米纳尔迪车队被称为红牛2队。2008年，在意大利蒙扎，维特尔获得杆位。21岁德国小将维特尔全程领先，夺得个人首个F1分站冠军，毫无悬念，也是红牛2队首个分站赛冠军。2020赛季，红牛以旗下服装名牌阿尔法托利为其重新命名。

9. 丰田车队

1999年1月，丰田公司宣布将进军一级方程式赛场。丰田雄心勃勃，把远景目标定格在向一级方程式比赛中车手和车队两项冠军头衔发起挑战。

2002年，丰田作为车队中的新面孔出现在F1赛道上。但最初的测试显示了赛车车身设计上的缺陷，在他们的第一个赛季中，以两个积分位列积分榜末席而结束。

2003年丰田车队夺取了16个积分，并在赛季末排名第8。2004年车队签下了前雷诺车队的技术总监，但不幸的是TF104赛车的性能差强人意，他们仅拿到了9分，加之车手阵容的不稳定和管理上的混乱，丰田车队并没有发挥出他们所有的潜力。2005赛季，车队名列积分榜第4位，这是他们到目前为止在这项运动中表现最为出色的一个赛季。2006和2007赛季，车队没有什么表现。2008年，特鲁利在法国大奖赛上获得了第三名，这也是丰田车手自2006年以来首次登上领奖台。

10. 阿尔法罗密欧车队（宝马索伯车队）

2005年年末，原先只是作为威廉姆斯车队引擎提供者的德国宝马汽车公司收购了瑞士人皮特·索伯旗下的索伯车队，成立了自己公司的官方车队。同时为了纪念皮特·索伯对F1做出的贡献，宝马公司将新成立的车队命名为宝马索伯车队。

2006年，车队第一次以宝马索伯车队的名义参加了F1，赛车使用宝马引擎、普利司通轮胎。车队2006年参加F1的第一个赛季取得了年度第五名的成绩。

2007赛季中，宝马索伯车队稳居第三强，在迈凯伦车队被取消竞争车队总冠军资格之后获得了第二名。在两年中车手登上领奖台各两次。2008年加拿大大奖赛，宝马索伯车队收获建队以来第一个分站赛冠军。图4-18为宝马索伯车队2009年发布的新车宝马—索伯F1.09。2019年改由阿尔法罗密欧冠名。

图4-18　宝马索伯车队2009年发布的新车宝马—索伯F1.09

思考与分析

案例：对于本田来说，赛车活动是本田挑战精神的象征，从创业初期开始，本田就一直参加、挑战各类型的赛车活动。本田的赛车体系涵盖从摩托车到汽车的各类赛事，在过去数十年中，本田赢得了无数荣誉。仅 1986 年至 1991 年，本田赞助的使用本田发动机的车队就拿到 F1 的 6 届年度车队冠军和 5 届年度车手冠军。

此后，本田将大量的 F1 赛车技术转为民用车所用，高转速自然吸气红头发动机、VTEC 可变气门正时和升程技术、NSX 的铝制轻量化单体底盘等，都是基于本田在 F1 赛场积累多年的成果。

本田在欧洲市场热销的两厢思域参加了世界房车锦标赛。

本田宗一郎曾说过："赛车，是检验产品最好的实验场。"每一场比赛都是一种挑战，不仅是对赛手也是对参赛车辆本身，产品的品质、品牌的实力、车型存在的弱点等都会在比赛中体现，而这也是本田热衷于赛车运动的原因。几十年来，无论是在摩托车领域还是在汽车领域，本田始终保持着追逐速度的梦想，而这也让本田品牌形成了独特的赛车文化。

搜集一下本田参加摩托车和汽车比赛的历史，谈一谈本田是如何借助汽车比赛而赢得汽车市场的。

第三节　世界著名汽车比赛

一、勒芒 24 小时世界汽车耐力锦标赛

勒芒（Le Mans）位于法国巴黎西南约 200 km 处，是一个人口约 20 万的商业城市。这个小城市能够闻名于世界，主要是因为自 1923 年开始每年 6 月举行的被称为最辛苦、最乏味的单项赛事——"勒芒 24 小时耐力赛"（法文为 24URESDUMANS）。其间，1936 年和 1940 年至 1948 年曾停办过 10 次。赛道是由固有道路围圈而成的，长度多次进行改变，目前长度为 13.535 km。比赛一般从第一天的下午 4 时开始，一直持续到次日的下午 4 时，历时 24 小时。参赛车队必须由主办大会邀请，多数欧亚著名的汽车公司皆应邀参赛，使勒芒大赛成为大公司之间的品牌赛。图 4-19 所示为比赛场面。

图 4-19 勒芒 24 小时耐力赛比赛场面

耐力锦标赛的赛程主要有 1 000 km、1 610 km、5 000 km 和 8 050 km，以时间计有 6 h、12 h 和 24 h；其中以 1 000 km 汽车大赛和勒芒 24 小时汽车耐力大赛最为著名。从 1984 年开始，FISA 规定，C 组车车重不低于 850 kg，对 100 km 赛程耗油量不超过 60 L。1992 年，FISA 又规定 C 组车一律采用无增压发动机，一般赛程为 480 km。汽车耐力赛对汽车的性能和车手的耐力都是极大的考验，这是一项艰苦的比赛。

勒芒大赛在世界上是最负盛名的，胜过美国印第 500 或其他任何汽车大奖赛，因为一般耐力赛只有 500～1 000 km，而勒芒约 5 000 km。也有人说它是大规模组织起来的赌博，以牺牲许多人的生命为代价来提高几个汽车制造厂家的名气。不管勒芒的赛道多么艰险，也不管历史上发生过多少悲剧，每届勒芒大赛都在六月份如期举行。汽车厂家不惜消耗巨资想在这项大赛中取胜，谁也不肯轻易放过利用这项大赛来提高公司声誉的机会。

在一天一夜的勒芒 24 小时耐力赛中，汽车的行程超过 5 000 km，平均车速超过 200 km·h^{-1}，最高车速超过 300 km·h^{-1}，需要两个驾驶员轮流驾驶与休息，行驶距离长者获胜。这项竞赛可说是距离最长（不停车检修）的汽车耐力赛，发动机长时间地吼叫，汽车在不停地狂奔，驾驶员丝毫不能松懈，精神紧张，无论对汽车还是对驾驶员都是极其严峻的考验。因此，各个汽车公司都希望利用这项大赛来显示汽车的优良性能。

1955 年 6 月 11 日的比赛中，一辆梅赛德斯-奔驰 300SLR 将一辆奥斯汀汽车撞向观众密集的看台上，驾驶员当场丧生，观众 83 人死亡，造成赛车史上的一幕惨剧。

20 世纪 50 年代，英国制造的捷豹赛车在勒芒赛道上没有对手，5 次夺得冠军，骄人的成绩使之从此在车坛享有盛誉。

20 世纪 60 年代，福特汽车公司力图制造出赛坛名车以树立企业形象。该公司的主攻方向是勒芒 24 小时大赛，参赛的武器是 GT40 型赛车。该车异常低矮，总高度仅 40 英寸[①]，因而命名为 40 型，如图 4-20 所示。1964 年，该车首次在勒芒亮相，并无建树，反被法拉利车队囊括了第一、第二和第三名。1965 年，法拉利车队又一次包揽三甲。福特汽车公司败而不馁，着力改进了汽车结构，装备一台 7 L 的发动机，功率 294 kW，使该车以全新的面貌展现在 1966 年的赛事中。为此，特聘布鲁斯·迈凯伦和克里斯·阿芒披挂上阵，二人

---

① 1 英寸 = 2.54 cm。

图 4-20　福特 GT40 赛车

不负厚望，一举夺冠，其余 2 辆福特 GT40 型亦同时夺得第二、第三名。随后，该车又在 1967 至 1969 年在勒芒大赛上连续夺标，创下四连冠佳绩。本次比赛不仅奠定了福特公司在世界车坛的地位，而且成就了车手布鲁斯·迈凯伦，他在此崭露头角，随后组建了自己的车队，以自己设计的 M8B 型赛车 4 次夺得加纳—美国汽车锦标赛冠军，由此名声大噪。这位出色的设计师兼赛车手被授予沙格雷夫奖金，不幸的是，在 1973 年，领奖之前迈凯伦在驾驶他的新式 M8D 型赛车试验中殉难。

到 1994 年，勒芒 24 小时汽车耐力赛已举办 62 届，前 58 届的冠军均被欧美汽车垄断。1991 年第 59 届比赛上，装备转子发动机的日本汽车马自达大显雄风，除夺取冠军外，其余 2 辆车均打进前 20 名，充分显示出这种发动机结构的优越性。但好景不长，同年国际汽联决定修改竞赛规则，将转子发动机排斥在外。于是，1992 年起，冠军又回到欧洲车中，1992 年的冠军被标致车夺走，丰田车获得了亚军。1993 年标致的三辆 905 包办三甲，尽显雄风，第 4~6 名全被丰田车队夺走。1994 年这场马拉松大赛竞争异常激烈，直到最后几分钟才分出高低，保时捷赛车仅以几英寸领先丰田赛车赢得了胜利。

自 2000 之后的 10 次比赛中，奥迪包揽了 9 次，以至于奥迪 R8、R10 已经成为全球最为成功的勒芒 24 小时耐力赛赛车的代名词。奥迪于 1999 年正式投身勒芒 24 小时耐力赛。最早出战的奥迪 R8 赛车配备了 V8 发动机，采用了 FSI 汽油直喷技术，从而以低油耗造就了强大的竞争优势。在奥迪 R8 处子赛中就振奋人心地获得了季军之后，奥迪以一款 2000 年新开发的 R8 包揽了 2000 年和 2001 年耐力赛的冠军。然而，胜利并没有就此停止。2002 年，奥迪车队上演了史无前例的"帽子戏法"，连续第 3 次将冠军收入囊中。2004 年和 2005 年，奥迪车队又传奇般地连续获得胜利，使奥迪 R8 在勒芒 24 小时耐力赛中取得 5 次冠军。2005 年 12 月 13 日，奥迪公司在巴黎向全球正式亮相了奥迪 R10。作为 TDI 柴油发动机技术的发明者，奥迪凭借此款搭载了 5.5L、V 型 12 缸、双涡轮、TDI 柴油发动机的赛车夺取了第 74 届勒芒耐力赛的冠军，奥迪成为勒芒历史上第一个使用柴油动力车型夺冠的制造商。2006 年，奥迪 R10 继续着它的辉煌，第二次取得了冠军，如图 4-21 所示。

2007 年，奥迪 R10 继续夺冠，并且创造了单圈极速高达 350 km·h^{-1}，这样的极速只有 F1 意大利站的蒙扎赛道能与之匹敌。

2008 年的第 76 届勒芒赛，99 辆超级赛车同时出现在赛道上，其中包括 7 辆法拉利 F430 GTC、5 辆保时捷超级跑车、4 辆雪佛兰克尔维特、阿斯顿·马丁、兰博基尼、世爵 C8 等。尖峰对决主要在奥迪 R10 与标致 908 等 6 款超级赛车之间展开。竞争无比激烈，场面异常惊险,最终奥迪 R10 击败了标致 908 又一次夺得冠军,成绩是 381 圈、5 192.649km。值得一提的是,在这次比赛中,中国选手程丛夫第一次参加比赛,并且和他的法国队友获得了 LMP2 组别的特别奖。

2009 年 6 月 14 日的第 77 届勒芒 24 小时耐力赛,标致车队的标致 908(图 4-22)凭借明显的车速优势领跑全程,以 382 圈总计 5 206km 的成绩夺得冠军,另一辆标致车获得亚军,而夺标大热门的奥迪车队 1 号赛车落后 6 圈仅屈居第三名。经过两年的磨合,这队法国雄狮终结了奥迪长期统治勒芒赛场的局面。

图 4-21 勒芒耐力赛中大出风头的奥迪 R10TDI

图 4-22 比赛中的标致 908

勒芒大赛对车手是个极大的考验,既像磁石一样吸引着赛车手,又像恶魔一样令人望而生畏。勒芒环行跑道绝大部分是封闭式的公用高速公路,赛车在其 2/3 的路段上时速达 370 km·h^{-1} 左右,在跑道上有一段约 6 km 的直路,赛车在这段路上飞速驶过,速度达到 390 km·h^{-1}。车手们在这段路上行驶时紧张得令人感到窒息,哪怕是稍有疏忽,后果都不堪设想。当然这段路对车辆也同样是最严酷的考验,发动机在拼命地嘶叫,仿佛要从底盘上挣脱开来,要从机器罩下窜出来似的,而轮胎也好像被火炉烤得要爆炸一样。

勒芒 24 小时耐力赛比的就是速度与耐力,从纯粹的技术角度来看,它甚至比 F1 更加刺激。由于不像 F1 那样对汽车技术进行严格限制,参赛厂商们不惜血本,将发动机、悬架、材料等各个方面最先进的技术应用于赛车之上。截至 2013 年,勒芒赛道上的最高速度已经达到 390 km·h^{-1},甚至比世界上速度最快的客机——协和飞机起飞时速还要快 30 km!更为恐怖的是在 1990 年之前,因组委会未对赛车排量做出有效规定,当时赛车极速甚至达到 400 km·h^{-1}。

尽管勒芒汽车大赛危险重重,但是由于它是世界上最重要的比赛之一,同时由于这项比赛给车手们的分数相当于其他世界锦标赛的 3 倍,因此不断地吸引着越来越多的赛车好手。

由于勒芒耐力赛是全球各种耐力赛中时间最长的比赛,而且选手驾车在同一环行赛道上要不停地转上 350 多圈,比赛显得单调、乏味,不论车手、维修还是观众,在下半夜的时候都会变得疲惫不堪,因此这场比赛被称为最辛苦、最乏味的赛事。

同样性质的比赛还有日本铃鹿(Suzuki)8 小时耐久赛。

二、世界拉力锦标赛(WRC)

与 F1 齐名的另一个顶级汽车赛事是什么?毫无疑问,当然是世界拉力锦标赛(WRC)。F1 与 WRC 截然不同,前者操作特制的方程式赛车在封闭的 F1 专业赛场上突破汽车速度的极限，而后者却需要转战全球各地，驾驶经过专业改装的量产车，战胜包括沙石、冰雪、柏油、泥泽、雨地在内的数千公里的种种恶劣地形以成为最终的胜利者。F1赛车超过300km时速的风驰电掣以及相距仅数米的你追我赶固然让人激动不已，而WRC"武装到牙齿"的战车、尘土泥水四溢的赛道、强劲的发动机咆哮声再加上近在咫尺的漂亮甩尾同样能让无数人血脉偾张，不能自已。

汽车拉力赛属于长距离比赛。汽车拉力赛的"拉力"来自英语Rally，意思是集合。World Rally Championship的缩写为WRC，中文称为世界拉力锦标赛或世界越野锦标赛。WRC全年赛程规划有14站，分别在14个不同的国家举行。赛季分为两部分，在上半年赛季结束之后，经过1个月的休息之后再进行下半年赛季，让各车队对车辆与车手做些调整。WRC可以说是所有赛车项目中最苛刻、也最接近真实的一种比赛，因为所有参赛车辆都是按实际情况研发制作而成，赛段为各种临时封闭后的普通道路，包括山区和丘陵的盘山公路、沙石路、泥泞路、冰雪路等，也有无法封闭的沙漠、戈壁、草原等地段。复杂的地形和漫长的赛程不仅考验车手的车技和经验，还要考验领航员的配合、车辆的性能以及维修的力量。10亿多人次通过电视转播或其他媒体观赏这项世界顶级的赛事。

WRC的比赛规则十分详细，比如参赛车辆必须为各大汽车厂家年产量超过2 500辆的原型轿车，同时对于赛车改装后的尺度、重量以及排量、功率等都有严格的限制。

WRC的每辆赛车必须同时搭乘一名车手和一名领航员。车手只管开车，充分发挥自己高超的驾车水平，而领航员既要在比赛期间安排好一些生活琐事，还要在比赛时为车手指明每一天比赛的正确方位和路线，并在赛段里及时准确地提供前方的路况。

与F1一样，WRC同样是一项"烧钱运动"，每一台经过全面改装的WRC赛车价格都是天文数字。除此以外，车队还必须雇用世界最好的车手和领航员，以及整支完全职业化的维修工作人员队伍。

拉力赛主要分为两种：一种为由甲地出发，到达乙地结束的长距离马拉松拉力赛，比如国人所熟悉的巴黎—达喀尔拉力赛；另一种为每天行驶的方向不同但均返回同一地点、历时两到三天的系列赛事，每年在不同国家和地区举办数场或十几场，WRC便是这类比赛。WRC全年在世界各国举行十四站比赛，每个分站产生分站冠军，全年各分站成绩总积分最高的一对车手和领航员赛手成为当年度的WRC世界冠军。1999年在北京北部怀柔县（今为怀柔区）、密云县（今为密云区）以及河北丰宁县山区举行的"555中国拉力赛"便是当年WRC的一个分站。

WRC每年首战从1月份的蒙特卡洛拉力赛开始，直到11月份的大不列颠拉力赛（原RAC拉力）的最后一站，参赛选手要转战数国，在漫长的征程上一拼高下。WRC的每一站的比赛通常为3天，在事先设定好的赛道上划出了20~30处被称为SS（SPecial Stage）的赛段，每个赛段最短3 km，最长可达30 km，赛车选手驾驶赛车以最快速度通过赛段以决出比赛名次。当然，比赛的主办者对赛段进行最严格的管理，除萨法利拉力以外，WRC的各个赛段都严禁其他车辆通行。在各赛段上每隔2~3 min就有一辆赛车出发投入比赛。

比赛路面分为柏油路面及非柏油路面（砂石路面）两大类，法国站是最著名的柏油路面赛事，此外，西班牙站与意大利站也是WRC中知名的柏油路面赛事。但若加上天气的因素，则会有雪地的路面，如每年的蒙地卡洛站与瑞典站参赛车都是在冰天雪地的恶劣环境中竞速，在雪地竞赛中使用的是胎宽狭窄的钉胎，来增加轮胎表面压力以取得较好的抓地力。

肯尼亚 SAFARI 站则是在高温的沙漠中比赛，如图 4-23 所示。在这些严苛路况中竞赛对于车辆与车手都是一大考验。

WRC 与 F1 等场地汽车比赛的最大区别在于，错开时间出发的赛车选手们是在完全看不见竞争对手的情况下进行比赛的。

三、巴黎—达喀尔越野赛

巴黎—达喀尔越野赛是世界上距离最长、条件最恶劣的汽车越野赛，如图 4-24 所示。每年 1 月举行，参赛车辆从法国巴黎出发，乘船渡过地中海在利比亚登陆，然后穿过撒哈拉沙漠、非洲热带草原和热带雨林，途经近 10 个国家，最后抵达终点——塞内加尔首都达喀尔，总行程约 13 000 km。参赛车种有赛车、卡车、摩托车。

图 4-23 汽车在沙漠中比赛

图 4-24 巴黎—达喀尔越野赛

小知识：短道拉力赛

短道拉力赛是拉力赛的一站比赛，一般把整个赛段分成 20~30 个分赛段进行比赛，3 天完成。每个赛段的长度大多在 20km 左右。为了使比赛更有影响力，达到更好的宣传效果，满足赞助商在宣传上的回报，能使更多的人亲临现场目睹拉力赛车在比赛时的一个个精彩画面以及那扣人心弦的激烈竞争的场面，有些国家逐渐地把第 1 个赛段设计在开幕式中、城镇郊的

公园内，甚至可以设置在体育场内，并且可以反复使用。目前英国、澳大利亚等国（世界拉力锦标赛）都是这样操作的。这种赛段是人工修造在特定的场地中的一条砂石路，也可作为临时性的建设。由于这种赛段的比赛具有观众多、观赏性强、广告效益好、可作现场直播等特点，很容易为广大观众所了解。这种赛段的长度一般在 2 km 左右，分内外两条车道，中间由立交桥交叉换道，形成一个整圈。比赛时 2 辆车分别在内外车道同时发车，每辆车完成一个整圈，记录该车所完成的时间，谁的时间短谁就是这个赛段的获胜者。这种赛段的比赛发车及路线控制形式一般采用场地赛的方法进行，比如发车要看信号灯，路线的重要地点有裁判员出示信号旗，甚至可以采用电子计时设备记录时间。

由于这种比赛的路线很短，又可作为拉力赛中的一个赛段，并具有拉力赛的风貌，因此可把这种比赛称作短道拉力赛，其实也可称为场地砂石路赛、短道赛、场地混合路赛等。短道拉力赛是汽车比赛中很容易参与的一项赛事，不仅参加者的花费少，而且参加者不用自己带车，使用组织者提供的统一品牌的车辆，这大大地减轻了参赛者的负担，使更多的人参加到汽车运动中来，使更多的人梦想成真。短道拉力赛由于赛道很短，运动员徒步看看赛道就可以记住赛道的走向，而且不像拉力赛那样复杂，比赛规则也很简单，也不需要时间卡、行车路线图，因此这种比赛只需要驾驶员，不需要领航员。

中国汽车运动联合会为适应中国汽车运动发展的需要，在北京的通州区于1997年修建了这样一个赛道，赛道全长2.04 km，并在同年举办了全国南北对抗赛，1998年举行了全国拉力锦标赛北京分站的第一个赛段的比赛。把拉力赛中的一个赛段作为单独的一个赛事，这是由中国汽车运动发展的需要而形成的。这种比赛可使运动员多次出场，利用计时、淘汰的方式决出胜负。由于短道拉力赛符合现阶段中国汽车运动发展的需要，因此报名参加这项比赛的选手超出组织者想象的人数，也是汽车比赛参加人数最多的项目之一。

四、美国印第安纳波里斯 500 英里大赛

在美国印第安纳波里斯市有一条著名的环形赛道，周长2.5英里，一年一度的汽车竞赛要跑200圈，总赛程500英里，这就是竞赛名称的由来。该项赛事始于1911年，可谓历史悠久了。

赛道长4 000 m、宽15 m，呈圆角长方形，赛道由2条1 000 m和2条200 m直线段以及4条400 m圆弧拐角组成，最大横向坡度38°，全部采用沥青路面。赛车在跑道上平均速度可达240～260 km·h^{-1}，在1 000 m直线段末端可超过320 km·h^{-1}，因而跑1圈需要1分多钟，跑完全程大约需要3h。这条长度为普通体育场10倍的跑道，四周可筑起许多看台，容纳35万人以上，门票收入、广告费、赞助费数目相当可观，夺标者奖金也极其丰厚，超过100万美元。

印第500赛车的结构也相当有趣，从外表看，其形状酷似一级方程式赛车，但发动机略小（2.65 L）而且用甲醇为燃料，汽车也较重，而且禁止使用各种有利于提高某些总成的性能的电子装置。由于跑道较短，参赛汽车需要频繁地左转弯，汽车就会在离心力作用下经常向右倾侧，所以最好把赛车设计得左右结构不对称：右边两个轮胎比左边的略大一些，而且右边的悬架比左边的硬。又由于汽车进入跑道四角时处于减速状态，右前轮及其悬架负荷最严重，轮胎温度也较高，磨蚀得更快，所以需要采取特殊对策。这样左右结构不相同的汽车，正是设计师们不易解决的复杂难题。

五、卡丁车赛

卡丁车运动是汽车运动中的一个特殊类别，它不仅作为汽车场地竞赛的一个项目，同时也是一项很有魅力的大众休闲、健身娱乐项目。卡丁车赛使用的赛车是轻钢管结构车身，无车厢，采用100 mL、115 mL或250 mL汽油机的四轮单座微型车。卡丁车赛是一种场地比赛，赛车在曲折的环形路上比赛车速。图4-25为卡丁车比赛场面。

图 4-25 卡丁车比赛场面

卡丁车使用初级机械时,最高时速大约是 100 km,而使用高级机械时,最高时速可达到 130 km 以上。同时,由于车型小巧,车底板距路面仅 4 cm,车手实际感觉到的速度要比车辆实际速度高 2 倍到 3 倍,就是说感觉时速达 300 km 以上。在驾车转弯时,会产生像一级方程式赛车转弯时那样的横向加速度(约 3 到 4 倍重力加速度),使驾驶员体验到一种平时体验不到的乐趣。驾驶卡丁车不仅可以给驾驶员带来身体上、视觉上的高度刺激,还是普及汽车驾驶技术和汽车基础理论知识及机械常识的好课堂。

卡丁车运动于 1940 年在东欧开始出现并逐渐推广,20 世纪 50 年代末才在欧美普及并迅猛发展,当时这种运动称为高卡(GO KART)。

卡丁车是世界方程式赛车的初级形式,经过年复一年的努力,卡丁车运动结出了丰硕的果实,已有数十名卡丁车赛手进入了世界方程式赛车赛手的行列。几乎所有的一级方程式赛手都是来自卡丁车赛手的队伍,有些已成为世界冠军,像著名的巴西车手埃尔顿·塞纳、法国车手阿兰·普罗斯特、英国车手尼盖尔·曼塞尔、德国车手迈克尔·舒马赫等,因此卡丁车运动被誉为是一级方程式赛车车手的"摇篮"。

现代卡丁车分为娱乐型和竞赛型两种。娱乐型的卡丁车多采用小型四冲程汽油机,工作容积一般在 200 mL 以下,行驶速度在 50km/h 以下,是初学者和以休闲为目的的娱乐者最好的运动器械。竞赛型卡丁车分为两大类共 12 个级别:一类是方程式卡丁车,分为超 A 级、A 级、C 级和 E 级;另一类是标准卡丁车,分为国际 A、B、C、D、E 级和普及级六类。

中国汽联自 1995 年加入卡丁车委员会后,卡丁车的普及和推广发展迅速。中国汽联从 1997 年起创立全国卡丁车锦标赛,每年一届。首届比赛在北京、上海等 6 个城市举办,取得了很大的成功,发现和培养了一大批具有潜力的卡丁车手,为赛车运动的进一步发展奠定了基础。全国已建成投入使用的卡丁车赛地有 100 余个。

六、德国房车大师赛

房车通常指普通轿车,有四个车门,又称汽车上的家,英语简称为 RV。德国房车大师赛英文全名是 Deutsche Tourenwagen Masters,简称 DTM,由德国 Internationale Tourenwagen Rennen 赛事组织协会筹办赛事管理及运作,是全世界最高水平的房车赛事。尽管 DTM 不是国际汽联直接管理,但是筹委会成员拥有多年管理赛车的经验,其中包括有奔驰 AMG 车队的创办人阿菲特先生(Mr. Hans Werner Aufrecht)、对比赛规则及法律条文有丰富经验的贝特斯勒博士(Dr. Thomas Betzler)、对赛事市场推广有丰富经验的马特斯先生(Mr. Walter

Mertes），还有代表车厂提供技术顾问的几位赛车界名人，例如奔驰赛车部总监哈格先生（Mr. Nobert Haug）及欧宝赛车部总监斯图克斯先生（Volker Strycek）等。加上几家著名汽车公司一直大力支持参与赛事，投入最新科技研究发展赛车及派出世界一流的房车好手参加比赛，因此 DTM 可以说是全世界众多房车赛中水平最高的。图 4-26 为德国房车大师赛场面。

图 4-26　德国房车大师赛场面

虽然 DTM 是由德国人筹办的赛事，而且参赛的汽车公司全部来自德国，但这是一项国际性的房车赛事。因为赛事在欧洲不同国家的赛车场巡回比赛，参赛车手来自不同地方，其中包括有德国、英国、荷兰、意大利、瑞士、法国、捷克、丹麦、瑞典及日本等国。而且，很多现任的 DTM 车手过去都是 F1 的车手，例如代表奔驰车队的舒耐特（Brend Schneider）、阿里斯（Jean Alesi），代表奥迪车队的比卢（Emanuele Pirro），以及范臣（Heinz-Harald Frentaen）等，还有一些三级方程式及 F3000 冠军车手进入 DTM 参加比赛。以车手阵容来看，DTM 可算是全世界拥有最多顶级车手参加的房车比赛。

DTM 的赛车改装科技早在 20 世纪 90 年代就已经在全世界房车比赛中处于世界领导地位，例如最先使用碳纤维车身配件、钛合金发动机活塞及连杆、电子悬挂系统，发动机最高转速超过 10 000 r·min^{-1}等。有些一级方程式车队也派车参加 DTM 赛事，并把一级方程式赛车使用的许多技术用在 DTM 赛车上，因此运作一支 DTM 车队的经费不断提高。很多私人车队无法支付高昂的费用，因此 DTM 从 1995 年开始由国际汽联直接管理后，大部分车队因经费问题不能继续参加比赛，最后赛事在 1997 年暂时停办。

经过几位 DTM 赛事创始人的努力，新 DTM 赛事终于在 2000 年再次重返国际赛车舞台。重新制定比赛规则的 DTM 赛事有很多技术上的限制，例如发动机只能使用 4 升 V8，每支车队的 2 台赛车每年只能使用 3 台发动机参加比赛。发动机除了尽量提高输出功率，还要耐用，这样大大减少了车队投放在发动机上的开发费用。而每支车队赛车车身的前扰流器及尾翼设计必须相同，使用相同的轮胎、发动机管理系统（ECU）及变速箱等。在严格的比赛规则限制下，赛事在公平、公正及低成本的基础上进行，使各车队的实力变得相当接近，从而大大提高了入场观众的娱乐性。虽然新的比赛规则对赛车有很多限制，但无论在赛车改装的技术上、车手的阵容上以及赛车的速度上，与世界其他房车赛事比较，DTM 仍然是全世界水平最高的房车比赛。

七、世界超级跑车锦标赛（GT 赛）

国际汽联世界超级跑车锦标赛是世界上三个由国际汽联运作的赛道锦标赛之一，顶级的车手驾驶着世界上最罕见的超级跑车在世界上最好的赛车场上比赛，每年将在英国、罗马尼亚、德国、比利时、捷克、法国和中国等国家和地区进行，两小时的比赛包括了超车、入站、加油、更换车手和战术的运用，令比赛更丰富和更具戏剧性。

GT（Grand Touring）赛是专为超级跑车而设计的锦标赛，体现了美感和动力的完美结合。GT 赛车必须由可在公路上行驶的跑车改装而来，一般都是双门双座或是双门"2+2"座形式的车辆，如保时捷 911、法拉利 F40、通用克尔维特、克莱斯勒蝰蛇、美洲虎 XJ220、丰田苏伯拉、本田 NSX、布加型 EB110、莲花精灵和迈凯伦 F1 等。这些生产型跑车，在外形轮廓基本不变的情况下，对内部进行赛车化改装，就是 GT 赛车。GT 赛以功率的大小分为 2 个组：平均 600 hp 的 Grand Touring（GT）组和 400～470 hp 的 Series Grand Touring 组（N—GT）。GT 赛总共有 11～14 站比赛。比赛时，赛车必须在赛道上连续跑满规定的时间，圈数多者为胜。图 4-27 为赛场上的兰博基尼赛车。

图 4-27　赛场上的兰博基尼

每场比赛赛程以 500 km 或 3 h 为度，比赛采用动态起跑，车手必须具有 FIA 或 FIA 的 ASN 所发给的 C 级以上之赛车执照。

参赛车必须以量产车为基础制作而成，赛车不必加装触媒转换器也不限定噪声。每一部车至少两名最多三名车手，每位车手最多只能持续驾驶赛程距离的 55%，进 Pit 换车手、换胎、加油时只能由两位技师同时进行。自由练习到测时赛期间内每部车限用 4 套干胎，雨胎必须有超过 25% 的面积为排水槽。

正式比赛时的轮胎使用数量并无限制，但不可使用轮胎加温器。每一站取车队参赛车成绩最佳之前两部累积车队积分。每站完赛前五名必须接受加重，第一名加重 25 kg，第二名加重 20 kg，第三名加重 15 kg，第四名加重 10 kg，第五名加重 5 kg，并以累积 100 kg 为上限。所加的额外配重在下一次完赛并且成绩在第六名之外方可减重，第七名减重 5 kg，第八名减重 10 kg，第九名减重 15 kg，第十名减重 20 kg，第十一名及以后减重 25 kg，每次减重以 25 kg 为限。

根据 FIA 规定，GT 赛中的赛车队全都是私人车队，并且不能接受汽车公司的经济援助，汽车公司只能出售车和配件，提供技术和物流援助。同时汽车公司不能只向一个车队售卖跑车，每个型号的赛车在每年第一场赛事中至少要有 6 辆参赛，不过由改车厂改装并已在 FIA 登记的符合规定的赛车可不受此限制。

参加整个赛季的赛车至多只有 36 辆，不过每场赛事都允许 2 名当地（举办赛事的国家）车手参加。无论任何原因，参赛车辆都必须参加每场赛事，若其中一场缺席，那么该赛季接下来几场赛事都不准参加，这样的规定可保证赛事的参赛者数量。

八、CART 汽车赛

CART 汽车赛 1904 年由美国 CCWS 公司创办，与 F1 并称为国际两大顶级赛车活动。两大赛事的区别在于，CART 汽车赛是统一车型的比赛，是选手水平的较量；而 F1 是不同车型的比赛，是车辆性能与选手水平的竞技。

CART 是冠军汽车优胜赛车队"Championship Automobile Racing Teams" 4 个英文单词的首字母缩写，它代表着由一些美国主要赛车队于 1978 年结成的团体。CART 汽车赛又称作美国方程式汽车赛。参加 CART 的赛车有独自的规则，采用涡轮增压的 2.65 L 排量的福特考斯沃斯（Casworth）甲醇燃料发动机，输出功率 750 hp，并配有 6~7 速手动变速装置。CART 赛车的体积要比 F1 赛车大许多，主要是从比赛安全上考虑的。这项赛事最早是在美国国内按照方程式赛车规则进行的锦标赛，但随着加拿大、澳大利亚、巴西以及日本等国相继开始举办，逐渐发展成了一项世界性的汽车比赛。比赛吸引了来自各国的顶尖好手，由于 CART 赛对赛车技术的竞争有一定限制，于是成了一项极具竞争性的方程式系列比赛。CART 汽车赛最大的特征是除了通常的公路赛段和设在市区街道上的赛段，还使用了椭圆形赛道，使比赛更具魅力。各椭圆形赛道的形状和距离长度都不相同，赛车在全速冲刺赛道上的最高速度可达到 400 km·h^{-1}。

CART 汽车赛跨时一年，在世界各地 18 个城市举行巡回赛，每站比赛将持续一周时间。2004 年 2 月 17 日 CART 汽车赛更名为 "Champ Car World Series"，即冠军汽车世界系列赛（CCWS）。

2004 年 8 月 22 日，CCWS 公司在中国的授权机构———WTP 公司与三亚市签署了框架合作协议，将三亚辟为 18 个赛站中的一站，三亚成为 CCWS 进入亚洲的第一站城市。

九、A1 世界杯方程式汽车大奖赛

将 "Asia（亚洲）、Africa（非洲）、Australia（澳洲）、America（美洲）、Arab（阿拉伯）" 这 5 个英文单词排列在一起，你会发现每个单词的第一个字母都是 "A"，按照国际惯例排序，字母 "A" 永远位列第一，所以将这项新兴汽车赛事名称确定为 "A1"，它所代表的前瞻性和唯一性显而易见。

不仅如此，它的含义还象征着面对五大洲各个国家以及每个国家各个阶层完全参与的广泛性。A1 世界杯方程式汽车大奖赛是国际汽联正式批准的国际汽车比赛项目，于每年九月至第二年四月间（欧洲冬季）举行，正好与 F1 举办时间错开。A1 世界杯方程式汽车大奖赛将首选 30 个国家参赛，每个国家仅为一个席位，迄今为止已有 23 个国家的主办商报名参加，其中有 6 个国家的主办商席位资格被获批准，他们依次为阿联酋、英国、南非、黎巴

嫩、巴基斯坦和中国。

A1大赛组委会已选择气候适宜及有代表性国家设分赛站，其中的分赛站举办顺序依次为英国、美国、巴林、黎巴嫩、马来西亚、印度尼西亚、澳大利亚、南非、巴西、墨西哥、美国（第二次分站赛）、中国、日本、欧洲和迪拜。

十、其他汽车竞赛

1. 汽车山地赛

汽车山地赛的路线是非封闭型的，赛程全长为20 km。道路选择在多山地区，一般为多弯道，经常有接近180°的急转弯。比赛起点在山脚下，道路不断向高处延伸，终点比起点高出100～1 600 m。基于道路条件的限制，汽车山地赛的平均车速不超过100～130 km·h^{-1}。为了安全起见，选手们一般都是单人比赛，即在前一名选手跑完全程以后，后面的选手才出发。如图4-28所示。

图4-28 汽车山地赛

2. 汽车足球比赛

美国和德国等国家兴起一种新式足球运动。参赛的运动员不用脚踢球，而要开动甲壳虫一般的汽车追击足球，把足球撞进对方的球门。这种比赛用的足球比一般的足球大，运动员都要戴着防护盔甲，车身周围也有防护设备，以防相撞时发生意外。

3. 滑稽汽车比赛

日本丰田汽车公司为了鼓励职工充分发挥自己的创造力和想象力，经常举办各种奇特有趣的制作比赛，滑稽汽车比赛就是其中一项。参赛作品要求是非实用汽车。在历次比赛中，先后出现过"长腿蜘蛛式汽车""无转向式汽车""没有轮子的汽车""能跳跃障碍的汽车""分体汽车"等。

4. 毁车比赛

毁车比赛于1947年在美国兴起，比赛有8个队参加，每个队上场4辆旧普通轿车。比赛采取一次性淘汰赛，3轮赛出冠军，要求参赛各队的4辆汽车中有一辆要绕4 000 m长的跑道跑完5圈到达终点就算获胜。因此比赛开始时，参赛各队就要采取各种措施来阻止对方的车辆前进，甚至使其瘫痪，以保证自己车队的车能到达终点。

5. 老爷车比赛

在英国伦敦、中国澳门和巴塞罗那等各地每年都要举办一次老爷车比赛，参加比赛的都是收藏的旧式汽车。各种各样的老爷车同场参赛，吸引着众多观众到场助威，令人忍俊不禁的是某些车需要人推行一段路后才能发动起来。

6. 太阳能汽车赛

太阳能汽车在环境保护和自然能源利用方面存在着巨大优势，所以日益受到人们重视，太阳能汽车赛成了这项新技术的演示会。以往在澳洲和瑞士进行的太阳能汽车比赛较有名气，近几年在日本也频频举行国际太阳能汽车大赛。参加比赛的车队范围很广，如汽车制造厂、电力公司、电器制造商、大学和俱乐部等。

太阳能汽车赛一般分为两个级别：当代组和未来组。当代组比未来组限制条件多，如1992年日本铃鹿太阳能车大赛要求：当代组汽车太阳能板的总发电量不大于800 W，蓄电池只能用铅酸电池；而对未来组的汽车太阳能的发电量不作限制，只规定太阳能板尺寸，并且可以使用除铅酸电池以外的各种蓄电池。

7. 节油汽车赛

节油是当代及未来汽车的重要课题，节油车大赛就是节油技术的演示会。日本此类竞赛较多，例如，1993年在铃鹿举行的第12届马拉松省油大赛，共有475辆赛车在环形跑道上角逐，竞赛的主题是"1L汽油的行驶里程"，其中第1名获得者用1 L汽油行驶了771.3 km（平均车速34.3 km/h）。中国台湾地区也曾举行过超级省油车大赛，所有参赛车辆都是由各大专院校学生自己装配的。

8. 汽车冲刺赛

汽车冲刺赛（直线竞速赛）起源于美国，由于具有很高的刺激性和娱乐性，因而逐渐在欧洲和日本得到较大发展。到目前为止汽车冲刺赛还是一种不够规范的汽车比赛，比赛采取两辆车捉对厮杀的办法进行逐步淘汰，坚持到最后者为胜。这种比赛的场面非常热闹壮观，比赛时两辆功率奇大无比且奇形怪状的汽车在一条长1 500 m、宽30 m的平直跑道上静止发车，加速行进，以最快的速度通过一段由电子仪器测量的距离（一般为1/4英里），先到终点者为优胜。

汽车冲刺赛始于第二次世界大战后的美国，那时主要在加州的干湖床上进行。1951年，美国成立了国家高速汽车协会，这是至今美国最大的一个冲刺赛组织。1960年，派生出了美国高速汽车协会，使冲刺赛每年举办的场次和竞争更为激烈。大约在20世纪70年代，汽车冲刺赛引起加拿大、澳洲和欧洲一些人的兴趣，20世纪90年代汽车冲刺赛开始走向世界。

汽车冲刺赛所用的赛车都是特制的，它具有细长的车体和2个小前轮，一般采用喷气式发动机并用制动伞减速，发动机的排量可以高达9 000 mL，所用的燃料可以是汽油，也可以是酒精，车重500～1 000 kg。图4-29为冲刺赛赛车。

9. 创车速纪录赛

创车速纪录赛是为了创造新的汽车车速纪录而进行的比赛。汽车车速纪录和田径比赛的记录一样有许多种，这是因为车速与行车距离和时间有密切的关系。在短距离、短时间内的速度，通常大于长距离、长时间的速度。因此，国际汽联对于汽车的车速纪录，分成按规定时间和按规定距离两种：

图4-29 冲刺赛赛车

（1）按规定时间：分 1 h、6 h、12 h、24 h 4 个档次。
（2）按距离规定：分 1/4 英里到 100 km 不等。

最引人注目的是短距离车速纪录，它代表了汽车行驶速度的最高纪录。现今以内燃机驱动的汽车，最高车速纪录为 660 km·h^{-1}，是由赛默兄弟在 1965 年 11 月创造的。

第五章 汽车与社会

学习目标

1. 熟悉现代汽车工业现状。
2. 了解汽车工业对国民经济的影响。
3. 熟悉汽车对环境的影响。
4. 了解与汽车有关的对社会生活产生影响的各种活动的内涵与特点。

第一节 汽车与经济

 一、现代世界汽车工业概况

自 1970 年以来，全球汽车数量几乎每间隔 15 年就翻一番。截至 2013 年，全世界汽车保有量已超过 10 亿辆。美国是目前最大的汽车拥有国，汽车注册量达 2.4 亿辆；中国次之，汽车拥有量为 1.37 亿辆，其中，私人轿车数量已超过 1 亿辆；日本汽车拥有量为 7 400 万辆。

汽车普及率最高的是美国，平均 1.3 人拥有一辆；其次是意大利，平均每 1.5 人一辆汽车；法国、日本及英国，大约每 1.7 人有一辆汽车；中国每 17.2 人拥有一辆汽车；而印度 56 人才有一辆汽车。

2013 年，日本丰田集团涵盖丰田（包括丰田、雷克萨斯和塞恩品牌）、日野和大发三个业务部门全球销售汽车 998 万辆，在全球汽车企业中位列第一；第二名为德国大众汽车集团，全球汽车销量为 973.1 万辆，首次超过美国通用公司，但净利润却比 2012 年下降六成；第三名是美国通用汽车公司，全球销量 971.2 万辆；第四名是雷诺－日产－伏尔加联盟，全球销量 826.6 万辆，其增长主要得益于中国市场的增长；第五名是现代企业集团，全球销量 756 万辆；第六名是美国福特汽车公司，全球销量 633 万辆，其仅在中国的销量就比 2012

年飙升49.3%；第七名是菲亚特－克莱斯勒集团，全球销量442.4万辆；第八名是日本本田汽车公司，全球销量416.1万辆；第九名是法国标致－雪铁龙汽车集团，全球销量281.9万辆；第十名是日本铃木汽车公司，全球销量262.4万辆。

2013年的中国汽车市场，合资品牌成了最大的赢家。大众汽车2013年以年销量327万辆的业绩称霸中国市场；通用汽车2013年在华实现销量超过317万辆，其中上汽通用五菱2013年完成销量160.05万辆，上海通用全年销量超过157万辆；日产以127万辆排在第三位；现代汽车在2013年迎来了爆发，全年销量首次突破100万辆，达到103万辆；福特超越了丰田和本田，得到了第五名的位置，全年销量达到93.6万辆；受中日关系的影响，丰田汽车2013年在中国市场的汽车销量只有91.75万辆，排名第六；排在第七的本田实现销量75.69万辆。

2013年国产汽车销量前十名的企业集团分别为上汽、东风、一汽、长安、北汽、广汽、华晨、长城、吉利和江淮，共销售汽车1 943.05万辆，占行业总量的88.38%。

美、日、欧洲等发达国家汽车工业经过多年的发展竞争，资本集中垄断，利用高科技优势进行自主开发，采取大批量和规模经济的生产方式。例如美国的通用、福特、克莱斯勒三大汽车公司垄断了美国90%以上的汽车生产，法国标致－雪铁龙、雷诺垄断了法国85%以上的汽车生产，意大利的菲亚特集团垄断了国内90%的汽车生产。西方八大集团（通用、福特、丰田、大众、奥迪、日产、菲亚特、标致－雪铁龙、雷诺）的轿车产量，占世界轿车产量将近70%。20世纪90年代以来，跨国公司之间通过兼并、控股、参股等方式，已初步形成了六大跨国集团，即通用－菲亚特－铃木－富士重工－五十铃－大宇集团、福特－马自达—沃尔沃集团、戴姆勒－克莱斯勒－三菱－现代集团、丰田－大发－日野集团、大众－斯堪尼亚集团、雷诺－日产－三星集团。这六大集团的年产量均在400万辆以上，1999年它们的产量之和为4 629万辆，占全球总产量的84.6%，加上本田、PSA（标志－雪铁龙集团）和宝马，形成全球汽车工业"6+3"的寡头垄断格局，多年来，全球乘用车市场被这些集团企业垄断主导。

近年来，通过新一轮的整合，该格局已经演变为"7+2"，而中国企业也首次参与其中，预示着中国汽车企业已经成为全球瞩目的力量。通用在2005年2月以15亿美元的代价放弃了菲亚特的股份；2005年10月，卖掉全部富士重工的股份；2006年4月，通用清空了五十铃的股份；通用在2006年和2008年分两次卖掉了所持的铃木的全部股份。2006年6月，通用进入破产保护程序，萨博出售，悍马、庞帝亚克、土星业务暂停，通用已经不是往昔的庞然巨物。

六大集团中的戴姆勒－克莱斯勒集团也在2007年5月解体，戴姆勒以74亿美元出售了80%的克莱斯勒股权。而在2009年克莱斯勒破产重组之时，戴姆勒公司对所持克莱斯勒资产进行32亿美元的计提，彻底放弃了剩下的股权，脱开关系。而在三菱中拥有的权益，也在2005年11月全部卖给了高盛，这一联盟宣告解体。

2008年11月，福特出售了所拥有的马自达20%的股份，之后又将沃尔沃出售给了中国的吉利汽车。

由雷诺和日产共同设立的联盟管理主体（雷诺－日产有限公司，两家公司股权50∶50）负责制定联盟战略，而对两家公司各自的经营活动不予干涉。同时两家公司实现共同采购、平台资源共享以及互助开发市场，成为汽车产业合作方式的变革，成为新一轮汽车重组的范式。

2009年现代起亚的全球销量为463万辆，排名世界第五，真正崛起成为全球汽车产业的一股关键力量，同时该集团也是为数不多在全球保持增长的集团。

目前，全球汽车产业已经形成了"7+2"的格局：通用+上汽，福特+马自达+长安，丰田+富士重工，大众+铃木，标致雪铁龙+宝马，雷诺+日产+戴姆勒，菲亚特+克莱斯勒+三菱。事实上，唯一游离于联盟之外的就是本田和现代起亚。

值得注意的是"通用+上汽"的组合，这是国内车企首次进入全球产业联盟之中。上汽与通用在香港成立合资公司，并开始共同开发印度市场。全球汽车巨头第一次携中国本土企业共同开发国际市场。

二、汽车工业对于国民经济的影响

当前，如果没有强大的汽车产业，就不大可能具有强大的国家经济实力。汽车工业在某种意义上成为衡量一国经济实力的重要指标。现在的客观事实是，汽车工业发达的国家，同时也是经济实力强大的国家，如美国、德国和日本。

在经济起飞时期，汽车工业往往成为许多国家的领头产业，美国、德国、日本和韩国都曾经经历过这个过程，汽车工业为这些国家的经济增长和社会发展起过关键性作用。

发达国家的经验表明，在其工业化过程中，都伴随着汽车工业的高速发展，汽车工业的增长速度远远超过国民经济和其他行业的增长速度。例如，日本在1955年至1970年，国民经济增长6倍，汽车工业产值则增长57倍。20世纪五六十年代，欧洲经济尤其是德国经济强有力的复苏，70年代日本的崛起，80年代韩国的成长都在很大程度上得益于汽车产业的发展。

汽车工业作为许多发达国家的支柱产业，成为制造业增加值和资本形成的主要来源，并且联动众多相关产业和容纳大量的劳动力就业。正是由于作为加速器的汽车工业的强力推进，这些发达国家和发展中国家才得以迅速完成工业化，为进入后工业社会奠定坚实的物质基础和工业力量。

我国正处在加速工业化进程中，汽车工业对国民经济具有举足轻重的作用。随着我国成为世界汽车产销第一大国，自主品牌汽车能力大幅提高，出口明显加快，汽车工业已经成为我国国民经济重要的支柱产业。

长期以来，我国对汽车工业发展规律缺乏认识，错失了多次发展汽车工业的良机，直到1994年制订了《中国汽车工业产业政策》，将汽车工业列为国民经济支柱产业，中国汽车工业才赢来了宝贵的发展机遇。

1990年至1998年，我国汽车工业增加值年均增速为23.72%，高于同期国民经济增长速度，比全国工业增加值平均增速高出1.82个百分点。2000年以来宏观经济的重大转机以及人们对经济的乐观预期，使汽车工业进入了快速增长期。特别是2001年至2006年间，由于私人轿车需求的爆发性增长，汽车产销量迅速扩张，明显起到了带动GDP增长的支柱产业的作用。2001年以来，由于私人汽车消费的高速扩张，中国汽车消费量经历了3年的高速扩张，目前中国汽车消费量已经进入稳定增长阶段。

从2008年起汽车工业的增加值为5 800多亿，占GDP比重从2000年0.97%上升到1.94%，在这个过程当中，由于汽车业对上下游产业带动的影响，带来的整个上下游产业工业增加值达到2.49万亿元，整个汽车零售超过48万亿元，汽车相关环节销售达到2.98万亿元，占全国零售销售额比重达到27%。

汽车工业对国民经济的影响主要体现在：

1. 增加税收

税收是与汽车购买和使用情况挂钩的，税收占整个国民生产总值的比重非常高，例如欧盟15个成员国汽车工业税收总收入为3 780亿欧元，占其GDP的3.3%。

据工信部统计，2010年我国汽车产业实现工业总产值4.34万亿元，占国民经济总产值的6.13%。汽车行业税收9 500亿元，占全国税收的13%。

汽车整车产品从生产到使用环节主要经历生产、销售、购买、保有和使用等阶段。我国汽车生产阶段主要涉及的税收有增值税、消费税和关税，销售阶段主要涉及增值税，购买阶段主要涉及车辆购置税，保有和使用阶段主要涉及车船税和燃油税。

假设排量为2.0 L的一辆新车价格为10万元，则整个环节中所要缴纳的税有：增值税1.7万元，消费税0.5万，车辆购置税1万元，总计3.2万元。另外，每年还要负担车船税360~660元不等。这样看来，仅购买环节的税负就达到了32%，比例还是比较高的。

具体到各个汽车制造企业而言，其缴纳的税费包括企业所得税、增值税、消费税、城市维护建设税与教育费附加费和其他小税种，以及代扣代缴企业员工的个人所得税。

2. 对相关产业具有强大的联动效应

社会对汽车不断增长的要求，促使汽车工业日益繁荣。一辆汽车有上万个零件，由钢铁、有色金属、塑料、橡胶、玻璃、纺织品、木材、涂料等繁多材料制成；应用冶炼、锻造、锻压、机械加工、焊接、装配、涂装等许多工艺技术制成；涉及冶金、机械制造、化工、电子、电力、石油、轻工等部门，汽车的销售和营运还涉及金融、商业、运输、旅游、服务等第三产业。可以断言，没有哪个行业与汽车完全无关。汽车工业是一个关联度非常大的产业，汽车工业自身发展的同时，还可以带动150多个上下游产业，从而促进城市经济的发展。汽车工业的发展无疑会促进多个行业的繁荣兴旺，带动整个国民经济的发展。汽车工业是经济利益很高的产业，在发达国家中，许多著名的汽车企业举足轻重，在世界500强企业的排行榜中均名列前茅，这些国家汽车工业的产值约占国民经济总产值的7%~8%，占机械工业总产值的30%，其实力足以左右国民经济的动向。因此，世界各个发达国家几乎无一例外地把汽车工业作为国民经济的支柱产业。

汽车工业具有很强的产业关联性。美国20世纪90年代的研究结果指出，汽车工业每增值1元，会给上游产业带来0.65元的增值，给下游产业带来2.63元的增值，汽车工业的波及效应达到本身产值的3~5倍。

从上游带动效应看，大致包括林业、金属采选业、仪器仪表业、毛皮羽绒及其制品业、普通机械与电气机械制造业等众多行业，其中汽车工业直接需求最大的主要是机械制造业、黑色金属冶炼加工业、橡胶制品业、化学原料与制品制造业四个行业。我国20世纪90年代中期关于工业产品投入产出的一项研究表明，汽车行业所需机床约占全国机床销售额的15%，交通运输耗油占全国汽油消耗量的80%~90%，柴油约为20%，并且国内钢材的3%、橡胶的30%、轮胎的40%、钢化玻璃的45%、工程塑料的11%、油漆的10%均被用于汽车产业。随着汽车在我国的快速发展，相关产业的市场空间也越来越大。

从产业的下游推动效应看，汽车工业对公路建设、运输业、金融信贷等服务业具有很大的推动作用。在欧美发达国家，购买一辆汽车的价格中，大概有40%要支付给金融、保险、法律咨询、产业服务、科研设计、广告公司等各种服务业。而随着汽车保有量的增加，汽车工业对下游的带动作用将逐步大于上游。对我国来说，受体制和政策等方面的影响，汽车工业与公路建设、运输业和加油站的关系比较密切，而以汽车消费信贷为代表的汽车金融服务则滞后于汽车工业的发展。以开办汽车信贷最早的工商银行为例，信贷规模增长极为迅速，增长潜力十分巨大。

有人计算，中国私人汽车每增加1万辆，会拉动GDP增长88.82亿元，钢产量将增加14.1万吨，生铁产量增加12.3万吨，原油产量增加2.03万t，玻璃产量将增加16.7万重量箱，合成橡胶产量增加0.1万吨，轮胎产量增加13.4万条，公路里程增加428.8 km。

此外，汽车工业还具有间接的带动作用，由于汽车使人的出行半径加大，导致周边地区房租、房价增加很快，这对经济也具有极大的带动作用。

3. 提供大量广泛的就业机会

汽车工业能够提供数量庞大、范围广泛的就业机会。汽车工业本身既是资本和技术密集型产业，同时也是一种劳动密集型产业，而且它的生产和使用对其他相关产业具有强大的联动效应，由此就可以创造大量的就业机会，尤其是相关产业。汽车及其相关产业的各个生产和管理环节所要求的工作技能都不一样，所以就可以容纳不同层次的劳动者。而且，随着汽车产量的增加、使用的普及化和汽车产品的高科技化，汽车及相关产业所能够提供的就业机会的数量将越来越多，范围将越来越广。

研究表明，汽车工业每提供一个就业岗位，上下游产业的就业人数就增加10~15人。国际上，平均6~7个就业人员中，就有1人从事汽车产业相关工作。据统计，日本的汽车制造、销售、营运等行业职工占全国就业人数的1/9，美国和德国的这个比例更高，占1/6。2008年我国汽车工业以及上下游产业能够带来3700万人的就业，占全国城镇就业人数的比重从2002年的百分之九点几，上升到2008年的百分之十二点几。2010年，直接相关产业的从业人员超过4000万人，占全国城镇就业人数的12%以上。

三、汽车工业未来发展趋势

1. 全球汽车产业链条向中国转移

全球汽车产业已经进入成熟期，销售增长缓慢，其中欧洲、北美、日本等重点地区平均1~2个人就拥有1辆车，市场已经饱和。在销售增长缓慢、人力成本居高不下的压力下，跨国公司及其所属的供应商体系正处于一个异常艰难的环境中，为应对竞争，必须不断增加研发投入，同时降低成本。而与此同时，中国等国家的市场增长迅猛，零部件供应商的低成本配套优势逐步显现，这导致了包括市场、制造、研发在内的整个汽车产业链条的转移。

从长期来看，乘用车消费增长的主要推动力是人口和收入。在经济持续发展的金砖四国——中国、印度、巴西、俄罗斯，由于其潜在的汽车消费人口规模庞大，正在成为国际汽车市场的新增长点。国际上一般将人均GDP达到3000美元作为满足汽车消费的收入底线，中国未来10年具备汽车消费能力的人口将达到6亿人，将超过目前北美地区的汽车消费人口，而与欧洲并驾齐驱。

市场的转移，带动了整车厂在中国等地区的投资，进而带动了其所属的供应商体系在中国的投资与采购，特别是劳动密集型、材料密集型汽车零部件向中国等低成本地区的转移趋势尤其明显。美国汽车零部件工业2005年评估报告显示：2004年，美国进口汽车零部件总额达834亿美元，比2003年的745亿美元增长了12.1%；其中来自加拿大和墨西哥这两个北美自由贸易协定成员国的进口额占52%，但与前些年相比开始减少，其主要原因是来自中国的进口额增长了39.3%，达到39亿美元。

随着制造环节向中国的转移，与之相关的研发等资金、技术密集环节也呈现出转移趋势。由于在研发人员的工资与培训、试验室的设备与软件的采购、产品开发样件的试验等主要研发环节，中国自主品牌企业都拥有了相当的成本优势，其参与全球一级配套的比例正逐年增加。

2. 自主品牌将逐步取代合资品牌

自主品牌发展的最大优势就是显著的成本优势，体现在从工厂的设计与建造、产品开发、产品制造、采购等各环节。例如，如果采用自主设计、关键设备进口，同等规模的整车厂投资大约是国际水平的1/4；而由于样车制造成本低、开发人员工资低等使同档次车型开发成本低40%～50%；在制造环节，由于中国制造业工人的平均工资是墨西哥等发展中国家的1/2，是美国欧洲的3%，所以在同等规模和生产效率下，产品制造成本远低于世界平均水平；另外，由于本地采购，零部件和钢材价格都有相当的成本下降空间。

成本优势在劳动力相对密集的客车领域体现得尤为明显，据测算，中国制造客车的平均成本是同配置国外产品的50%～60%。2004年中国出口客车4 784辆，同比增长87.6%，2005年超过10 000辆。

3. 产业整合与并购将现高潮

1964年至2000年的36年间，轿车和旅行车整车制造企业的数目从52家骤减到10家，减少了80%之多，也就是说，到目前为止，其中仅有不足20%的企业能够保持经济的独立性。从1988年至1998年这10年间，国际汽车零部件的资产重组也异常活跃，全球企业数量从3万家降至1万家以下。

近几年的汽车企业重组呈现出两个趋势：一是跨国界、跨地区的重组与联合，特别是汽车工业先进国家（美国、日本、欧洲三极）之间的重组，例如，西欧企业与美国企业、西欧企业与日本企业、美国与日本企业的重组等；二是重组集中发生在规模庞大的跨国公司之间，重组的规模也远远超过以往。

思考与分析

案例： 2013年，中国车市又一次突破2 000万辆的销量纪录，然而，唱得最响的还是南北大众、上海和上海五菱通用、北京现代、东风日产这些合资车企。

最初开发汽车市场，我们有句口号"用技术换市场"，但看今天，在合资企业中，往往外方掌握了话语权。合资的中方是拿市场做交易，但只有很少的中方在合资中学到些技术和制造皮毛，多数还是跟着洋人打工赚钱，不思进取地安然坐着洋人的过山车。这种懒惰、享受外方成果的同时，市场有了，而中方技术却没有多少长进。所谓"技术换市场"不外是引进外方的幌子，任外方恣意摆布中国车市。在市场经济下，合资车企继续享受计划经济时的资源优势，合资的车价不仅比外国卖得贵，而且对中国品牌自主车企（包括民企）的发展构成直接威胁，拿李书福的话说，合资使国企帮外企对付民企。

你如何看待这个问题？你认为应该采取什么措施？鉴于这种状况，你认为自主品牌能取代合资品牌吗？

第二节 汽车与环境

从20世纪40年代初开始,每年从夏季至早秋,美国洛杉矶的上空就会出现一种弥漫天空的浅蓝色烟雾,整座城市上空变得浑浊不清。这种烟雾使人眼睛发红,咽喉疼痛,呼吸憋闷,头昏、头痛。1943年以后,烟雾更加肆虐。仅1950年至1951年,美国因大气污染造成的损失就达15亿美元。1955年,因呼吸系统衰竭死亡的65岁以上的老人达400多人;1970年,约有75%以上的市民患上了红眼病。汽车尾气和工业污染是这些污染事件的罪魁祸首。这就是著名的洛杉矶光化学烟雾污染现象。

汽车作为现代文明的标志性产物之一,诞生于19世纪的最后10年,曾经是速度和效率的象征。汽车制造业在世界范围内迅速崛起,汽车逐渐进入大众消费领域,成为人们的日常交通工具。然而,随着汽车数量越来越多,使用越来越广,汽车给人们带来的一切快捷和便利,也伴随着对地球环境的污染和破坏,对能源的无休止的利用和开采。汽车污染已经成为一个世界性问题,全球1/4以上的城市大气污染源于汽车尾气,从而引发人类呼吸系统疾病,造成地表空气臭氧含量过高,加重城市热岛效应,使地球气候转向恶化。

尽管如此,在现代社会中,没有汽车是难以想象的。现代社会恐怕已经离不开汽车,但是汽车的确给环境造成了很大危害,将来人们将不得不在便捷和环保之间取得一种恰当的平衡。

一、汽车的社会公害

一辆汽车从生产到报废的全过程中,每一个环节都涉及环境问题,至少包括以下几大项:

①汽油、柴油或其他汽车燃料涉及的原油开采、原油运输、油品加工,成品油运输等过程涉及的有害气体排放、水污染、土壤污染、空气污染等。

②汽车使用材料,如钢铁、塑料、玻璃、橡胶等在开采、制造过程中涉及的有害气体排放、污水排放、土壤污染等。

③汽车生产过程中,如零部件制造加工、汽车组装、汽车表面涂装等过程涉及的有害气体排放、水体污染、土壤污染等。

④汽车在使用过程中产生的有害气体排放、噪声污染等。

⑤报废汽车处理及回收过程中涉及的有害气体排放、水污染、土壤污染等,如图5-1所示。

图5-1 汽车垃圾场

二、汽车与环境污染

2002 年被称为中国汽车元年，汽车产量突破 325 万辆，轿车产量逼近 110 万辆，涨幅高达 55%。

随着汽车保有量的快速增长，汽车尾气已成为许多城市大气污染的祸首。自从 1886 年德国人制造出世界上第一辆汽车，特别是 1913 年汽车生产装配流水线发明以来，汽车就迅速由少数人的"宠物"演变为"大众情人"，到 2000 年年末，全世界的汽车保有量已超过 6 亿辆，到 2010 年增加到 10 亿辆。

汽车业在我国可谓后来居上，汽车产销 100 万辆用了近 40 年时间，由此增至 200 万辆用了 8 年，而达到 300 万辆仅仅用了两年多。中国汽车工业协会公布的产销数据显示，2013 年度全国汽车产销分别为 2 211.68 万辆和 2 198.41 万辆，比上年分别增长 14.8% 和 13.9%。产销均突破 2 000 万辆，创历史新高，连续五年蝉联全球第一，国内乘用车销量 1 792.89 万辆。有专家称中国汽车高速增长期将至少维持 10 年。

但道路赶不上汽车的增长。据交通部门提供的数字，1986 年以来，全国机动车（不包括摩托车）的年增长率达 15%，许多大城市高达 30%。2013 年，我国汽车社会保有量达到 1.2 亿辆，加之每年 1 150 万辆摩托车和 300 万辆农用车的产销规模，压力不仅仅是迷雾般的废气，还有浪费在道路上的燃料和宝贵的时间。图 5-2 为北京街头堵车的情景。其实，世界各地都有同样问题。美国交通工程师唐斯早在 1962 年就提出了唐斯定律，即无限扩张的道路虽然能够减少人们在出行的时耗，但并不能缓解交通堵塞，而是相反地诱发了人们交通的欲望。法国曾在 20 世纪 80 年代耗巨资修建了大量高速公路、环城道路和立交桥，但结果是每天 300 万辆进出巴黎的汽车造成了 700 万个小时的浪费。美国用 2% 的国土面积修建各种道路，每个城市有一半的地域用作停车场，但每年因交通堵塞造成的经济损失达 1 680 亿美元，远超过自然灾害带来的灾难。由汽车带来的困惑和麻烦就像堵塞着的车辆的喘息，人类追求发展与维持自身生存的矛盾在汽车问题上浓缩成一个难以化解的墨点。

图 5-2 北京街头堵车时的情形

汽车带给人类的除便捷和舒适外，也给人类的环境造成了巨大的破坏，如酸雨、光化学烟雾、臭氧层破坏、铅中毒、温室效应和城市噪声等。汽车对环境的破坏大致可分为以下四类：

1. 排放污染

汽车造成的污染除了交通扬尘，主要是尾气排放污染。发动机燃烧后，排放的主要污染物包括碳氢化合物、氮氧化物、一氧化碳和细微颗粒物。汽车排放污染物除通过排气管排放外，还有极少一部分污染物通过曲轴窜气和蒸发这两条途径排出。据有关部门测定，由气缸窜气经曲轴箱通风管路排入大气的碳氢化合物占逸出总量的25%，经油箱和化油器蒸发的碳氢化合物占逸出总量的20%，而一氧化碳和氮氧化合物则几乎全部是通过排气管进入大气的。据测定，大气中所含一氧化碳的75%、碳氢化合物和氮氧化合物的50%来源于汽车的排放。

汽车尾气更接近地面，也更接近经常在市区活动的人群，因此对我们的健康有更大的危害。

汽车尾气中细小的颗粒物可进入我们的呼吸道，附着在肺壁上能引起呼吸系统疾病，损坏肺部，使已有的呼吸及心血管问题恶化；当颗粒有毒时，可能导致癌症；还可刺激皮肤和眼睛，造成皮炎、眼结膜炎。汽车尾气在夏秋时节，一定的温度、湿度条件下，经过强烈的阳光照射，还可形成光化学烟雾，对人的眼、鼻、气管等造成伤害，甚至引发支气管炎、肺癌等。

1943年美国洛杉矶汽车废气事件，一天内曾使几千人受害，造成震惊全球的悲剧。1995年6月在我国上海的外滩，过高的汽车排放污染物已导致了光化学烟雾事件。虽然我国汽车拥有量并不很高，但目前许多城市的生态环境仍受到汽车排放污染的严重威胁，主要原因是我国的单车排污量是发达国家的20~30倍。据北京环保部门的测定：市区大气污染在夏季的67%和冬季的30%是由汽车造成的。目前，许多城市呈现汽车尾气与煤烟污染、炊烟污染并存的混合污染态势，形势相当严峻。表5-1为2004年主要国家二氧化碳排放所占的比例。

表5-1　主要国家二氧化碳排放量与所占的比例（2004年）　　　　单位：百万吨

国别	二氧化碳排放量	所占比例/%
美国	5 874	22.14
加拿大	543	2.05
墨西哥	407	1.53
巴西	322	1.21
欧盟合计	3 989	15.04
英国	579	2.18
德国	847	3.19
法国	403	1.52
意大利	455	1.72
其他欧盟国家	1 705	6.43
俄罗斯	1 591	6.00
中国	4 807	18.12
日本	1 280	4.83
韩国	469	1.77
印度尼西亚	353	1.33
印度	1 144	4.31
澳大利亚	355	1.34
其他	5 393	20.33
全球	26 527	100.0

2. 温室效应

大气中的主要温室效应气体是二氧化碳和水蒸气，它们能吸收地球表面的红外辐射，并以波长辐射的形式将一部分能量返回，使地面实际损失的能量比其长波辐射放出的能量要少。科研工作者发现，汽车尾气排放物产生的化学反应造成了近地臭氧水平过高。无数辆行驶在大街小巷的汽车在大量排放有害尾气的同时，也是惊人的活动散热器，它们和空调、冰箱等制冷电器一起不停地吞能吐热，使城市的"体温"不断升高。如果大气中 CO_2 的浓度增加一倍，温室效应将造成地球气温上升 1.5 ℃～4.5 ℃，飓风的能量将增加 5%。地球温度的升高还将导致两极冰川的融化及海水的膨胀，海平面随之升高，许多地区将会被淹没，生态环境将遭到严重破坏。国家环保部门的一项报告表明，在中国的大雾天气中，汽油造成的污染占 79%；全世界空气污染最严重的 20 个城市中，就有 16 个在中国。

3. 噪声污染

汽车的噪声污染包括发动机噪声、道路噪声和喇叭噪声。虽然噪声是瞬间消失的，与排放污染的持久危害不一样，但对大量车辆聚集的城市来说，仍然是令人难以忍受的。我国轿车、吉普车噪声声级均为 82～90 dB，载货汽车、公共汽车的噪声声级平均为 89～92 dB，汽车的喇叭声级则高达 105 dB，尤其是汽车起动、制动时发出的噪声比正常行驶时高出 7 倍，远远超过了国家规定的城市环境噪声标准。厦门市 16 条城市道路连续 5 年监测资料表明，交通噪声超标率高达 90% 以上，交通噪声占市区环境噪声声源的 41.7%。

4. 其他污染

汽车在从生产、使用到废弃的全过程中还会对人和环境造成其他一些危害。例如：摩擦衬片中的石棉是致癌物质，磨损后形成石棉尘浮游在空气中，是城市肺癌患者增加的主要原因之一；汽油中的苯和芳香烃具有较强的挥发性，长期接触会造成皮肤化脓、呼吸道感染和败血症；空调器中的氟利昂会使大气臭氧层产生空洞，一方面会加剧温室效应，另一方面使紫外线辐射增加，不仅破坏地球生态环境，也增加了皮肤癌的发病率。

电动汽车往往被认为是零污染的汽车，但它使用的电池在报废后却存在非常大的污染隐患，仅仅一个小小的纽扣锂电池就能污染大约 60 万升水，一节传统的含汞 1 号电池烂在地里，能使周边 $1 m^2$ 的土地失去任何农用价值。汽车的铅蓄电池平均质量是 11 kg，其中含铅 6.2 kg，仅汽车蓄电池用铅就占世界铅需求量的 54.8%，而铅的生产过程和废弃均会对环境造成严重污染。废铅酸蓄电池内含有的铅膏、废硫酸等物质，一旦污染到人体，至少有 6 成人铅中毒，重者将在 2 年内因肾脏衰竭死亡。废旧汽车的随意处理也会给环境带来很大的危害。国内并不像日本，有一个电池矿山式的回收产业链，将废旧电池拆解提炼得到有用的重金属；国内的电池回收利用率几乎为零，除收集存放、找地填埋之外仍没有什么特别行之有效的对策。图 5-3 为废弃的汽车电池。

轮胎滚动阻力所造成的二氧化碳排放量约占轿车二氧化碳排放量的 20%，占卡车排放量的 30%～40%。轮胎与路面接触是噪声污染的主要来源之一。废旧轮胎现在每年约 180 万 t，但回收利用只有 45%，大量废旧轮胎露天堆放，对环境污染较大，被称为黑色污染。废轮胎等橡胶具有很强的抗热、抗机械和抗降解性，数十年都不会自然消除，占用大量土地，而且容易滋生蚊虫、传染疾病、还容易引起火灾。

中国利用废轮胎土法炼油在我国不少地方都存在，土法炼油过程中释放大量硫化氢、二

图5-3 废弃的汽车电池

氧化硫、苯类、二甲苯类等有毒有害气体,生产过程中的废料、废油严重污染土壤,破坏土壤的有机质,无法恢复耕作,有毒有害废渣也严重污染水源。"轮胎油"对汽车发动机也会造成巨大损害。农村的小作坊或者小型橡胶厂在分解、粉碎废旧轮胎时产生的大量粉尘对环境有很大污染。图5-4为废弃汽车轮胎垃圾填埋场。

图5-4 废弃的汽车轮胎

三、与汽车有关的环境政策

为了控制汽车对环境的危害,各国都制定了相关的政策法规加以限制,具体可以分为以下几类:

1. 税收政策

西方国家与环保相关的针对机动车的税收主要有机动车燃料税和机动车相关税两类。

(1)机动车燃料税

由于缺乏价格弹性及税基较大,机动车燃料的税负通常比其他商品要重。目前开征的税种有:

①消费税或增值税:西方国家除英国和澳大利亚外,都对燃油开征该税种,但各国的平均税率不同,如日本为3%,卢森堡为6%,丹麦为22%,瑞典为25%,英国燃油税在油价中所占比例在60%左右。机动车燃料的种类不同,也适用不同的税率,如希腊对汽油按36%征税,而对柴油只按8%征税。美国燃油税在汽油价格中的比例约为20%,在柴油价格

中的比例约为21%。

②地方消费税：在美国、加拿大等联邦制国家，地方政府拥有独立的征税权，美国州一级的消费税税率往往高于联邦的消费税税率。一般来讲，地方消费税税率也对汽油适用高税率，对柴油适用低税率，原因是农业和工业用机动车要消费更多的柴油。

(2) 机动车相关税

①新车销售税：该税通常比其他商品适用更高税率，如英国征收10%的新车销售税，美国的特别机动车税是以超标准耗费燃料的新车销售为对象，平均每辆车的税额在1 000～7 000美元之间。

②年续展金：这种费用通常以年注册费或机动车使用费等形式征收，根据车的类型及对环境的影响收取费用。在许多西方国家，对无公害的机动车实行优惠税率。另外，为保护环境，许多国家根据气缸容量和燃料耗费的不同，对机动车实行不同的税率。

西方国家的道路交通类环境税对我国有一定的启示：燃油税的开征具有较强的合理性和科学性，对减少机动车排放污染也具有一定的作用。

2. 汽车排放控制政策

控制汽车排放的污染物是由美国加利福尼亚的洛杉矶地区最先提出的，加州于1960年立法控制汽车排放的污染物，随后在美国各联邦中推广。日本于1966年开始，欧洲于1970年开始也相继制定了汽车污染排放物的法规。

这些法规和标准逐年加重，控制的污染物也更加全面，由最初的CO、HC、NO_x和烟炭，扩展到排气中的微粒物，燃料中的铅、硫、苯和芳香烃，以及排放的CO_2总量，空调器用的氟利昂和汽车摩擦材料用的石棉。排放标准除对每种新车型进行认证外，汽车厂家还要在规定的耐久行驶程长内对汽车的排放质量负责。

美、日、欧的汽车排放法规是当今世界3个主要体系，许多国家不同程度地采用这些法规和标准。其中美国的排放标准最为严格，就汽油发动机的轿车而言，如今美国的排放法规规定的CO、HC和NO_x的最大值分别仅是未控制前的4%、4%和24%。轿车之外的其他车辆，各国的排放限值都比较宽松。

德国从2009年开始，推出了新的汽车税征收标准，即对新型汽车按照CO_2排放量的多少征收，达到欧5或欧6排放标准的新车都将豁免两年的汽车税，而达到欧4排放标准的新车可以获得一年的免税优惠。从2013年开始，所有汽车都会按照CO_2排放量的多少征税。

法国政府于2007年年底推出汽车环保两层措施：凡购买CO_2排放量小于120 g的新车，车主会获得不同额度的环保奖励，排放量越小奖励越高；CO_2排放量大于155 g的新车，车主每年必须交纳环保税以示惩罚，最高征税额高达2 600欧元。

3. 其他政策

各国都制定了有交通噪声控制标准，德国、日本等发达国家还对废旧汽车回收有较严格的立法。除此之外，各国还根据自己的实际情况制定了一些特殊政策和法规。

以美国为例，美国的联邦机动车法规除包括机动车安全法规和环境保护法规外还包括燃料经济性标准法规，该标准规定，不论汽车公司生产何种档次的汽车，其平均油耗必须符合该法规。该法规的实施，已成为推动轿车技术进步的有效杠杆，并对促进汽车公司努力开发低油耗的车或不用汽油的车起了重要作用。

新加坡由于人口过于稠密，为保护环境，政府运用各种财政政策限制私人拥有汽车，发展公共交通，形成了独特的新加坡模式。

各国还积极研制开发和推广使用绿色交通工具。

绿色汽车首先要求其使用的能源符合低污染和低排放的原则，如天然气、甲醇、乙醇、电、液氢和太阳能等。

绿色汽车还要求绿色设计，即在产品开发设计过程中，每一个环节都要充分考虑到环境效益，尽量减少对环境的破坏。汽车的绿色设计包括：尽量减少能量消耗，提高能源使用效率；使用新材料和新结构，降低物质消耗，便于零部件的回收利用；减少城市空间占用，提高交通通行率等。绿色设计不仅对汽车的生产技术有更高的要求，而且也对造型设计提出了许多全新课题。

在汽车的绿色设计方面，欧洲国家走在世界的最前列。德国的奔驰公司提出了对汽车生命周期的回收概念，即从汽车的设计开始，就注重汽车的可回收性，生产和使用过程中产生的废弃物、废能和废液等全部回收，到汽车报废时，汽车拆解回收。奔驰公司的近期目标是包括塑料和废油液在内的整车回收率达到95%以上。瑞典的沃尔沃公司则在瑞典环境研究所联合开发了一种 EPS 系统，该系统包含汽车的各种选用材料，燃料从提炼、制造、使用到废弃全过程给自然环境带来的影响数据（环境指数），这样，根据汽车的制造材料，就可以很容易地算出每种汽车的环境载荷，以设计出最优的生态汽车。

日本现在每年约有500万辆的报废汽车，日本汽车工业协会等汽车相关行业根据"回收再利用倡议"这一自主行动计划，分别制定了2002年和2015年的回收再利用率目标，根据这一目标，回收再利用率自2002年起要达到85%，自2015年起要达到95%，从而努力减少最终填埋处理量。此外，作为确认报废汽车是否得到妥善处理的监控制度的一个环节，汽车行业还启用了报废汽车管理单（电子清单），以防止非法弃置或不当处理行为发生。同时，还开发粉碎渣的热能再利用（Thermal Recycle）技术，与循环利用行业一起共同努力减少填埋处理量；还与汽车经销商携手合作，开展废旧保险杠的回收、氟利昂的回收和销毁等工作。

四、中国与汽车相关的税收

中国对汽车整车产品所征收的主要税种有增值税、消费税、车辆购置税、车船使用税、燃油税，主要收费项目有新车牌证费、新车检验费、年度检验费、保险费等。

1. 汽车整车在购买环节缴纳的税

（1）增值税

所有汽车产品的增值税税率均为17%，进口汽车同样要缴纳增值税。

①国产车：根据条例规定，购买汽车的应纳税额为纳税人按照销售额向购买方收取的增值税额，为销项税额。

$$销项税额 = 销售额 \times 税率$$

上式中的销售额与消费税应纳税额中的销售额相同，其中不包括销项税额和消费税。

举例来说，如果一辆汽车的销售额为10万元，那么这辆汽车应缴纳的增值税 = 10 万元 × 17% = 1.7 万元。

②进口车：应纳税额 =（关税完税价格 + 关税 + 消费税）× 税率。

其中，关税完税价格由海关以进口货物的成交价格以及该货物运抵中华人民共和国境内输入地点起卸前的运输及其相关费用、保险费为基础审查确定。

(2) 消费税

目前,消费税按车型排量不同分为7档,税率从1%~40%不等,如表5-2所示。

表5-2 中国汽车消费税税率

分类	税率
排量≤1.0 L	1%
1.0 L＜排量≤1.5 L	3%
1.5 L＜排量≤2.0 L	5%
2.0 L＜排量≤2.5 L	9%
2.5 L＜排量≤3.0 L	12%
3.0 L＜排量≤4.0 L	25%
排量＞4.0 L	40%

(3) 关税

1985年以前,我国整车进口关税税率为120%~150%,后又在原有基础上加征80%进口调节税。从1986年开始,我国将关税与进口调节税合并征收,汽油轿车排量3.0L以上进口关税税率为220%,排量3.0L以下税率为180%。该税率一直沿用了8年,在此期间,我国的进口轿车价格较国际市场高出3~4倍,进口零部件组装车的价格也同样高出国际价格数倍。加入世界贸易组织后的2006年,我国进口汽车关税税率最终在第9次调整后降至现在的25%,进口汽车零部件的关税税率也降至10%。

小知识:进口车价格计算

目前国内进口车的价格主要由5部分构成,即到岸价格(国外裸车价格)、关税、消费税、增值税和经销商费用(包括车辆运输费用、报商检的费用、集港仓储费用、许可证费用、经销商利润)。

一般的进口车价格计算公式为:到岸价×(1+关税税率+消费税税率)×(1+增值税税率)/(1-消费税率)+经销商费用=进口车基本价格。

以一辆3.5L的奔驰E级的E350为例,消费税为25%,该车在美国售价为50 351美元。

以美国售出价为海关核定的到岸价格计算:50 351美元×6.847 7=344 788元(到岸价)

进口关税:344 788×25%=86 197(元)。

进口货物应纳增值税:344 788×(1+25%)/(1-25%)×17%=97 689(元)。

进口汽车消费税:(344 788+86 197)×25%/(1-25%)=143 661(元)。

此车固定费用:车身价344 788+进口关税86 197+增值税97 689+消费税143 661=672 335(元)。

非固定的费用包括:

①美国港口到达中国港口的运输费用,起运港和到达港各有不同,费用不固定。

② 自动进口许可证或其他证费用。
③ 国内上牌保险费用。
④ 代理报关公司费用。

除此之外，国内代理商一般处于垄断地位，有较高的销售利润，这样可以看到，国内进口奔驰 E350 的报价基本为 76.5 万元。购买后还要交 10% 的车辆购置税。

（4）车辆购置税

车辆购置税是在购置车辆后上牌前应缴纳的税。购置是指购买使用行为、进口使用行为、受赠使用行为、自产自用行为、获奖使用行为以及以拍卖、抵债、走私、罚没等方式取得并使用的行为。其征税范围包括汽车、摩托车、电车、挂车、农用运输车，税额为车辆计税价格的 10%。因为购置税不包括增值税税款，而机动车销售发票的购车价中均含增值税税款，所以在计征车辆购置税税额时，必须先将 17% 的增值税剔除，即车辆购置税计税价格 = 发票价 ÷ 1.17，然后再按 10% 的税率计征车辆购置税。

比如，消费者购买一辆 10 万元的国产车，去掉增值税部分后按 10% 纳税。计算公式是 100 000 ÷ 1.17 × 0.1 = 8 547（元）。

如果消费者买的是进口私车，计税价格的计算公式是：计税价格 = 关税完税价格 + 关税 + 消费税。

2. 汽车在使用环节缴纳的税

（1）车船使用税

2012 年 1 月 1 日起实施的新车船税按车型排量不同划分为 7 档，如表 5 – 3 所示。2012 年实施的《中华人民共和国车船税法》规定，对使用新能源的汽车可免征车船税。

表 5 – 3　车船税税率

分　类	税　额
排量 ≤ 1.0 L	60 ~ 360 元
1.0 L < 排量 ≤ 1.6 L	300 ~ 540 元
1.6 L < 排量 ≤ 2.0 L	360 ~ 660 元
2.0 L < 排量 ≤ 2.5 L	660 ~ 1 200 元
2.5 L < 排量 ≤ 3.0 L	1 200 ~ 2 400 元
3.0 L < 排量 ≤ 4.0 L	2 400 ~ 3 600 元
排量 > 4.0 L	3 600 ~ 5 400 元

（2）成品油燃油税

燃油税是指对燃油在零售环节征收的专项性质的税收。政府通过征税的办法从油价中提取一定比例作为养路等费用，其基本原理是车辆类型及行驶里程长短、载货量大小是与耗油量的多少紧密相连的，耗油越多证明其享有使用公路的权力越多，因此，包含在油价中上交的燃油税就随之增多，对公路养护所尽的义务也就越大。目前，我国汽油燃油税为 $1 元 \cdot L^{-1}$，柴油燃油税为 $0.8 元 \cdot L^{-1}$，即每升汽油价格中含有 1 元的燃油税。

分析与思考

案例：2014 年 3 月 25 日 19 时，杭州市政府发布消息称，自 3 月 26 日零时起，在全市范围内实施摇号与竞价相结合的小客车总量调控管理措施。

随着一纸限购令的发布,杭州车市在3月25日晚上演了疯狂一夜。"杭州'土豪'买下125辆微面囤牌""杭州各大4S店挑灯迎市民疯抢""一名车主买空杭州某4S店",车管所的办事大厅排起了长龙。

2011年9月,杭州市汽车保有量约为200万辆,到了2014年3月,这一数据却增长至259.8万辆。从2013年2月开始,杭州市汽车保有量就以月均1万辆以上的速度在增长,因此一年8万个配置额度远远满足不了杭州的汽车购买需求。

毫无疑问,当城市拥堵、雾霾天气等情况不断严重之时,各地方政府已将汽车限购、限行方案作为解燃眉之急的最直接方式。但对于汽车产业而言,限购浪潮带来的市场急速萎缩、车企发展遇阻等问题,又该如何面对?

你认为解决城市拥堵和污染问题,应采取什么措施?

第三节 汽车与生活

一、世界著名汽车城

1. 美国底特律

底特律(Detroit)位于密歇根州东南部的底特律河畔,与加拿大安大略省的温莎隔河相望,是世界最大的汽车工业中心,号称"世界汽车之都",如图5-5所示。底特律城东临圣克莱尔湖,底特律河穿过闹市区,河畔耸立着一座72层的建筑物,即复兴中心,它是汽车城底特律的象征。

图5-5 美国汽车城底特律鸟瞰图

底特律是美国第五大城市,全美1/4的汽车产于这里,全城442万人口中约有91%的人靠汽车工业为生。如果说美国是一个轮子上的国家,那么底特律就是给美国装上轮子的城市。这里是美国汽车产业三大巨头福特、通用、克莱斯勒诞生的地方,直到今天,它的汽车日生产量仍然雄踞世界第一。在这里举行的北美国际车展之所以能够成为世人瞩目的国际汽车盛会,与这里积淀了一个世纪的汽车文化是分不开的。

底特律在法语里是海峡的地方之意。最初为印第安人的毛皮市场和木材集散地。1701 年法国人在此设立了一个贸易站,并建筑碉堡以同印第安人作战,1763 年英国人乘虚而入。1796 年归属美国。1815 年设市。现市旗上缀有法国百合花、英国狮子和美国星条旗的标志,反映了这座城市的历史渊源。

19 世纪上半期内,由于兴修铁路,欧洲德、英、荷移民大量涌入,造船业及航运业迅速发展,钢铁工业及机械工业等也随之发展。这座城市依靠附近有铁矿砂和炼钢厂的有利条件,逐步形成庞大的汽车工业。"汽车大王"亨利·福特 1903 年创建了第一家大规模的汽车生产厂,1914 首次使用装配线生产汽车,大大提高了生产率。作为美国三大汽车公司——通用、福特和克莱斯勒的大本营,底特律早在 100 年前就开始成为美国汽车的同义词,底特律的汽车工业也成了美国经济的一大动脉。

在第一、二次世界大战期间,这里是军工生产的重要基地之一。除汽车工业外,机器制造、化工、五金、医药等工业也很发达。城市地下的盐矿是美国最大盐矿之一。这个工人集中的城市,是美国工人运动活跃的地方。三十年代大萧条时期,为失业斗争的工人组织了强大的工会组织——联合汽车工人工会。

汽车制造业为城市工业的核心部门,与汽车制造业有关的钢材、仪表、塑料、玻璃以及轮胎、发动机等零部件生产也相当发达,专业化、集约化程度很高;市内有福特、通用、克莱斯勒和阿美利加 4 家美国最大的汽车制造公司的总部及其所属企业。其他重要工业部门有钢铁、飞机和坦克制造、化学、金属加工、木材加工等;工厂企业主要分布在底特律河西岸,以及西南的迪尔伯恩、西北的庞蒂亚克和弗林特等卫星城镇。

2. 日本丰田市

日本丰田市是日本汽车城。此城原名爱知县,因丰田公司建于此而闻名于世,有"东洋底特律"之称。全城从业人员均服务于丰田汽车公司,年满 20 岁的职工即可分到 1 辆丰田汽车。丰田市的出口港是名古屋,建有世界第一的最高容量为 5 万辆的丰田汽车专用码头,如图 5-6 所示。丰田市总人口 695.5 万,其中丰田汽车公司及其子公司的人员、家属占 62%。丰田公司有 10 座汽车厂,生产几十个系列的轻重型汽车。此外,它还有 1 240 家协作厂。全公司每个职工平均年产值 13 万美元,居世界之首。

图 5-6　丰田汽车专用码头

3. 德国斯图加特

斯图加特是德国西南重镇。斯图加特每年要接待 14 万来自世界各地的汽车用户和汽车商，以及参观旅游的人。斯图加特这个地名源自德语马场（Stute Garter）二字，古时这里曾是王公贵族的养马场。昔日的马场，今天是欧洲经济最发达、人均产值最高的大城市之一，誉满全球的奔驰和保时捷汽车就是在这里开下生产线的。

斯图加特的历史可以追溯到 1 000 年前，950 年左右，一位公爵看中这里青山环绕，水草丰美，于是把这里辟为养马场。因此，现在斯图加市的市徽就是一匹飞腾的骏马，而保时捷公司的车标也应用了这个图案，如图 5 - 7 所示。13 世纪这里发展成一座要塞，之后升为公国、王国，斯图加特的地位也步步提升，市区逐渐扩大，1871 年加入德意志帝国。伟大的哲学家黑格尔诞生于此。世界上的第一台以汽油为燃料的发动机、第一个电动手钻、胸罩和文件夹都诞生在斯图加特。从 19 世纪中叶起，斯图加特开始工业化，各类工厂如雨后春笋般破土而出，形成大斯图加特工业区。第二次世界大战中，斯图加特饱经战火，现在市中心许多建筑物都是 20 世纪 50 年代期间重建的。战后，斯图加特的经济发展更是蒸蒸日上，它已成为德国人均收入最高、失业率最低的城市之一。

图 5 - 7　斯图加特市的市徽和保时捷的车标

斯图加特是一座汽车城，著名的奔驰和保时捷公司的总部都设在这里。奔驰汽车制造业是斯图加特的主体工业，在斯图加特几乎家家都有奔驰车。参观奔驰、保时捷博物馆和奔驰汽车制造厂是游客游览斯图加特的重要内容。在距斯图加特城市中心半小时左右车程的辛德芬根是奔驰的生产工厂，可以说是世界上最大的豪华车生产基地。在斯图加特有两个陈列和展示古董奔驰的场所：一个是面向大众的奔驰博物馆，在这里陈列了从 1886 年第一款汽车到如今各个时期的百余款奔驰轿车，每天平均要接待 1 200 名来自世界各国的参观者，其一年 45 万观众中有 30% 来自中国；另外一个展示古董车的地方是奔驰经典车中心，这是个经营性的机构，主要从事古董车收集、修复和销售。工作人员把从全世界收集来的、有价值的老奔驰修复一新，然后再卖给那些喜欢奔驰的收藏家们。奔驰设立这样一个中心并不为赚钱，主要是为那些热爱奔驰汽车的人们提供一个实现梦想的机会。

4. 意大利都灵

都灵为意大利最大的汽车集团菲亚特公司总部所在地，如图 5 - 8 所示。全城有 120 万人口，

图 5 - 8　意大利都灵市中心广场

其中30多万人从事汽车工业,每年生产的汽车占意大利总产量的75%。1899年,菲亚特公司在都灵创立,成为意大利第一个汽车公司,年产量达到200多万。菲亚特汽车的特点是技术先进、造型美观、装备齐全。不仅如此,它和通用公司还有一个共同的特点,就是大量从事汽车相关产业,分担了风险,以至于在汽车的历史低迷期不至于破产。

5. 德国沃尔夫斯堡

沃尔夫斯堡市也称狼堡,位于德国下萨克森州,总面积310平方公里,人口约13万。欧洲最大的汽车制造厂商——大众集团总部就坐落于此,如图5-9所示。大众集团自1934年成立以来,带动了城市的发展。1938年,该市作为德国当时现代化的汽车城而兴建起来,开始逐步成为德国北部的工业重镇和欧洲最大的汽车制造中心。现在狼堡市民中的40%都在大众汽车厂上班,大众集团在狼堡的员工达5万人。

图5-9　德国沃尔夫斯堡的大众工厂

6. 日本东京

东京是日本的首都,也是世界上最大的城市之一,如图5-10所示,著名的汽车公司日产、本田、三菱、五十铃公司总部均设在此地。日产公司在东京市的雇员总数近13万人,公司可年产汽车320万辆。本田公司雇员总数达11万人左右,汽车产量已高达约300万辆。

图5-10　日本东京街景

7. 法国巴黎

巴黎，除了它举世瞩目的浪漫、时尚奢侈品，也以总部设在此的法国最大的汽车集团公司——标致雪铁龙汽车公司而闻名。图 5-11 为法国巴黎香榭丽舍大街。标致汽车公司是世界十大汽车公司之一，法国最大的汽车集团公司，创立于 1890 年，创始人是阿尔芒·标致。1976 年标致公司合并了法国历史悠久的雪铁龙公司，从而成为世界上一家以生产汽车为主，兼营机械加工、运输、金融和服务业的跨国工业集团。标致雪铁龙汽车公司的总部在法国巴黎，汽车厂多在弗南修·昆蒂省，雇员总数为 11 万人左右，年产汽车 220 万辆。

图 5-11　法国巴黎香榭丽舍大街

8. 英国伯明翰

伯明翰是利兰德汽车（Leyland）公司所在地，位于英格兰中部亚拉巴马州，是仅次于伦敦的英国第二大城市，如图 5-12 所示。该市市区面积 256 平方公里，人口 26.5 万（1990 年）。自 1166 年英王恩准开埠经商后，伯明翰先以制铁冶炼为主迅速成为冶金行业的重镇。1880 年建立第一座高炉，钢铁工业兴起，带动了其他工业的发展。现如今伯明翰是英国的汽车城，世界各大汽车生产厂商在这里都设立了公司，使它的工业产值占全国工业产值的 1/5，并享有"世界车间"之美称。

图 5-12　英国伯明翰

9. 德国吕塞尔斯海姆

吕塞尔斯海姆是美国通用汽车公司最大的海外子公司——亚当·欧宝汽车公司总部所在地，位于美因河下游左岸，其工业以汽车制造为主。1862年，亚当·欧宝（Adan Opel）在吕塞尔斯海姆创建了欧宝公司，公司最初生产缝纫机、自行车，1897年开始生产汽车，1899年生产出了欧宝历史上第一辆汽车。1924年，公司建成德国第一条生产汽车的流水线，使汽车产量猛增，在德国廉价车领域独占鳌头。另外，欧宝家族可能对当时的德国政府存在顾虑，于1929年将公司80%的股份卖给美国通用汽车公司，从此，欧宝汽车公司成为美国通用汽车公司在德国的子公司。

欧宝以生产中低档轿车为主，汽车的特点是省油。1983年，整个公司的车型百公里油耗就降到了7.42 L的较高水平。该公司的生产设备也很先进，有一个柔性生产系统，可以自动调整加工各种零件，并能自动识别零件和自动选择加工工序。欧宝汽车公司的盈利能力较强，20世纪80年代末至90年代初，通用汽车公司亏损严重，而欧宝公司则年年盈利，成为通用汽车子公司中的最大的盈利源。欧宝汽车公司有雇员人数5.9万人，年产量100多万辆。

2000年，欧宝投资15亿欧元在欧宝原厂旁边兴建新工厂，如图5-13所示，仅产品设备投资就高达8.2亿马克，创下欧宝投资额的历史最高纪录。新工厂冲压车间有一台价值3500万欧元的冲压机，在当时创下汽车工业单台设备投资的新纪录。而新工厂的装配区占地面积则达48 000平方米。经过仅仅两年的建设，吕塞尔斯海姆新工厂于2002年1月7日投产。欧宝吕塞尔斯海姆工厂目前拥有18 300名工人，其中生产工人4 500人，开发设计人员7 000多人，其余为管理人员，总厂占地3.5 km×1.5 km。这是一个现代化的生产企业，最高日产量可达1 100台，一辆汽车从冲压开始到组装完毕只需15个小时。一条生产线耗资7.5亿欧元，生产线全部是自动化运转，工人只是负责操作机器人，所有工人都必须参加双元制培训并取得证书后才能上岗。新工厂主要生产欧宝威达Vectra和Signum两款车型。

图5-13 欧宝工厂大门

另外现代起亚的欧洲研发中心也设在了吕塞尔斯海姆市。

10. 法国比扬古

比扬古，是法国巴黎西南的城市，地处塞纳河河曲的布洛涅森林之南，人口约10.3万人。世界十大汽车公司之一的雷诺汽车制造厂就设在此地，1898年10月路易·雷诺在比扬古创立雷诺工厂，后改组为雷诺股份有限公司，生产各种车辆。第一次世界大战中生产枪支弹药、飞机和轻型坦克，战后恢复了传统的生产活动，并不断开辟新的领域和部门，加强同其他工业公司的联系，成为当时法国最大的工业企业之一。第二次世界大战期间，雷诺公司为德国法西斯生产武器和军火，1944年9月被法国政府接管，路易·雷诺被惩处。1945年被收归国有，由政府委派董事长，组成管理机构，并改用现名。从1970年起，公司允许雇员购买公司股票，但最高不能超过25%。此后，公司迅速恢复和发展，逐步实现了经营多样化。

二、汽车博览会

世界各大汽车制造商每年都在一些大都市举办规模盛大的汽车展，在车展上推出自己的最新车型，来展示自己在汽车领域内取得的最新成就。汽车展览会除技术性外，还具有浓厚的文化色彩，每次都能吸引大量的民众参观。

汽车展览会带来更多的概念车型、新车型、汽车展会风格和文化氛围，让人们感受到世界汽车工业跳动的脉搏。汽车展览是汽车制造商们展示新产品的舞台，在流光溢彩的样车背后是汽车制造商们为在汽车市场上争夺市场份额而进行的殊死较量。

德国法兰克福车展、美国底特律车展、瑞士日内瓦车展、法国巴黎车展和日本东京车展被誉为当今五大国际车展。它们之所以成为国际一流车展，一是因为参展商的规模和级别一流，二是因为展品档次和首次亮相的新车、概念车一流，三是因为场馆面积和配套设施一流，四是因为主办方服务质量一流，五是因为国内外记者范围、观众数量和专业水平一流。人们都说巴黎时装展是世界一流的时装展，是因为它代表了世界时装业发展的潮流；那么五大国际车展之所以世界知名，也是因为它们代表了世界汽车工业发展的潮流。

这五大车展当中，历史最短的东京车展也在50年左右。撇开带给汽车爱好者和观众们的激情与快乐，这些车展都对世界汽车工业与汽车市场的发展起到了极大的推动作用，在世界汽车历史长河中有着不可磨灭的功绩。彰显自己鲜明的个性是这些著名车展的共同特点，比如：法兰克福车展作为汽车工业的发源地之一，尤其重视传播汽车的文化性；日内瓦所在的瑞士因为没有自己的汽车工业，可以为各大汽车厂商提供公平竞争的舞台；北美车展则充满美国人的娱乐精神，吃喝玩乐无处不在，一应俱全；东京车展上众多匪夷所思的概念车和最新科技的展示也是吸引观众眼球的卖点。

1. 德国法兰克福车展

它是目前世界上规模最大的车展，有"汽车奥运会"之称，每两年举办一次，到目前为止已举办了60多届。法兰克福车展前身为柏林车展，创办于1897年，1951年移到法兰克福举办，每年9月在德国法兰克福举行，轿车和商用车轮换展出，是五大车展中技术性最强的，被誉为最安静的车展。该车展的展场面积达25万平方米，平均每次有近2000多家厂商参展，展示的产品除轿车、赛车、商用车外，特种车、改装车、运输车、汽车零部件、汽车维护用品以及百货等都在展示之列。由于德国是现代汽车的重要诞生地，而且是世界上汽车工业最发达的国家之一,因此这一车展很有权威性。

作为世界五大车展之一,法兰克福车展的参展商家也包揽天下,但主要来自欧洲、美国和日本,尤其以欧洲汽车商居多。当然,德国的几大汽车巨头如奔驰、宝马等占尽天时地利。法兰克福车展的服务细致而周到,符合德国人一贯滴水不漏的办事作风,人们不仅可以看到百年老爷车和光彩夺目的新车,还可以观看新车表演和国际赛事实况转播,并可获得汽车发展史、技术性能、安全行车、环保节能等多方面知识。

2. 瑞士日内瓦车展

日内瓦车展始于1924年,每年3月举行。除了在第二次世界大战期间暂停7年,其他年份每年都举行。日内瓦车展展场面积有7万多平方米,属于室内展场。虽然瑞士的汽车市场不大,但由于瑞士很富裕,所以该车展历来是豪华汽车及高性能改装车厂家的必争之地。日内瓦车展是世界五大车展中最热闹的,被誉为"国际汽车潮流风向标"。

瑞士没有自己的汽车工业,而日内瓦却承办着世界最知名的车展之一。日内瓦始终是一个让人刮目相看的城市,每年一度的日内瓦车展,以其迷人的景致、处处公平的氛围和细致入微的参展规则,受到世界汽车巨头们的好评,更为众多观光者所青睐。车展主办方最引以为豪的是日内瓦公平的展览氛围:"底特律车展上通用、福特趾高气扬,法兰克福汽车展简直就是德国车商的表演舞台,巴黎汽车展的主要大厅则被法国的车商所占据,但日内瓦车展一视同仁,地方保护主义的色彩最淡。"日内瓦车展历来推崇技术革新,豪华车和概念车仍是日内瓦车展上最耀眼的明星。

伴着瑞士让人倾倒的美景,日内瓦车展是许多车迷看车和旅游一举两得的好去处。车展期间,日内瓦大小饭店均告客满,每晚灯火辉煌,各类招待会和酒会一个赛一个,花样繁多的食品犹如食品博览会,给日内瓦带来了巨额的旅游收入。虽然没有底特律、法兰克福车展的规模,在世界五大车展中属于"小家碧玉"型,但其特有的中立地位,使得众多的参展商非常看好日内瓦车展,许多汽车制造商也乐于在日内瓦车展上推出新车。

3. 法国巴黎车展

1898年6月,巴黎车展首次举办。自1923年开始,车展改在10月的第一个星期二举办,这一惯例一直延续到今天。1976年起,车展定为两年举行一次,现已举办了78届。展览面积占地近25万平方米,分8个展馆,分别展出轿车、商用车、特种车、古董车以及汽车零部件,甚至包括生产作业中使用的电瓶车。巴黎车展颇具本土色彩,过去展品多为法国车和欧洲车,不过近几年来美国和日本车也日渐增多。每次参加该车展的厂商有1 000多家。作为浪漫之都的巴黎,它的车展总能给人以新车云集、争奇斗艳的感觉,充满时尚是具有历史悠久的巴黎车展的突出特点。

1998年,欧洲车迷期待已久的巴黎"百年纪念车展"举办,该届车展以"世纪名车大游行"的方式,让众多观众在巴黎大街上一睹香车美女的芳容。2000年的巴黎汽车展在凡尔赛门展览中心举办,共有来自全世界30多个国家的汽车厂商,展示667个品牌的产品,并且首次将展期由过去的12天延长至17天,还增加了低票价的18时至22时的晚场参观时段,总参观人数在130万左右。

世界各大巨头总喜欢把最先进的技术产品放在巴黎露面,而两年一届的巴黎车展,也是概念车云集的海洋,各款新奇古怪的概念车常常使观众眼前一亮。

4. 英国伯明翰车展

此车展也是每两年举办一次，时间在 9 月中旬。英国是欧洲第一大汽车市场，但由于近十多年来英国汽车工业日渐衰落，此车展成了德、意、法、美、日，甚至韩国、西班牙等国汽车制造商大显身手的地方。由于英国具有浓厚的汽车文化和汽车传统，所以参观该车展的人还是很多。

5. 日本东京车展

东京车展创办于 1966 年，单数年为轿车展，双数年为商用车展，历来是日本本土生产的各种千姿百态的小型汽车唱主角的舞台，这也是与其他国际著名车展相比最鲜明的特征。同时，各种各样的汽车电子设备和技术也是展会的一大亮点。历史最短的东京国际汽车展发展速度却非常之快，日本人对技术的崇拜使这一展会成为最新汽车科技的集中展示地。日本人建造了世界上最先进、设施也最完备的展馆——位于千叶县的暮张新馆。

环保和节能始终是东京车展的亮点。与其他西方大型车展相比，日本车展更具有亚洲东方神韵，日本厂商多款造型小巧精美、内饰高档的车总能成为车展的主角。

东京车展在 1999 年秋季被分为乘用车与摩托车展和商用车展两个展会，每年交替举办。第 34 届东京车展于 2000 年举办，为了更好地反映展览的主题工作与福利车，此届展览名称被改为商用车及无障碍车辆展览，主办者特地在展会现场布置了一系列的观众参与项目，能满足各种观众的需求。

6. 北美国际车展

北美国际车展始于 1900 年 11 月纽约汽车俱乐部召开的第一届世界汽车博览会，后来车展转迁至汽车城底特律，1989 年才正式更名为北美国际汽车展览会。北美国际车展每年 1 月在美国底特律举行，是世界上历史最久、规模最大的汽车展之一，由于在每年年初举行，所以被誉为"全球汽车风向标"。底特律是美国的汽车城，也是世界上最大的汽车城，是美国三大汽车公司的总部所在地。美国是世界上汽车产量最大的国家，但在 20 世纪 70 年代以前，美国的汽车市场主要是自给自足，所以该车展在那时多为本国产品，不具国际性。但现在美国已成为世界上最大的汽车进口市场，参加底特律车展的汽车公司也越来越多，规模和影响也越来越大，已具备国际性车展规模。美国底特律可以说是世界上与汽车联系最紧密的城市，从造车起步，靠汽车工业蜚声天下，现在底特律依然是美国这个"车轮上的国度"的发动机。底特律车展也成为当今世界最负盛名的车展之一，甚至有人将它与法兰克福车展、东京车展并称为世界三大车展。

1957 年，欧洲车厂终于远渡重洋而来，首次出现了沃尔沃、奔驰、保时捷的身影，获得了美国民众的高度重视，底特律车展的王旗正式树起。在 2002 年举办的北美国际汽车展上，共有来自北美、欧洲及亚洲的 400 多家厂商带来的 700 多辆轿车、载货汽车参展。

7. 意大利都灵车展

此车展规模不大，但由于意大利的汽车外形设计领导国际汽车工业的潮流（事实上，世界上的大部分著名跑车厂家都在意大利），再加上展品多属当今汽车设计大师的杰出作品，并多为外形前卫的概念汽车，因此此车展也具有很大的影响力和很高的欣赏性，是预言汽车未来的最佳窗口。

近年来，中国的北京、上海、广州、长春和成都等地也定期举行国际汽车博览会，参展规模和国际影响也愈来愈大。

三、汽车博物馆

1. 奔驰汽车博物馆

奔驰汽车博物馆（Mercedes Benz Museum）坐落于斯图加特郊区，它记录了世界上最古老的汽车公司——梅赛德斯－奔驰不灭的光荣与梦想。奔驰旧博物馆创建于1936年，它是奔驰汽车从发明到发展的一本历史教科书、一部完整的汽车发展史。从最早的奔驰一号车和戴姆勒一号车、第一辆打破纪录的奔驰赛车，到现今的高科技奔驰，奔驰无不证明着自己在汽车工业的地位。

1961年，奔驰公司建造了一个更大的博物馆，共有300万的参观者目睹了奔驰汽车的风采。这一博物馆于1985年翻修，并于1986年重新开放。博物馆的一个重要特色就是无线传输系统的应用，参观者无论采取什么路线，红外传输系统都会提供参观者注视车辆的介绍。博物馆开放式的设计风格使得参观者可以自由移动、驻足和思考。无论你站在博物馆的哪一点上，都会发现收藏汽车的全新视角。

新的博物馆为不规则的三棱圆柱形（图5－14），共分为9层，面积达到16 500平方米，可陈列展示185款汽车，其中包括大约95辆轿车、40辆商用车以及40辆赛车和各类创纪录车。在这座具有独特风格的建筑里，观众将了解到从第一辆奔驰车到传奇的银箭赛车的发展过程，它会带给人们一次难忘的穿越时空之旅，呈现出一个汽车工业巨人的一幅幅历史画卷。奔驰汽车博物馆已不仅仅是汽车的收藏，它更是奔驰传统的彻底展现，人们在这里看到的不仅是历史，更是奔驰公司的过去、现在和未来。

图5－14　奔驰博物馆（Mercedes Benz Museum）

2. 通用汽车博物馆

美国汽车"三巨头"之一的通用汽车，于2004年在密歇根州的小城Sterling Heights建立了全球最大的汽车历史博物馆，馆内收藏了自1914年通用公司成立至今的数百辆经典名车及一些极具历史意义的特殊车辆。这座博物馆既是世界工业文明里程碑式的象征，更是百年来与汽车相关的科技、人文、艺术的集中呈现和总结。通用历史博物馆的展览建筑最初并不是作展览车辆之用，而是通用内部庆典和会议的场所，只能同时容纳500人左右；在2004年通用百年诞辰之时，通用将这个建筑改造成了通用历史博物馆，开始广迎八方来客。

通用博物馆最大的特点，就在于其数不胜数的经典老爷车款。在这座博物馆里参观，任何观众都不会错过美国豪华车皇冠上的宝石——凯迪拉克的经典展车，馆中数十款车型中甚至包括了教皇、美国总统、好莱坞巨星的私人座驾，每一款都价值连城，意义非凡。当然，在这个展馆里，还有不少经典的概念车，走进展馆就如同走进了异想世界一样。

3. 保时捷汽车博物馆

它是保时捷花费1亿欧元修整的、位于斯图加特的博物馆，占地面积超过了1 000平方米，展馆十分美观大气，而里面所珍藏的保时捷车辆更是会让车迷流连忘返。

展厅内展出80多辆保时捷历史上重要的车型，从第一辆356到最新的Panamera。此外，保时捷热衷的汽车运动在展馆内也有展示，其中包括一个展示911 Turbo演化发展的区域，还有一系列的赛车，包括保时捷获得胜利的拉力赛车。当然，保时捷不会忘了最具未来气息的概念车，从Ferdinand Porsche最初的拖拉机到现今最时髦的概念车，一应俱全。

4. 丰田汽车博物馆

丰田汽车博物馆于1989年为庆祝公司成立50周年而开设。丰田的前身是做织布机的，所以在丰田汽车博物馆里，有很大面积的场地用来展览织布机的历史。参观完织布机展馆，就可以来到汽车展馆，这里收集了19世纪末以来世界各国各种车型近200辆，其中不仅收集了丰田历史上的经典车型，还有60多辆欧美汽车。

不可错过的展车包括丰田生产的第一辆车Toyada AA型汽车，以及标志着丰田成功的花冠车型，还有1998年丰田发布的全球首款混合动力车型普锐斯。此外，还有专门针对中小学生的动手区域。

5. 宝马博物馆

宝马博物馆（BMW Museum）位于宝马全球总部慕尼黑宝马品牌体验中心，是宝马品牌体验中心的核心组成部分。宝马博物馆总面积5 000平方米，为"碗形"造型设计，它的旁边就是宝马"四气缸"总部，如图5-15所示。

图5-15 宝马博物馆与宝马总部及宝马世界

四、汽车广告

汽车市场的激烈竞争催生了汽车广告业的发展。汽车业正在走向市场经济的产品战时代,这也需要广告来助威。各色汽车广告处处体现出制作者的独具匠心,或凝重,或热烈,或深切,或诙谐,或前卫,或布满浓厚的民族气息。

世界上最早的汽车广告出现在1900年,当时美国的第一家汽车厂——奥兹莫尔比汽车厂竣工,奥兹父子在工厂门口竖立了一块醒目的标志牌,上书"世界最大的汽车工厂",来往行人无不驻足观看,从此广告开始和汽车联系在一起,成为工业时代的象征。

1908年,福特公司的T型车问世,公司为此安排了规模空前的广告宣传活动。除在报纸、杂志上刊登大幅广告外,还进行了当时在美国规模最大的邮寄式广告宣传活动,以及通过电报、电话直接告诉消费者的广告宣传。结果,在广告宣传的第二天清晨,1 000多份汽车订单就寄到了福特;6个月之后,T型车销量达2 500辆;1年之内销售总量为6 000辆。汽车广告初出江湖,即告峥嵘。

早期的汽车广告,犹如一个刚刚学语的孩子,直白却不失可爱。由于社会科学技术方面的原因,早期汽车广告的形式往往比较单一,大多直接以产品的功能、质量为宣传点。曾被《时代》周刊誉为"最抢手广告奇才"的大卫·奥格威,在为劳斯莱斯撰写广告词时,一句"时速六十英里时,新款劳斯莱斯汽车上的最大噪声来自它的电子钟"不仅让劳斯莱斯风靡一时,也成为早期汽车广告的经典之作。

而随着商业社会的发展,特别是营销理念被引入汽车广告领域之后,广告无不挖空心思地考虑着消费者最需要的一切,尽一切可能满足他们的利益。这时期的广告变得极富人情味,如图5-16所示的宝马汽车广告,勾勒出了一幅雍容、显赫的幸福家庭景象。

图5-16 宝马汽车广告

20世纪70年代,石油危机笼罩全球之时,几乎所有的汽车广告都强调省油;80年代风调雨顺、歌舞升平之下,汽车又成为个性与时尚的代言人;到了90年代,环境污染让人忧心忡忡,汽车便开始宣传节能环保。一言以蔽之,广告传唱的,就是消费者内心关注的。

广告的手段也变得愈加多样化,它被谱成歌曲,它被植入电影,它被写成故事。多少飞车镜头让你对速度产生热望,多少带着英雄化险为夷的汽车让你对它的质量充满信心,多少俊男驾驶"香车"迎载美女的场景让你期待同样的幸运……汽车广告让你知道汽车,也让你渴望汽车。

如今,广告已经很难再凭借一句直白的话语来打动人们去购买汽车。当美国篮球巨星科比驾着一台德国小汽车载着一位中国美女上演一出古老的英雄救美的故事时,这则被誉为近年最好看的汽车广告让我们读出了汽车广告的国际化、汽车广告的人情味和那具有巨大穿透力的消费者心理把握能力。

丰田汽车进入中国市场时,就很好地借用了中国的一句俗语,"车到山前必有路,有路必有丰田车",从此在中国人的心目中牢固地树立了丰田汽车的品牌。

韩日世界杯上,韩国现代汽车的广告创意堪称经典之作:激情澎湃的世界杯赛场上,看台上掀起的人浪慢慢演变成现代汽车的身影,足球的激情与汽车的高贵典雅完美地结合在一起,现代汽车的形象也随之深入人心。

现代广告最讲求的就是创意,图5-17为三菱越野车帕杰罗的广告。三菱帕杰罗向来有越野之王的美誉，如果看到眼前这部车身满是泥泞的帕杰罗，你是否想过，它在之前曾在多么恶劣的环境中行驶过？如果你能够想象得到，那么这则广告的目的也就达到了。

图 5－17　三菱越野车帕杰罗汽车广告

图 5－18 为丰田越野车陆地巡洋舰广告，丰田越野车被当成拆除建筑的撞锤，那还有比它更结实的车吗？

图 5－18　丰田陆地巡洋舰汽车广告

图 5－19 为好事达汽车保险做的广告，它将一部真实的汽车悬挂在芝加哥市中心著名的地标建筑 Marina Towers 车库的边缘，摇摇欲坠。如此危险，还是买保险吧！

在国产车众多的广告中也不乏佼佼者，如上海大众的帕萨特汽车的广告：人生是一段段的旅程，有时要加速，有时要避让，有时要纵情驰骋……将人世浮沉的感慨蕴含在一组黑白素雅的电视画面中，轻易地引起了人们的共鸣。

走下圣坛的红旗牌轿车一直是人们关注的焦点，因为它是国产轿车中少有的自主品牌，其代表性广告语"坐红旗车，走中国路"简洁明了地突出了这一诉求，很好地激发了消费者关爱民族汽车工业的情结。"捷达，理性的选择"，这是目前国产轿车中让人最容易记得住的一句广告语。汽车广告对于汽车销售是非常重要的，作为一个大众媒体，

图 5－19　好事达汽车保险广告

它能最有效地把信息传递给大众，一支优秀的广告能创造良好的销售力和市场收益。

五、汽车旅馆

汽车旅馆，原文来自英文的"Motel"，是"Motor"和"Hotel"的合成词，以前是指没有房间的旅馆，可以停车，而人就在汽车内睡，只不过比停在外面多了层保护而已。汽车旅馆与一般旅馆最大的不同点在于汽车旅馆提供的停车位与房间相连，一楼当作车库，二楼为房间，这样的独门独户为典型的汽车旅馆房间设计。汽车旅馆多位于高速公路交流道附近，或是公路离城镇较偏远处，便于以汽车或机车作为旅行工具的旅客投宿（图5-20）。

图5-20　汽车旅馆（Motel）

1952年，美国人凯蒙·威尔逊开设了第一家汽车旅馆，这种自助式的廉价汽车旅馆一问世就受到了驾车旅游者的热烈欢迎；特别是法国雅高集团的"一级方程式"廉价汽车旅馆自1985年开张后，在短短的15年里就在全球开设了1 000家分店，取得了巨大的成功。廉价汽车旅馆采用标准化的建造模式，内部省掉了一切顾客不需要的设施和豪华装饰，以减少成本费用，以最低的价格向驾车的商务旅行者和度假家庭提供廉价的住宿服务。开车旅行、住廉价汽车旅馆如今已成为西方人的一种生活习惯，据有关数字显示，西方国家90%以上的驾车旅游者喜欢投宿汽车旅馆。

汽车旅馆由于价格低廉，因此旅馆的设施也简单得多，前期投资并不大。国外的汽车旅馆一般只有客人登记住店和结账离店时，才有服务人员为旅客提供当面服务。旅馆也没有设施豪华的餐厅、休息室等，客房一般较小，没有书桌、文具、装饰品，没有壁橱和衣橱，只有床、几个行李架和一个柱式衣架等基本设施。小小的Motel虽然不能完全给游客宾至如归的感觉，但提供的设施已经可以满足大多数人的旅行需要，非常的便捷与经济。旅游旺季时，Motel常常会客满，一般情况下也都是要提前预订。

六、汽车杂志

汽车杂志和报纸等各类出版物是汽车文化的传播载体，它们将汽车人的思想文化传播给大众，并使之接受。随着汽车工业的快速发展，汽车杂志市场也在逐步走向成熟和细分，从最初的以内容"杂"为主要标志的杂志逐步过渡到类别杂志上来。汽车杂志类别大致包括学术类、科普类和消费时尚类3种。

汽车杂志迅速发展有着深刻的社会经济、消费文化和用户的专业知识需求不断发展的背景。汽车对于家庭而言是一种高值、耐用，同时又是结构和性能比较复杂、种类繁多的消费品，汽车消费者尤其是首次购买的用户，都希望在汽车购买、使用、维护等方面得到专业指导，而汽车杂志版面多、图片质量好，能够提供专业性强、数量多、新鲜又有深度的内容，自然就成为老百姓购车用车的向导。

汽车杂志具有很强的行业特征，又与现代生活息息相关，在其繁荣的背后，同样有着与当前汽车行业一样激烈的市场竞争。在竞争者越来越多的情形下，很多汽车杂志都在不停地加页，不断提升内容质量和印刷水平，不断增强核心竞争力，以争夺有限的读者和广告商。

国外汽车杂志发展已有几十年的历史，发展速度很快，在市场定位上几乎囊括了与汽车相关的方方面面，出现了《越野车》《跑车》《老爷车》《汽车收藏家》《汽车噪声与安全》等多种专门分类的汽车杂志。在德国、美国等地，优秀的汽车期刊发行量都超过百万册，美国有好几种汽车杂志发行量达到二三百万册。国外比较著名的汽车杂志有英国的《Auto Express》（图5-21）、德国的《Auto Motor und Sport》、美国的《Auto Week》（图5-22）等。

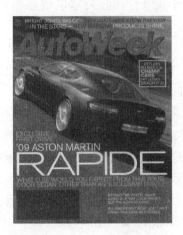
图5-21 英国的《Auto Express》

图5-22 美国的《Auto Week》

我国市面上的汽车杂志，除小部分属学术类的之外，其他的基本上分为两种类型：一种是消费时尚类的，如《汽车之友》《中国汽车画报》《汽车导报》《车主之友》《时尚座驾》《轿车情报》《名车志 CAR AND DRIVER》和《汽车族》等几十种；另一种是科普类的，包括《汽车维修与保养》《汽车与驾驶维修》《汽车维修》等十几种。但从主要内容看，这些汽车杂志同质化现象非常严重，基本上都是综合类的，车型上统统囊括了新车、名车、国产车、进口车、合资车、轿车、跑车等各种车型，内容上也都是新车发布、试车报告等综合资讯，甚至连封面都大同小异。随着汽车消费者数量增长和逐步成长，消费个性必将成为汽车杂志关注的焦点。

七、汽车影院

汽车影院即观众坐在各自的汽车里通过调频收听和观看露天电影，这是随着汽车工业高度发达后所衍生的汽车文化娱乐方式之一，如图5-23所示。

图 5-23 汽车影院

20 世纪 30 年代，美国人理查德在自家后院的大树上钉上一张褥单充当屏幕，在屏幕后放置了一台收音机充当音响，然后在汽车顶棚上支起 1928 年产的柯达放映机，世界上第一座汽车影院就此诞生了。1932 年 8 月 6 日，理查德向美国专利办公室申请汽车影院专利，1933 年 6 月 6 日，理查德汽车影院开张，至 1939 年全美共出现 11 家汽车影院。

第二次世界大战后，美国的汽车影院迅速发展，1946 年汽车影院的数量从 102 家增加到 155 家，到 1948 年已经有 820 家汽车影院。从 1948 年到 1958 年的时间里，美国汽车影院的数量更是爆炸式地从不足 1 000 家迅速增加到近 5 000 家；与之相反，美国室内影院数量在同时期开始萎缩，在 10 年间从 1.8 万家降到 1.2 万家。不仅汽车影院数量达到历史最高峰，而且规模也令人咋舌，当时美国最大的汽车影院可停车 3 000 辆，最小的只可停车 50 辆。纽约州的一家大型汽车影院占地 28 公顷，在拥有 2 500 个观影车位的同时，还拥有 1 200 个空调室内座位，保证影院可以全天候开放。当时的汽车电影院一般在放映前 3 个小时就开门，让大人们先领着孩子进来玩，许多影院供应各种餐点，包括炸鸡、三明治、汉堡等，在一些影院观众甚至可以在车上订餐。在电影放映的休息时间，载有小食品的拖车会开出来，方便观众购买。汽车影院从门票收入中获益并不多，因为其中大部分款项都要作为影片租赁费交给电影公司，而游乐场、零售亭的收入才是汽车影院收入的大头。

20 世纪 90 年代开始，美国许多汽车影院开始增加屏幕，屏幕最多的一家汽车影院位于佛罗里达，共有 13 个屏幕，同时放映多部电影，电影题材也更加多样化。当驾车开到入口处时会看到霓虹灯牌显示的当天上映的电影片名；通过售票口时服务员会问你要看哪一部，票上会注明停车位和相应的频道号码；当把车开到相应的位置后，打开汽车上的音响，调到票上注明的频道，电影的声音就出来了。有的影院还向观众提供一根荧光棒，当需要服务时，只要在车窗里摇一下荧光棒就可以了。

对个人自由的尊重是汽车影院最大的魅力所在，这与美国开放自由的国情有着很大的关联。观众可以在完全私人的空间里享受高质量、超大映画及车内音响、环音所带来的震撼体验。除此之外，汽车影院还不像在一般的电影院里会受到很多的限制。你可以坐在自己的车里看电影，可以随心所欲地表达个人的情绪，而完全不用顾虑周边的环境；你可以在自己的车里吃喝娱乐，而不用担心影响别人。

汽车影院在服务上也自有它的一番特色。汽车影院的电影一般都是循环播放的，只要你不累，看完这部还可以接着看下一部；看到精彩片段时，观众不再是报以热烈的掌声，而是汽车喇叭齐鸣，气势非凡。

汽车影院的魅力与特色不会止于此，那是一种与自然交融的和谐之美，它会将人们的记忆带到过去，又好像将人们带入另外一个世界，除了工作人员外几乎看不到其他人的身影。在这里，不论外面是如何的天冷地冻，人们却可以懒懒地喝着热茶。而到了夏天，有知了在鸣叫，有微微凉风在吹拂，还有那些清凉的冷饮与人陪伴。可以说，汽车影院给予人们的不仅是视觉上的快感，更是享受身心自由、特色服务以及浪漫氛围的全方位体验。

1993年汽车影院进入中国，对很多中国人来说，一方面它是汽车走进家庭后才逐渐兴起的休闲方式，另一方面它唤起了小时候看露天电影的美好记忆，是一种充满怀旧气息的新鲜事物。

当然，汽车影院虽然给有车一族带来了一种新的放松的机会，但并不是每一个观众都愿意为它买账。从市场上来看，随着私家车的普及，汽车影院这一属于汽车消费领域的新生事物，按理说应该爆炸式发展，但事实上从1993年北京有了第一家汽车影院开始，到目前为止，也只有北京、上海、深圳、广州、长沙、南京、杭州等城市开设了汽车影院。

八、汽车节庆

汽车改变了人们的活动范围，更改变了社会的生产模式。汽车是发达国家的支柱产业和最强大的科技产业，汽车工业的飞速发展增强了综合国力，拉动了相关产业的发展，提供了社会就业，提高了工作效率，改变着人们的生活。

在全世界，每年都有各种各样的汽车节庆活动举办，汽车节庆活动成为汽车爱好者交流、分享、狂欢的好机会，也由此扩大了汽车文化对普通大众的影响力和感染力。同时，通过举办这样的节庆活动，举办方、赞助方、参与者都获得了经济利益，对发展当地经济也有正面的作用。

全球各地的汽车节庆是"二战"后在英国和美国兴起的，后来逐渐遍布全球各地。汽车节庆的活动一般包括新车展、老爷车展等在内的各种车展，参观汽车工厂和汽车博物馆，各种关于汽车的娱乐游戏和车技比赛，参加节庆的汽车评选颁奖舞会、音乐会等。现在仍在举办的、历史最悠久的汽车节庆是美国底特律郊区的格林菲尔德老式汽车节（Greenfield Village Old Car Festival），该汽车节展示自1932年以前生产的全世界顶级的汽车，至今已举办了58届。

1. 欧式汽车节

欧式汽车节（Euro Auto Festival）每年10月下旬在美国南卡罗来纳州举办，为期3天，到2008年已举办了13届。该汽车节由宝马公司承办，发展至今已经形成了颇大的规模，吸引全球各地的欧式车爱好者。该节庆的主要参加者是欧式车的车迷，他们聚集在一起展示、分享各自的收藏。

在欧式汽车节上除欣赏车展和表演外，车迷们还可以为自己喜爱的车辆投票评出冠亚军，与此同时还有名为汽车汇（Car Corral）的汽车展示活动和汽车越野赛的体验活动等。

宝马公司举办这个节庆，意在推广欧式的豪华车、经典车和古董车，让人们了解并懂得欣赏这些车辆。

2. 格林菲尔德老式汽车节

格林菲尔德老式汽车节（Greenfield Village Old Car Festival）于每年9月9日、10日两天在美国底特律郊区的格林菲尔德镇举办，到2008年已举办了58届。Wiki百科全书称其为"美国现存的举办历史最久的古董车展"。这个汽车节由亨利·福特组织承办，由福特公司间接赞助，每年都有600多辆汽车参加展出。由于是老式汽车节，所以这个节庆对参加车辆的年代限制比较严格，要求必须是1890年至1932年生产的汽车。这项节庆参加车辆展出是免费的，但是提出展出要求的车辆都要经过承办方的审核，以保证这次节庆的质量。节庆期间还可以免费参观格林菲尔镇和镇上的汽车博物馆。

3. 纽瓦克全国微型车汽车节

纽瓦克全国微型车汽车节（the Newark National Kit Car Festival）于每年6月18日左右两天在英国纽瓦克市北举办。这个汽车节是由纽瓦克促进组织承办的，该组织其实只有Lesley Masson和Kevin Masson夫妇两人，他们筹办这个节庆至今并建立了独立的网站（http://www.kitcarshow.co.uk），刊登关于节日的内容和照片。

微型车（Kit Car）是一种组装车，买回家后可以用一个周末的时间把车拼装出来。微型车的主要生产厂家和车迷集中在英国，英国大约有41家微型车的生产厂商，英国最为流行的一款微型车每年的销售量在800部左右。

此项节庆中，几乎所有的活动都是免费的，甚至连住宿都可以免费。前来参加节庆的爱好者们可以选择露营，举办方提供了足够多的场地空间，并提供浴室和汽车旅馆。如果想在节庆中出售自己的汽车，不必付任何费用，只需把车停在举办方规定的场地上，插上联系电话或标价牌即可。

4. 镜湖经典汽车节

镜湖经典汽车节（Lake Mirror Auto Festival）于每年10月20日至22日在美国佛罗里达州的雷克兰市（Downtown Lakeland）中心举办，为期3天。这个汽车节由梅赛德斯-奔驰公司承办，是美国东南海岸最流行的经典车活动之一。

镜湖经典汽车节的参展车辆必须属于经典车的范畴，即1948年以前生产的经典车。节庆活动的名誉主席Brock Yates是一位著名的汽车杂志编辑。

镜湖经典汽车节的内容包括户外免费的音乐会和聚会，当乐队休息的时候，所有的Hot-Rod越野车发动引擎，由引擎演奏音乐。这项节庆活动得到了雷克兰当地政府，以及包括汽车交易公司、媒体、运输、保险等各个行业在内的20多家公司的赞助。

5. 考文垂汽车节

考文垂汽车节（Coventry's Annual Festival of Motoring）于每年的9月份6、7日左右在英国考文垂举办，为期两天。考文垂汽车节主要展出古董车、经典车和老爷车。

考文垂汽车节上的车主和收藏家都有机会展示他们的古董车，参观者投票选出自己最喜爱的车辆，最后评选出"大众的选择""胜利奖""最老的汽车""考文垂生产的最好的汽车"等奖项。除了参观车辆，还有现场音乐和娱乐活动。

思考与分析

问题：2013年，我国汽车产销量双双突破2 000万辆。截至去年年底，我国汽车保有量达1.37亿辆，全国有31个城市的汽车数量超过100万辆，其中北京、天津、成都、深圳、上海、广州、苏州、杭州等8个城市汽车数量超过200万辆，北京市汽车超过500万辆。中国正式进入汽车社会，每百户家庭私人汽车拥有量将近30辆。

谈一谈汽车给你的生活带来什么样的影响与变化。